Conoce todo sobre Microsoft Windows Server 2016

Redes y Active Directory

Conoce todo sobre Microsoft Windows Server 2016

Redes y Active Directory

David Rodríguez de Sepúlveda Maillo

(Ilustrado por María del Mar Sánchez Cervantes)

La ley prohíbe fotocopiar este libro

Conoce todo sobre Microsoft Windows Server 2016. Redes y Active Directory
© David Rodríguez de Sepúlveda Maillo
© De la edición: Ra-Ma 2017
© De la edición: ABG Colecciones 2020

MARCAS COMERCIALES. Las designaciones utilizadas por las empresas para distinguir sus productos (hardware, software, sistemas operativos, etc.) suelen ser marcas registradas. RA-MA ha intentado a lo largo de este libro distinguir las marcas comerciales de los términos descriptivos, siguiendo el estilo que utiliza el fabricante, sin intención de infringir la marca y solo en beneficio del propietario de la misma. Los datos de los ejemplos y pantallas son ficticios a no ser que se especifique lo contrario.

RA-MA es marca comercial registrada.

Se ha puesto el máximo empeño en ofrecer al lector una información completa y precisa. Sin embargo, RA-MA Editorial no asume ninguna responsabilidad derivada de su uso ni tampoco de cualquier violación de patentes ni otros derechos de terceras partes que pudieran ocurrir. Esta publicación tiene por objeto proporcionar unos conocimientos precisos y acreditados sobre el tema tratado. Su venta no supone para el editor ninguna forma de asistencia legal, administrativa o de ningún otro tipo. En caso de precisarse asesoría legal u otra forma de ayuda experta, deben buscarse los servicios de un profesional competente.

Reservados todos los derechos de publicación en cualquier idioma.

Según lo dispuesto en el Código Penal vigente, ninguna parte de este libro puede ser reproducida, grabada en sistema de almacenamiento o transmitida en forma alguna ni por cualquier procedimiento, ya sea electrónico, mecánico, reprográfico, magnético o cualquier otro sin autorización previa y por escrito de RA-MA; su contenido está protegido por la ley vigente, que establece penas de prisión y/o multas a quienes, intencionadamente, reprodujeren o plagiaren, en todo o en parte, una obra literaria, artística o científica.

Editado por:
RA-MA Editorial
Madrid, España

Colección American Book Group - Informática y Computación
ISBN No. 978-168-165-847-6
Biblioteca del Congreso de los Estados Unidos de América: Número de control 2019935047
www.americanbookgroup.com/publishing.php

Maquetación: Antonio García Tomé
Diseño de portada: Antonio García Tomé
Ilustraciones: María del Mar Sánchez Cervantes
Arte: Macrovector / Freepik

*QSB0b2RAcyBhcXVlbGxAcyBhIHF1aWVuZXMgcXVpZXJvLiBBIHRv
ZEBzIGFxdWVsbEBzIHF1aWVuZXMgbHVjaGFuLiAg (Base 64).*

ÍNDICE

AGRADECIMIENTOS 13
INTRODUCCIÓN 15
CAPÍTULO 1. PRESENTACIÓN DE LA VERSIÓN 17
    1.1   EVOLUCIÓN 17
    1.2   NOVEDADES 18
    1.3   REQUISITOS DE INSTALACIÓN 19
    1.4   EDICIONES 19
CAPÍTULO 2. INSTALACIÓN DE MICROSOFT WINDOWS SERVER 2016 21
    2.1   ¿DÓNDE CONSEGUIR EL *SOFTWARE*? 21
    2.2   PROCESO DE INSTALACIÓN DE NUESTRO SERVIDOR 23
    2.3   PRIMER ACCESO A MICROSOFT WINDOWS SERVER 2016 29
CAPÍTULO 3. ESTRUCTURA DE MICROSOFT WINDOWS SERVER 2016 33
    3.1   EL ESCRITORIO 33
            3.1.1   Centro de actividades 35
    3.2   PRINCIPALES ACCESOS DESDE EL BOTÓN DE INICIO 36
            3.2.1   Consola Microsoft Windows Powershell 37
            3.2.2   Explorador de Archivos 38
            3.2.3   Administrador del Servidor 38
CAPÍTULO 4. DIRECTORIO ACTIVO: INSTALACIÓN 41
    4.1   NECESIDADES PREVIAS PARA LA INSTALACIÓN 42
    4.2   PASOS DE INSTALACIÓN DEL DIRECTORIOACTIVO 43
    4.3   ESTRUCTURA LÓGICA DEL DIRECTORIO ACTIVO 53
CAPÍTULO 5. GESTIÓN DE USUARIOS Y GRUPOS 55
    5.1   ADMINISTRACIÓN DE USUARIOS Y GRUPOS 55

	5.1.1	Gestión de Usuarios	56
	5.1.2	Usuarios presentes en el sistema tras la instalación	60
	5.1.3	Gestión de Grupos	60
	5.1.4	Grupos presentes en el sistema tras la instalación	63
	5.1.5	Directivas de Grupo	64
	5.1.6	Otras Gestiones	68

CAPÍTULO 6. GESTIÓN DE ALMACENAMIENTO 71
    6.1   ESPACIO COMPARTIDO 71
    6.2   HABILITAR LAS CUOTAS GENERALES 73
    6.3   HABILITAR LAS CUOTAS POR USUARIO 75
            6.3.1   Descripción de avisos 76
    6.4   PRIVILEGIOS ARCHIVOS Y CARPETAS 77

CAPÍTULO 7. PERFILES MÓVILES 79
    7.1   A TENER EN CUENTA 80
    7.2   CREAR PERFILES MÓVILES 80
    7.3   TOMA DE POSESIÓN DE LOS PERFILES 81

CAPÍTULO 8. RELACIONES DE CONFIANZA ENTRE DOMINIOS 85
    8.1   CONCEPTOS TEÓRICOS 85
            8.1.1   Nodo o dominio 85
            8.1.2   Árbol 86
            8.1.3   Bosque 86
    8.2   RELACIONES DE CONFIANZA 86
            8.2.1   Requisitos 87
            8.2.2   Generar la confianza 89
            8.2.3   Validar la relación de confianza 97
            8.2.4   Delegar el control 98

CAPÍTULO 9. COPIAS DE SEGURIDAD 103
    9.1   INSTALACIÓN DE LA CARACTERÍSTICA 103
    9.2   FUNCIONAMIENTO 104
            9.2.1   Programar copias de seguridad 106
            9.2.2   Lanzar copias de seguridad manualmente 110
            9.2.3   Restaurar una copia de seguridad 111
    9.3   MEJORAR EL RENDIMIENTO DE COPIA 116

CAPÍTULO 10. CONECTIVIDAD DESDE MICROSOFT WINDOWS 10 117
    10.1   REQUISITOS 117
    10.2   CONFIGURACIÓN PREVIA 118
    10.3   HACER MIEMBRO DEL DOMINIO A MICROSOFT WINDOWS 10 119
    10.4   INICIAR SESIÓN EN MICROSOFT WINDOWS 10 CON USUARIOS DEL DOMINIO MICROSOFT WINDOWS SERVER 2016 121

CAPÍTULO 11. CONECTIVIDAD DESDE GNU/LINUX 125
- 11.1 CONECTAR GNU/LINUX UBUNTU A MICROSOFT WINDOWS SERVER 2016 125
- 11.2 CONECTAR GNU/LINUX FEDORA A MICROSOFT WINDOWS SERVER 2016 129

CAPÍTULO 12. RED VPN (CONEXIÓN A UNA RED VIRTUAL) 133
- 12.1 ¿QUÉ ES UNA VPN? 133
- 12.2 RECOMENDACIONES 134
- 12.3 INTALACIÓN DEL SERVIDOR 135
- 12.4 CONFIGURACIÓN 137
- 12.5 POSINSTALACIÓN 139
- 12.6 UNIR A UN EQUIPO CON WINDOWS 10 A LA VPN 141
- 12.7 UNIR A UN EQUIPO CON GNU/LINUX A LA VPN 144

CAPÍTULO 13. SERVIDOR WEB IIS (INTERNET INFORMATION SERVICES) 149
- 13.1 ¿QUÉ ES UN SERVIDOR WEB? 149
- 13.2 INSTALACIÓN 150
- 13.3 INICIO Y PARADA DEL SERVIDOR 151
- 13.4 DIRECTIVAS BÁSICAS DE CONFIGURACIÓN 152
  - 13.4.1 Puerto de escucha 152
- 13.5 PARÁMETROS BÁSICOS DE CONFIGURACIÓN 153
  - 13.5.1 Alojamiento virtualizado (*virtual hosting*) 153
  - 13.5.2 Logging 154
- 13.6 LISTADO DE DIRECTORIOS 155

CAPÍTULO 14. MICROSOFT WINDOWS POWERSHELL 157
- 14.1 INTRODUCCIÓN A MICROSOFT WINDOWS POWERSHELL 157
  - 14.1.1 Detalles 158
  - 14.1.2 Nomenclatura 158
- 14.2 LA AYUDA DE MICROSOFT POWERSHELL 160
  - 14.2.1 Ayuda asociada a un cmdlet 160
  - 14.2.2 Ayuda modular 161
- 14.3 LISTAR LOS CMDLETS 162
- 14.4 ALIAS 163
- 14.5 TRABAJAR CON EL REGISTRO 165
- 14.6 RESUMEN DE CMDLETS 166
- 14.7 RESUMEN DE ALIAS DE LOS CMLEDS 167

CAPÍTULO 15. MICROSOFT WINDOWS POWERSHELL. SCRIPTING 169
- 15.1 ENTORNO DE TRABAJO 170
  - 15.1.1 PowerShell-ISE 171

15.2 NUESTRO PRIMER *SCRIPT* 173
    15.2.1 Políticas de ejecución 174
15.3 REGLAS 176
    15.3.1 Variables 176
    15.3.2 Flujos condicionales 176
    15.3.3 Flujos repetitivos 178
15.4 ENTRADA Y SALIDA 180
    15.4.1 Entrada de datos 180
    15.4.2 Entrada desde fichero de texto 180
    15.4.3 Entrada desde la llamada del *script* 180
    15.4.4 Salida de datos 181
    15.4.5 Salida de datos a fichero 181
15.5 COMENTARIOS 182
15.6 OTROS ELEMENTOS 182

CAPÍTULO 16. MICROSOFT WINDOWS POWERSHELL. GESTIÓN DE PAQUETES 183
16.1 INTRODUCCIÓN 183
16.2 TRABAJAR CON PAQUETES 186
    16.2.1 Buscar paquetes 186
    16.2.2 Instalar paquetes 187
    16.2.3 Eliminar paquetes instalados 188
    16.2.4 Listar los paquetes instalados 188
16.3 TRABAJAR CON LOS PROVEEDORES 189
    16.3.1 Listar los proveedores disponibles 189
    16.3.2 Instalar proveedores 190

CAPÍTULO 17. MICROSOFT WINDOWS SERVER CORE. PARTE 1 191
17.1 INSTALACIÓN Y DESCRIPCIÓN 191
    17.1.1 Ayuda 193
17.2 PROMOVER EL DOMINIO Y UNIÓN DE EQUIPOS 193
    17.2.1 Configurar la red 194
    17.2.2 Promoción del dominio 196
    17.2.3 Unir los equipos terminales a nuestro dominio 198
17.3 GESTIÓN DE USUARIOS Y GRUPOS 198
    17.3.1 Gestión de usuarios 198
    17.3.2 Gestión de grupos 200
    17.3.3 Perfiles de usuario 202

CAPÍTULO 18. MICROSOFT WINDOWS SERVER CORE. PARTE 2 205
18.1 ALMACENAMIENTO 205
    18.1.1 Compartir carpetas 205
    18.1.2 Cuotas 208
18.2 COPIA DE SEGURIDAD (*BACKUP*) 209

		18.2.1	Instalación de un nuevo disco	211
		18.2.2	Programar la copia de seguridad	212
		18.2.3	Lanzar la copia de seguridad	214
		18.2.4	Recuperar una copia de seguridad	214
	18.3	HERRAMIENTAS GRÁFICAS PRESENTES		216

CAPÍTULO 19. MICROSOFT WINDOWS SERVER CORE. PARTE 3 221
19.1 ADMINISTRACIÓN REMOTA MEDIANTE CONSOLA 221
19.2 ADMINISTRACIÓN REMOTA MEDIANTE MMC 224
19.3 RESUMEN COMANDOS CMD 226

CAPÍTULO 20. MICROSOFT WINDOWS SERVER CORE. PARTE 4 229
20.1 IIS EN MICROSOFT WINDOWS SERVER CORE 229
20.1.1 Instalación 229
20.1.2 Inicio y parada 230
20.1.3 Alojamiento virtualizado 231
20.2 VPN EN MICROSOFT WINDOWS SERVER CORE 232
20.2.1 Instalación 232
20.2.2 Configuración VPN 232

CAPÍTULO 21. MICROSOFT WINDOWS NANO SERVER 235
21.1 ¿QUÉ ES MICROSOFT WINDOWS NANO SERVER? 235
21.2 INSTALACIÓN 236
21.2.1 Crear una máquina virtual 237
21.2.2 Ponerlo en marcha 245
21.3 PRIMER CONTACTO 251
21.4 CONFIGURACIÓN DE LA RED 254

CAPÍTULO 22. EJERCICIO PRÁCTICO COMPLETO (ENUNCIADO) 257
22.1 ENUNCIADO 257

ÍNDICE ALFABÉTICO 261

AGRADECIMIENTOS

Día a día veo, leo y escucho noticias. Son algunos de esos mismos días en los que tras este momento informativo me pongo a escribir, pero solo algunos de ellos son los que toca desarrollar un nuevo agradecimiento, empezar una nueva obra. En esos momentos son en los que como una noticia que se repite por motivos de audiencia, en mi cabeza se comienza a repetir el proceso didáctico de redacción.

Siempre he planteado en mis clases que la informática es el tratamiento automatizado de la información, y que lo que buscamos con todas sus ramas es crear un reflejo de nuestro mundo real traducido a bits. Esto quiere decir que todo lo que leamos, veamos o hagamos en nuestro día a día puede (y en algunos casos debe) ser trasladado y usado en según qué aspectos de esta profesión. Y es por ello que desde la informática podemos aprender igualmente a optimizar nuestro mundo real generando de esta manera un camino bidireccional.

¿Y por qué esta introducción en los agradecimientos? Pues porque en un tema como el que estamos, orientado a la administración de sistemas, hace que se necesite de buenos administradores y administradoras, personas al fin y al cabo, que sepan ejecutar correctamente su función. Y si alguien me ha ayudado a asentar estas bases en mi vida son **las y los docentes** que han formado parte positiva de mi formación y que me enseñaron a mirar más allá de los principios filosóficos, históricos o técnicos.

Por tanto, en este agradecimiento quiero hacerles especial mención a ellas y ellos, pues una persona puede ciertamente aprender a administrar sistemas informáticos de manera autodidacta, pero la falta de contacto social puede hacer que en el proceso de dirección se termine transformando en administradores autoritarios y dictatoriales.

Así que, gracias a mis compañeros y compañeras docentes (algunas de estas personas son familia) porque sin saberlo, me han dado las herramientas para quitarle el frio a una profesión como esta. Porque, como dijo Pitágoras:

"Educad a los niños y no será necesario castigar a los hombres"

INTRODUCCIÓN

Como en el resto de mis obras, Microsoft Windows Server 2016 busca la manera de dar respuestas prácticas a administradores de sistemas noveles o medios que aún no se han enfrentado a esta nueva versión de Microsoft Windows Server. El desarrollo, por tanto, ha tenido un enfoque práctico con referencias a la realidad teórica del *software*, intentando de esta manera que el contenido resulte lo más útil y funcional posible.

Aunque esta obra abarcará amplios principios del uso de este sistema operativos en redes y centralización de servicios, no debe olvidar quien lo lea que Microsoft Windows 2016 tiene mucho más.

Esperamos que, como venimos diciendo, el lector encuentre en la obra un modelo ameno de exposición y que su utilidad y coincida con lo esperado.

Finalmente indicar que el libro va a presentar cinco bloques:

- Instalación y manejo del modelo gráfico de Microsoft Windows Server 2016.
- Instalación y manejo del modelo Server Core de Microsoft Windows Server 2016, así como de la consola Microsoft Windows PowerShell.
- Conexión de los diferentes equipos cliente (Microsoft Windows o GNU/Linux) a nuestro servidor Microsoft Windows Server 2016.
- Trabajo de Microsoft Windows Server orientado a redes centrándonos en el uso de redes virtuales o VPN y equipos virtualizados.
- Instalación y manejo del modelo Nano Server de Microsoft Windows Server 2016.

A lo largo de la obra encontrará anotaciones o pequeños trucos que pretenden aclarar y hacer el proceso de lectura más fácil en función a la implantación y puesta en producción de nuestro servidor Microsoft Windows Server 2016.

Cada uno de los iconos utilizados a lo largo de la obra que aportan información extra son:

	Nota: información extra de carácter general asociada al caso práctico en cuestión.
	Nota GNU/Linux: nos aporta información extra para poder trabajar en GNU/Linux. (La imagen GNU/Linux posee una licencia *art* libre y su formato original se encuentra en la dirección web *http://commons.wikimedia.org/wiki/File:Gnulinux.svg*).
	Truco: como su nombre indica, información que pretende hacernos el trabajo más sencillo.

1

PRESENTACIÓN DE LA VERSIÓN

Los más característico en Microsoft Windows Server 2016 que lo hace diferente a los demás sistemas operativos servidor es el directorio activo, o en inglés *active directory*. Si esto lo unimos a la gestión de dominios y la herencia entre ellos, nos encontramos con una herramienta potente y segura.

Hoy en día, además, es impensable trabajar con un servidor que no se entienda con cualquier otro sistema operativo. Pues, aunque bien es cierto que si trabajamos con Microsoft Windows Server 2016 podríamos pensar en que las estaciones de trabajo van a ser igualmente Microsoft Windows, no estaríamos cometiendo más que un error al afirmarlo tajantemente.

La realidad es que cada vez más tenemos sistemas empresariales basados en sistemas operativos heterogéneos. Dicho de otra manera, es muy fácil encontrarse sistemas GNU/Linux conviviendo con sistemas Microsoft Windows.

En esta obra la persona lectora podrá poner en práctica los procesos de instalación y configuración entendiendo el modo de trabajo de Microsoft Windows Server 2016 y su manejo con los sistemas operativos sobremesa desarrollado igualmente por Microsoft, como es Microsoft Windows 10 o con sistemas operativos alternativos pero cada vez más presentes en el entorno productivo, como es el caso de GNU/Linux en sus distribuciones más aceptadas Ubuntu y Fedora.

1.1 EVOLUCIÓN

Aunque si hablamos de Microsoft Windows Server no deberíamos dejar de lado a la versión inicial creada por esta empresa para servidores llamada Microsoft Windows NT. Para una mejor y más sencilla explicación de la evolución y entendimiento de cómo hemos llegado hasta aquí, nos vamos a centrar en la familia Microsoft Windows Server:

- Microsoft Windows 2000 Server
- Microsoft Windows Server 2003
- Microsoft Windows Server 2008
- Microsoft Windows Server 2008 R2
- Microsoft Windows Server 2012
- Microsoft Windows Server 2016

Además de estas versiones, se han desarrollado versiones de propósito específico que incluyen características especiales:

- Microsoft Windows Small Business Server, aunque no es un sistema operativo puramente servidor, se basó en el modelo propuesto por Microsoft Windows Server 2003 integrando en el *software* específico dirigido a pequeñas empresas.
- Microsoft Windows Essential Business Server, misma visión del anterior pero orientado a empresas de mayor tamaño.
- Microsoft Windows Home Server, oferta de servicios de centralización de datos y copias de seguridad para hogares.

1.2 NOVEDADES

Aunque su versión antecesora aportaba grandes mejoras, Microsoft Windows Server 2016 no ha sorprendido menos. Desde antes de la liberación de su versión definitiva, ya se ha hablado mucho de algunas de sus principales características y mejoras:

- En relación al Directorio Activo (*Active Directory*) aumenta la seguridad de su entorno y nos provee de una mejor experiencia en cuanto al sistema de identificaciones.
- Nuevo **Nano Server** que simplifica más aún a Microsoft Windows Server Core haciéndolo más efectivo y fiable, aunque también tendremos la posibilidad de trabajar con Microsoft Windows Server Core como en la versión anterior.
- Mejora en los servicios de escritorio remoto.
- Máquinas virtuales apantalladas. Nuevo sistema de encriptación, soporte completo para la conversión de máquinas virtuales de generaciones anteriores.

Estas son solo algunas de las novedades que Microsoft Windows Server 2016 nos aporta; si queremos ver una mayor descripción podemos ir a su página oficial *https://technet.microsoft.com/windows-server-docs/get-started/what-s-new-in-windows-server-2016-technical-preview-5.*

1.3 REQUISITOS DE INSTALACIÓN

Microsoft Windows Server 2016 no tiene unos requisitos que no podamos cumplir con los ordenadores actuales. Las necesidades mínimas las podemos encontrar en la siguiente lista:

- Procesador Mínimo: un procesador de 64 bits a 1.4 GHz
- RAM: 512 MB
- Disco Duro: 32 GB. En este caso debemos tener en cuenta que en casos de tener una RAM mayor de 16 GB tendremos que ampliar este espacio para procesos como la hibernación.
- Otros requisitos (lector DVD, tarjeta gráfica súper VGA o superior, teclado y ratón, acceso a Internet)

Si contamos con todo lo anterior no tendremos problemas en seguir adelante con la instalación y uso de Microsoft Windows Server 2016.

1.4 EDICIONES

Cuando procedamos a la instalación, una de las cosas que nos sorprenderá es la escasa oferta de versiones, pues en este caso ha reducido toda su oferta a dos ediciones con dos opciones cada una de ellas. Las ediciones son:

- Foundation.
- Essentials sustituye a la edición Small Business.
- Standard permanece igual con cambio en las licencias y algunas características.
- Datacenter.

El resto de las ediciones han dejado de ofrecerlas, las dos opciones comentadas para cada una de las versiones son:

- La instalación **Server Core** nos aportará una interfaz de usuario o la posibilidad de trabajar con los roles de servidor de manera tanto local mediante la consola como remota.

- La instalación con **interfaz gráfico** (GUI) que nos aportará una herramienta de administración gráfica más parecida al sistema clásico de administración de Microsoft Windows Server de las versiones anteriores.

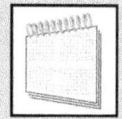

NOTA

En la versión de evaluación solo nos ofrece dos de las ediciones (Standard y Datacenter). El tiempo de evaluación es de 180 días.

2
INSTALACIÓN DE MICROSOFT WINDOWS SERVER 2016

El proceso de instalación de Microsoft Windows Server 2016 no tiene especial complicación, teniendo en cuenta que ha sido simplificado desde Microsoft Windows Server 2008 y ha heredado en gran medida la simpleza de su antecesor Microsoft Windows Server 2012. No obstante, vamos a ver desde dónde lo podemos adquirir, el proceso para ello y, aunque no de manera muy extendida por ser un procedimiento sencillo, los pasos principales que tenemos que seguir para la instalación.

Lo primero que debemos tener en cuenta es si contamos con el equipo apropiado para su instalación, si esto es así habremos empezado con buen pie. Solo nos quedará tener claro qué edición es la que más se adecúa a nuestro caso específico, normalmente nos bastará con la versión *Standard*.

2.1 ¿DÓNDE CONSEGUIR EL *SOFTWARE*?

Para la obtención de la versión de evaluación podemos acceder a *https://www.microsoft.com/en-us/cloud-platform/windows-server*. Aquí bastará con pulsar sobre la opción **Try now**. Nos llevará a la página de descarga de productos relacionados con Microsoft Windows Server 2016 y registrarnos con una cuenta de Microsoft (Hotmail, MSN,...).

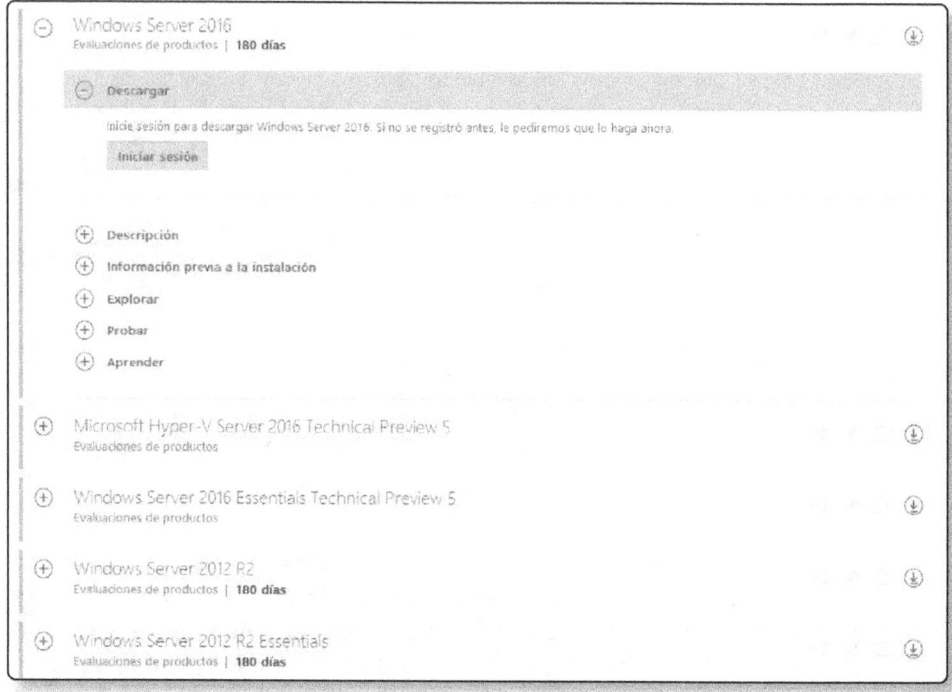

Figura 2.1. Área de descarga de Microsoft Windows Server 2016

Cuando hayamos rellenado los datos se nos mandará un correo a nuestra cuenta con las áreas de recursos y documentación del producto.

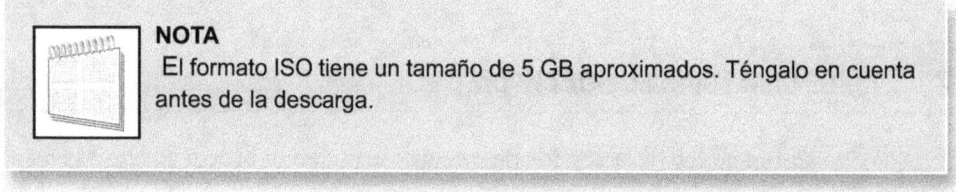

NOTA
El formato ISO tiene un tamaño de 5 GB aproximados. Téngalo en cuenta antes de la descarga.

Una vez registrado y dentro de la opción de Server 2016 podremos elegir entre descarga de diferentes tipos de archivo:

- ▼ **en formato ISO**. Será la elegida.
- ▼ **Nano Server VHD (.exe)**
- ▼ **Virtual labs**
- ▼ **Azure**

Figura 2.2. Opciones de descarga de Microsoft Windows Server 2016

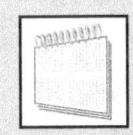 **NOTA**
Se recomienda encarecidamente que no se ignoren las direcciones de ayuda aportadas por Microsoft, pues es aquí donde podremos obtener toda la información del producto de manera actualizada.

2.2 PROCESO DE INSTALACIÓN DE NUESTRO SERVIDOR

Ya hemos descargado la imagen en formato ISO. Para grabarla podemos utilizar cualquiera de los programas grabadores que podemos encontrar de forma libre o privativa, mediante la adquisición de licencia, en Internet. Use el que más le convenga, pero recuerde que lo tendrá que grabar en un DVD.

Cuando tengamos el DVD de Microsoft Windows Server 2016 y tras insertarlo en la unidad lectora del ordenador donde queremos instalar el servidor, así como habernos asegurado de que el menú de la BIOS está configurado para arrancar desde dicha unidad, es el momento de iniciar la máquina.

La primera pantalla que se nos mostrará dentro del proceso de instalación nos pide información en relación al idioma de instalación y uso del sistema operativo. Evidentemente en nuestro caso seleccionaremos todo lo relacionado con el español, tal y como vemos en la imagen.

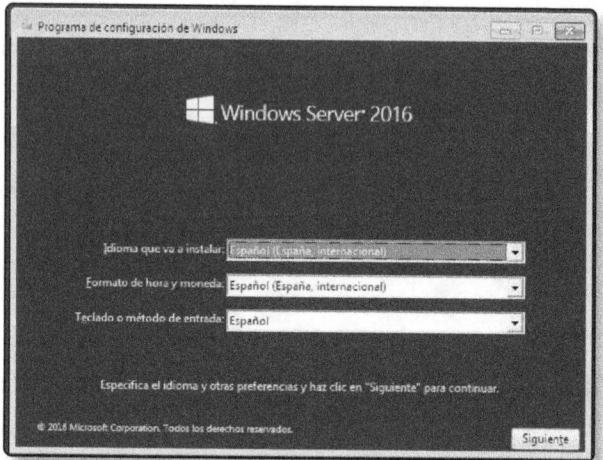

Figura 2.3. Petición de idioma para el proceso de instalación y uso

Tras pulsar **Siguiente** nos ofrecerá la opción de comenzar la instalación o de reparar el equipo en caso de ya estuviera instalado. Al estar en el proceso de instalación de un nuevo servidor pulsaremos sobre la opción **Instalar ahora** y continuaremos con las diferentes opciones que se nos van presentando.

Como hemos dicho en el capítulo anterior, ya debemos tener claro que edición del sistema operativo Microsoft Windows Server 2016 vamos instalar. En nuestro caso vamos a seleccionar la edición **Standard con entorno gráfico (GUI)**.

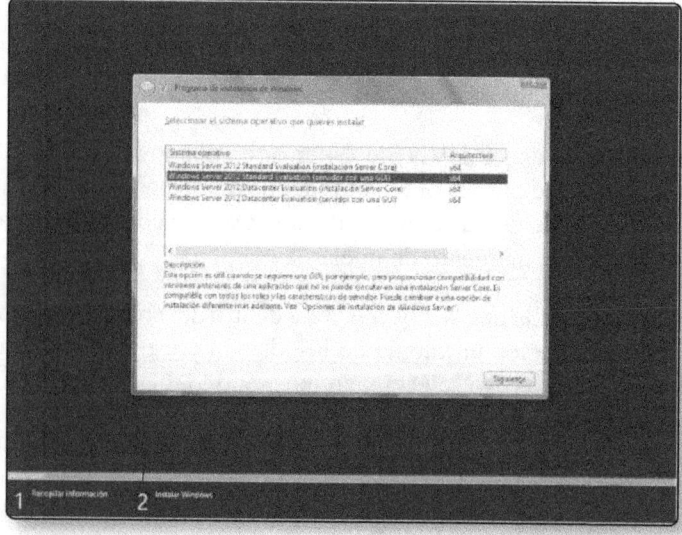

Figura 2.4. Selección de la edición y opción de instalación

Cómo no, lo primero que tendremos que hacer es aceptar la licencia de uso antes empezar con el proceso de instalación.

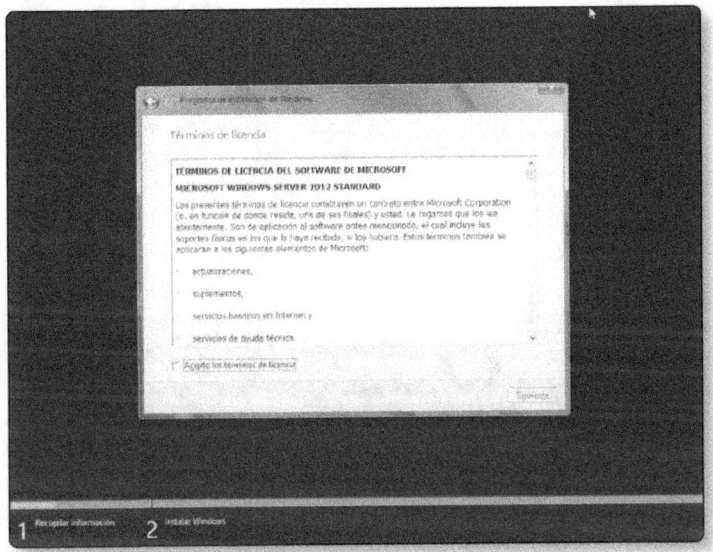

Figura 2.5. Términos de licencia

Tras aceptar el acuerdo anterior se nos presentarán dos opciones de instalación:

- ▼ **Actualización:** en la que se nos permite mantener los datos existentes. Como puede pasar en el caso de una migración desde versiones anteriores.

- ▼ **Personalizada:** tomará todo el disco duro para el proceso de instalación. Por lo tanto, debemos tener en cuenta que en este caso se destruirán los datos existentes.

Como es lógico nosotros tendremos que seleccionar la segunda opción, es decir, la opción **personalizada**.

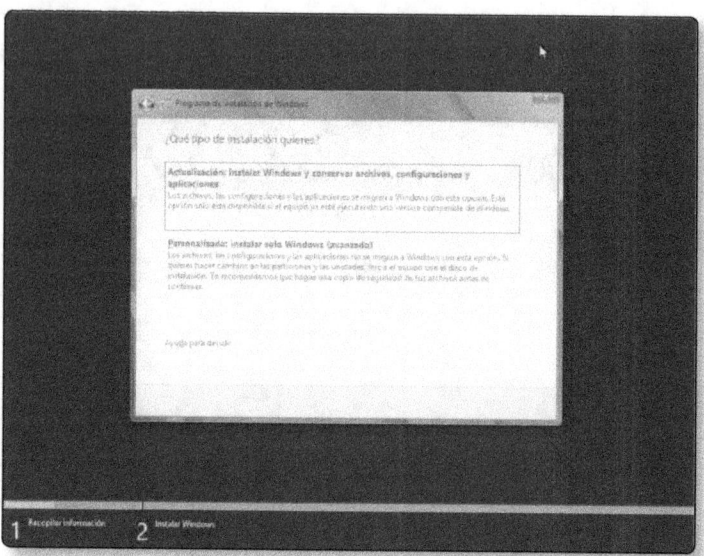

Figura 2.6. Selección del tipo de instalación

Es el momento de decidir el disco duro donde lo queremos instalar. Podemos también peticionarlo y establecer áreas diferentes. Para ello usaremos las herramientas que se nos presentan en el área inferior tras pulsar **Opciones de unidad (avanz.)**.

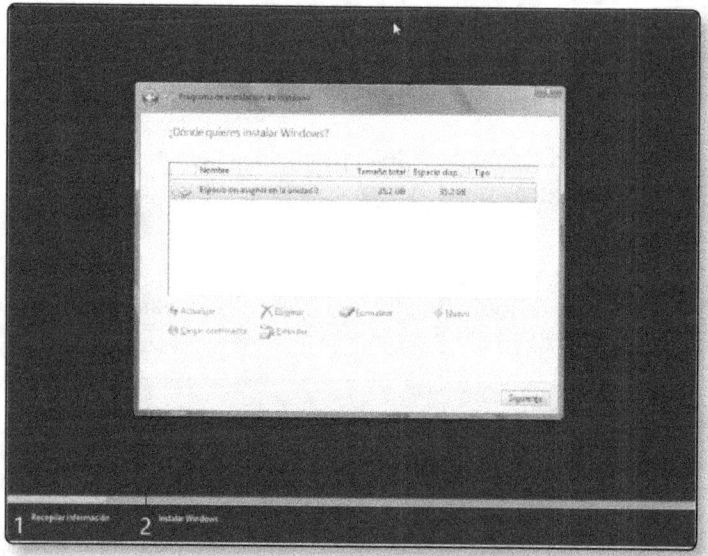

Figura 2.7. Ubicación de la instalación con las opciones de unidad desplegadas

Ahora nos toca esperar a que termine el proceso automatizado. No hemos terminado con todo el proceso de instalación, pero queda poco. Debemos tener en cuenta que en los diferentes momentos en el que el sistema se reiniciará no debemos pulsar ninguna tecla, con la intención de que arranque desde el disco duro y no nuevamente desde el DVD de instalación.

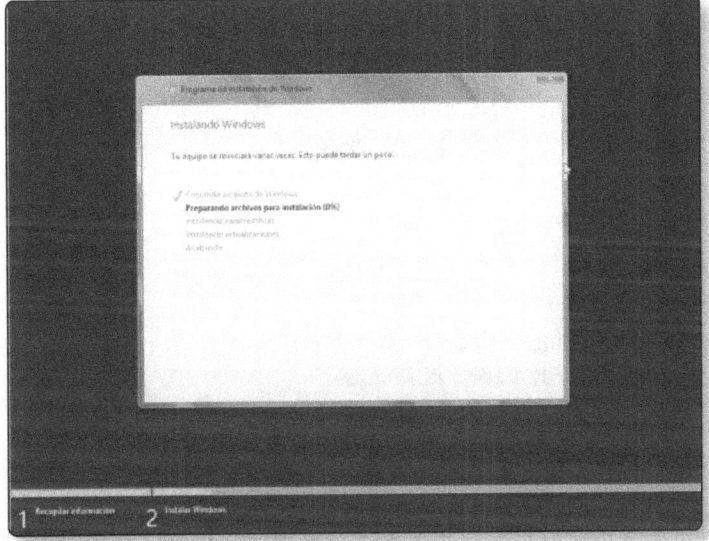

Figura 2.8. Volcado e instalación de la información en el disco duro

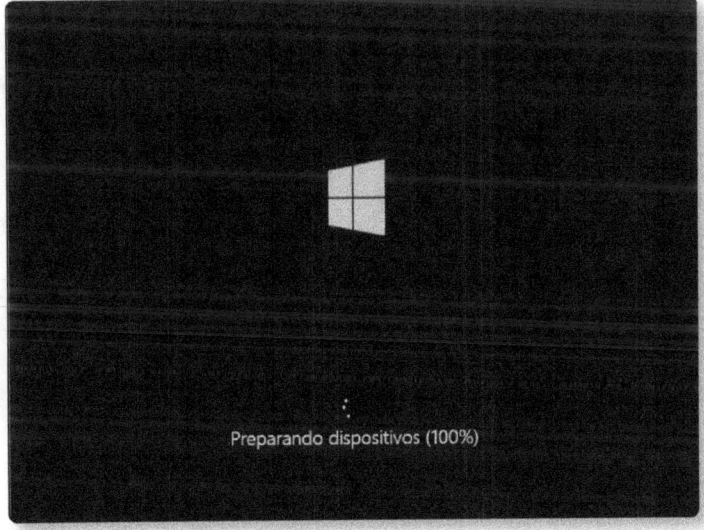

Figura 2.9. Terminando la instalación tras el reinicio

> **NOTA**
> Puede ser que durante la instalación la pantalla se ponga en negro durante unos instantes para configurar la pantalla.
> Además, el sistema se reiniciará en varias ocasiones de manera automática durante el proceso.

Una vez terminado el proceso de instalación llega el momento de crear la cuenta de administrador. Debemos recordar que la contraseña tiene que cumplir con los siguientes requisitos:

- Una longitud mínima de ocho caracteres.
- Incluir números y mezclar mayúsculas y minúsculas.

En caso de no cumplir con las especificaciones nos mostrará un mensaje de error como el que se puede ver en la imagen.

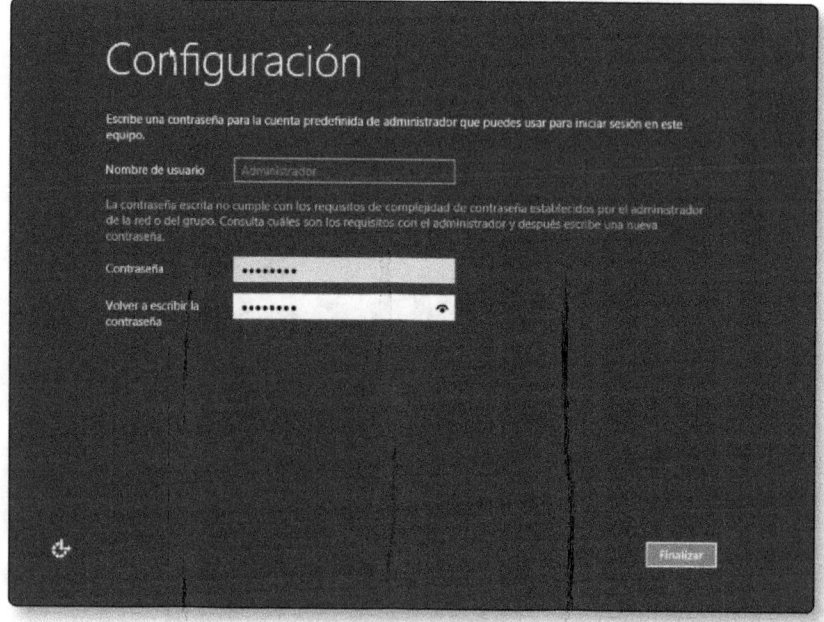

Figura 2.10. Creación de la cuenta administrador

Ya está instalado el equipo. Ahora toca iniciar la sesión por primera vez.

TRUCO
Si en algún momento de la instalación nos equivocamos al elegir la opción, podemos volver al comienzo del proceso descrito en la imagen 2.3 pulsando la **X** de la ventana.

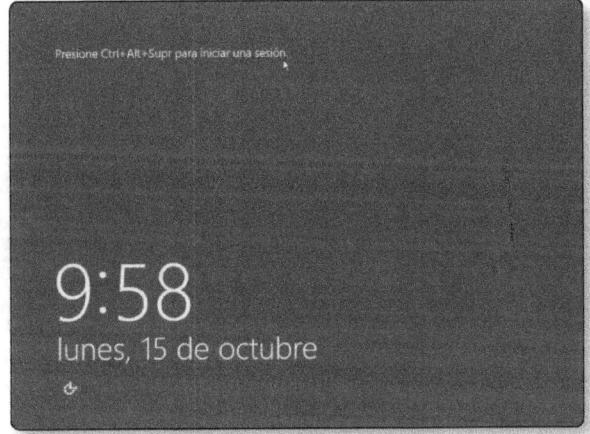

Figura 2.11. Pantalla de inicio de Microsoft Windows Server 2016 con GUI

2.3 PRIMER ACCESO A MICROSOFT WINDOWS SERVER 2016

Cuando hayamos terminado de instalar el servidor con nuestro entorno gráfico (GUI) se nos presentará una pantalla novedosa en relación a las versiones anteriores. El funcionamiento en este caso sigue siendo el mismo. Para acceder con una cuenta tendremos que pulsar las teclas **CTRL + ALT + SUPR**. De esta manera se nos mostrará el usuario Administrador y una petición de contraseña para acceder.

Aportando la contraseña correcta accederemos al entorno gráfico (GUI) del servidor. Si queremos volver al estado anterior pulsaremos sobre la flecha que apunta a la izquierda situada en la parte superior izquierda de la imagen del usuario seleccionado.

Después de configurar el entorno gráfico para el primer uso del usuario administrador, se nos mostrará un escritorio parecido al anteriormente utilizado en Microsoft Windows Server 2008 y automáticamente se abrirá el administrador del servidor Microsoft Windows Server 2016.

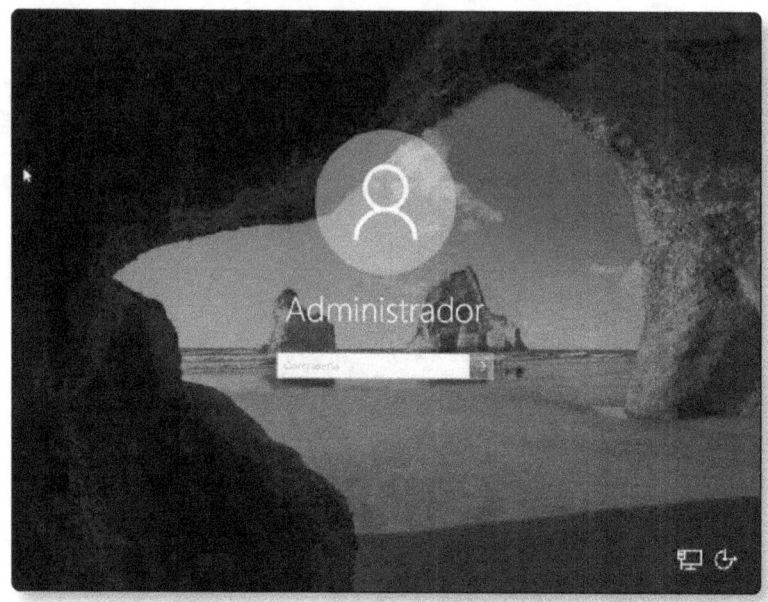

Figura 2.12. Acceso del administrador tras la instalación

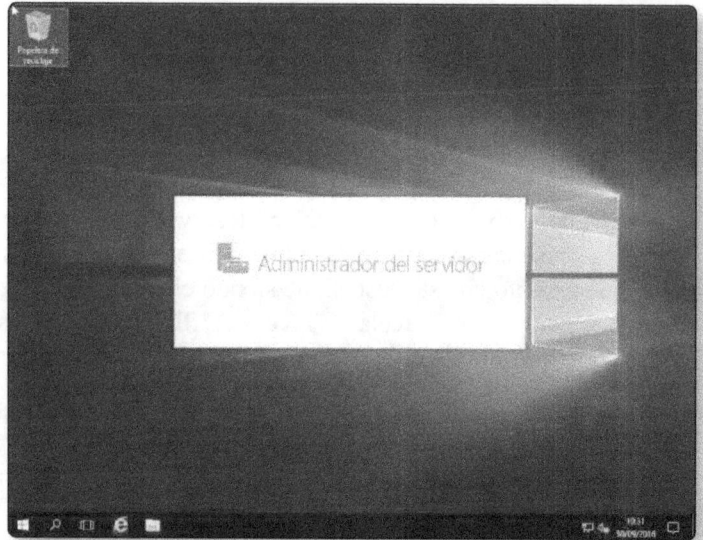

Figura 2.13. Entorno gráfico del servidor

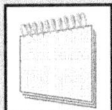 **NOTA**
En el primer inicio de sesión se nos preguntará cómo queremos que configuremos el acceso a la red, de manera que permitamos o no la localización de nuestro equipo servidor desde esta red pública o no. Recomendamos que en caso de no tenerlo claro se haga visible para una mejor compatibilidad con equipos terminales.

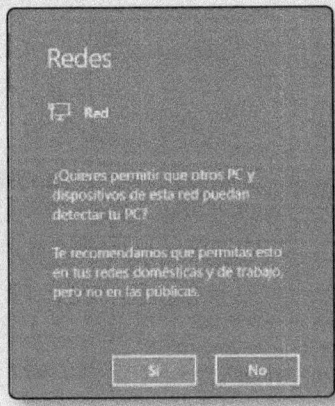

3
ESTRUCTURA DE MICROSOFT WINDOWS SERVER 2016

Al terminar de instalar nuestro servidor Microsoft Windows Server 2016 con entorno gráfico (GUI) lo primero que nos llamará la atención, respecto a su versión predecesora Microsoft Windows Server 2012, es la vuelta al escritorio de Microsoft Windows Server 2008. No obstante, como veremos a lo largo de este capítulo, este escritorio no es del todo el escritorio clásico, sino que ha sido el resultado de mestizar los dos estilos de escritorio anteriores.

Por lo tanto, partamos de la primera validación de usuario administrador en la que nos encontramos de frente con el entorno gráfico (GUI) por primera vez.

3.1 EL ESCRITORIO

La barra de menú es uno de los cambios que vuelven a ser más chocantes. No por su complejidad, sino por la vuelta al modelo funcional clásico dejando casi de lado el modelo planificado para pantallas táctiles de su versión anterior.

De esta manera la barra de menú vuelve a quedar de izquierda a derecha con los siguientes elementos:

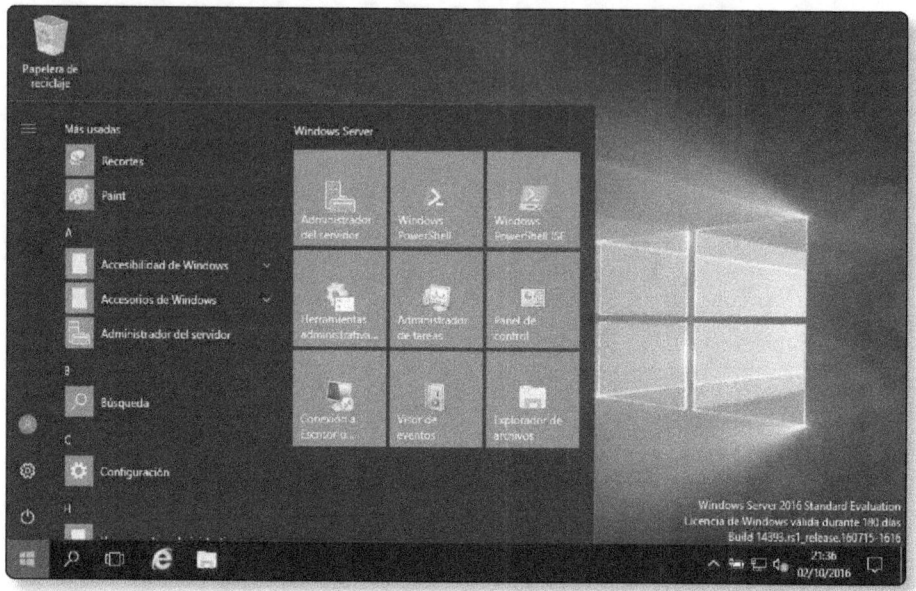

Figura 3.1. Escritorio de Microsoft Windows Server 2016

- Botón de inicio. Desde donde podremos acceder a las aplicaciones principales de administración.
- Buscador de archivos y contenido.
- Modo mosaico de las aplicaciones que este abiertas. En este modo podremos crear nuevos escritorios virtuales mediante el botón que se muestra en la parte inferior derecha.

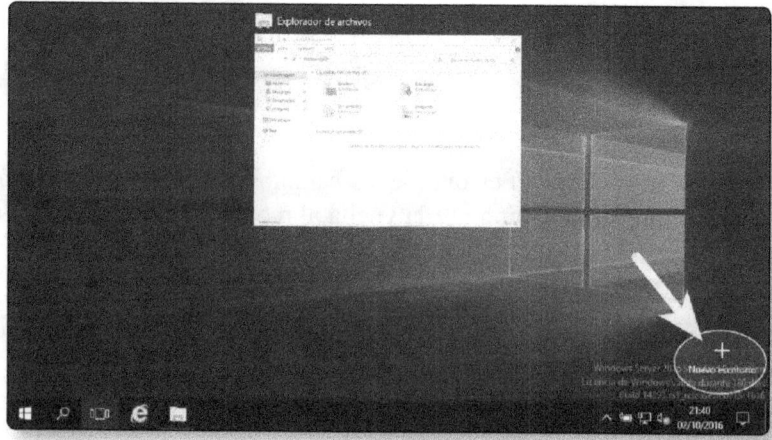

Figura 3.2. Escritorios virtuales de Microsoft Windows Server 2016

▼ Iconos de acceso directo. Inicialmente aparecen el acceso directo al navegador web Microsoft Explorer y el acceso al explorador de archivos.

En la parte derecha encontramos el acceso a los iconos de estado, el reloj, área de notificaciones y el acceso al escritorio. Pulsar en la parte derecha de la barra de menú nos permite ocultar todo el contenido visible de una vez haciendo que vea directamente el escritorio.

Además de todo esto seguiremos viendo la papelera presente en el área de escritorio y en la parte derecha de la barra inferior seguiremos accediendo a la conexión o desconexión de los dispositivos USB.

3.1.1 Centro de actividades

El icono de notificaciones o centro de actividades nos mostrará una ventana en la parte derecha del escritorio que incluirá accesos a elementos de configuración.

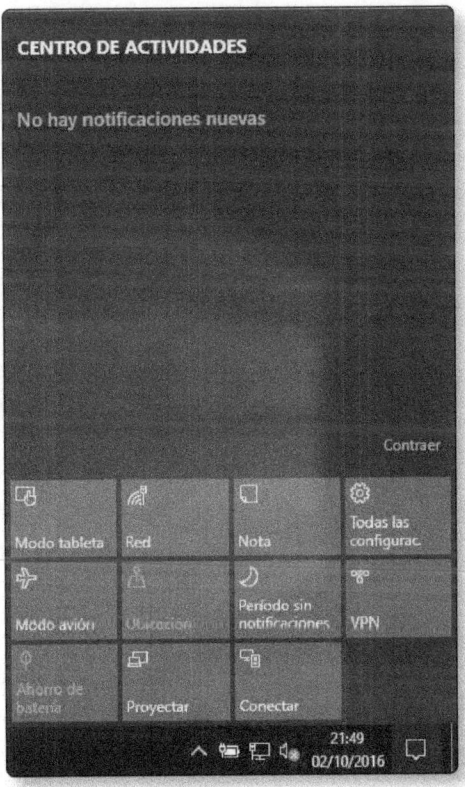

Figura 3.3. Icono de notificaciones y menú de configuración

Este centro de actividades tiene varias opciones:

- Contraer/Expandir: amplía las opciones del menú.

- Modo tableta: nos mostrará el escritorio como en la anterior versión de Microsoft Windows Server 2012.

- Red

- Nota: herramienta que nos permite crear notas en el escritorio.

- Todas las configuraciones: acceder al panel de control.

- Modo avión: misma función del modo avión de los dispositivos móviles.

- Ubicación: compartir ubicación del servidor con en Internet.

- Periodo sin notificaciones.

- VPN

- Ahorro de batería.

- Conectar: nos permite conectarnos a dispositivos inalámbricos.

3.2 PRINCIPALES ACCESOS DESDE EL BOTÓN DE INICIO

Viendo la imagen 3.1 encontramos que a la derecha nos muestra una serie de accesos directos a las aplicaciones administrativas principales:

- Administrador del servidor: herramienta de gestión principal en Micrososft5 Windows Server 2016.

- Microsoft Powershell: consola actual, mucho más potente y segura que su predecesora.

- Microsoft Powershell ISE: entorno de desarrollo integrado para creación de *scripts*.

- Herramientas administrativas.

- Administrador de tareas.

- Panel de control.

- Conexión a escritorio remoto.

▼ Visor de evento: desde aquí podemos controlar los diferentes eventos lanzados por nuestro sistema.

▼ Explorador de archivos.

Veamos con más detalle alguno de ellos.

3.2.1 Consola Microsoft Windows Powershell

El acceso directo a la antigua consola o símbolo de sistema ha sido sustituido definitivamente por la actual consola Microsoft Windows Powershell. Esta consola nos permite acciones de administración más potentes y seguras gracias los cmdlets o "comandos de consola", funciones, *scripts* y módulos propios.

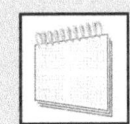

NOTA
Para más información puede acudir al capítulo en el que se introduce su manejo y funcionamiento.

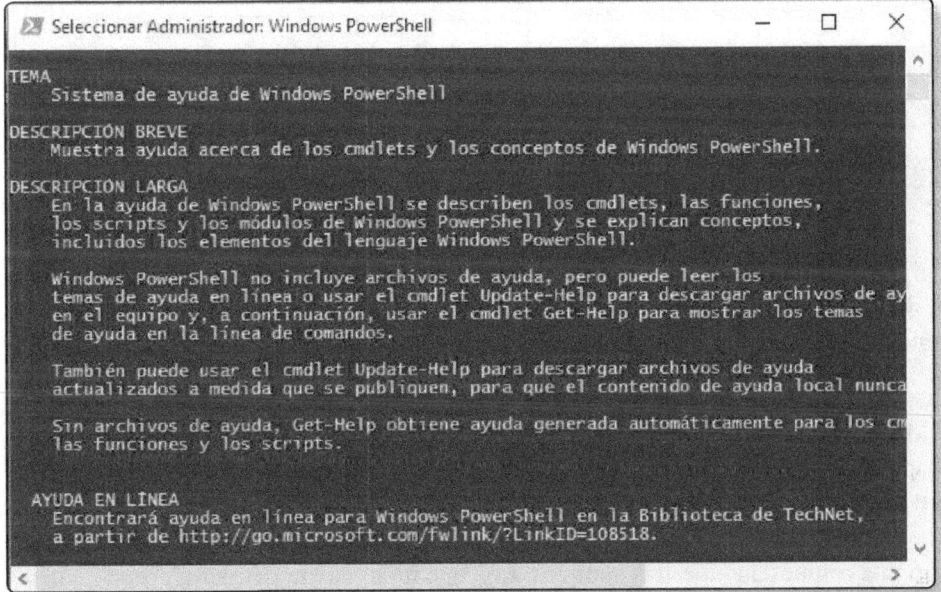

Figura 3.4. Microsoft Windows Powershell mostrando la ayuda inicial

3.2.2 Explorador de Archivos

Sigue funcionando de la manera que ha venido haciéndolo desde Microsoft Windows XP. Eso sí, con un aspecto e iconos que han madurado. Lo único dignamente reseñable es el cambio de los menús superiores adecuándose más a la política adoptada en Microsoft Office 2010.

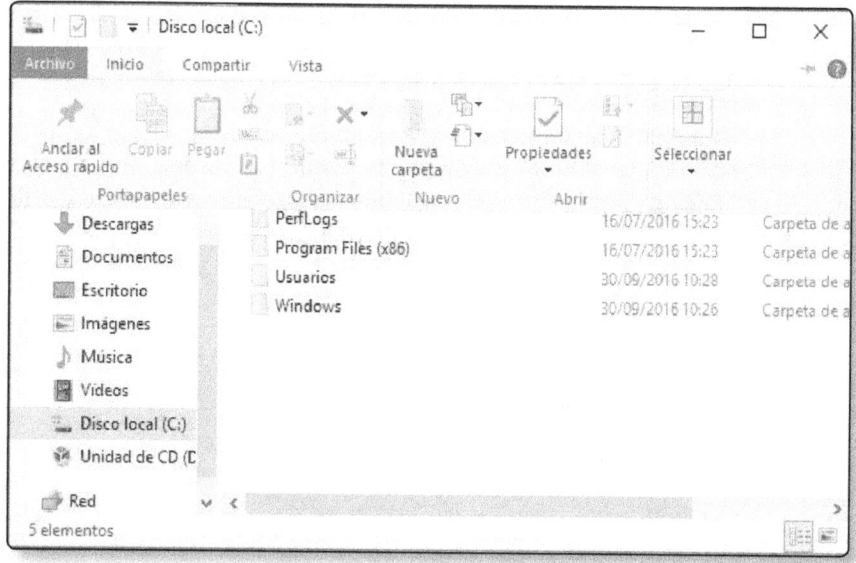

Figura 3.5. Explorador de Archivos con la pestaña Equipo desplegada

3.2.3 Administrador del Servidor

Aquí nos encontramos con la herramienta más potente de Microsoft Windows Server 2016. Una herramienta que agrupa todos los elementos administrativos del servidor, tanto de las funciones o características instaladas por defecto como de las funciones o características que instalemos en el futuro.

Al principio, la primera vez que abrimos el administrador del servidor nos podemos sentir abrumados ante tanta información junta. No obstante, viendo la disposición de la misma y tras el uso del servidor Microsoft Windows Server 2016 durante un pequeño periodo de tiempo, entenderemos que todos los administradores que hemos echado en falta una centralización de la información nos hemos encontrado con una respuesta a nuestras súplicas. Los que no lo hayan pensado, probablemente descubrirán que la herramienta actual tiene un manejo mucho más ergonómico. No obstante sigue siendo muy similar a la de la versión anterior.

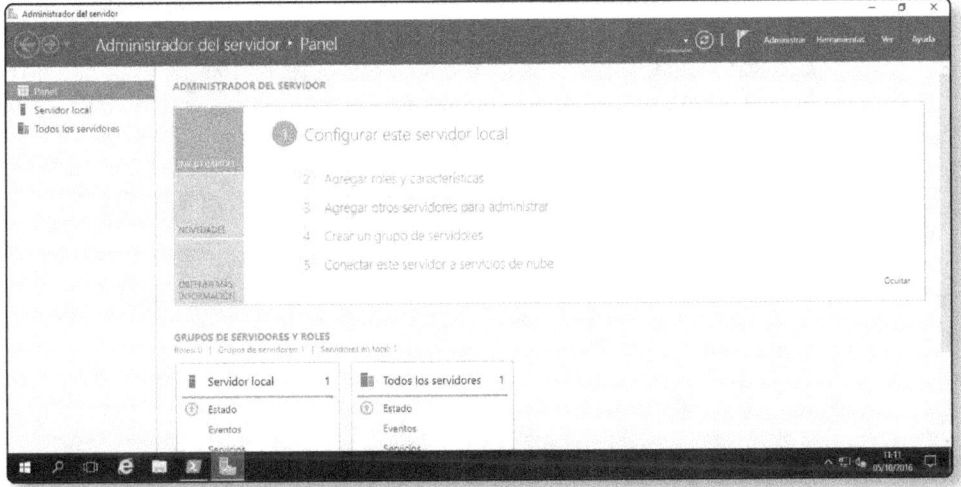

Figura 3.6. Administrador del servidor

El administrador del servidor lo encontramos dividido en tres áreas:

▼ Parte superior: nos muestra la barra de direcciones, acceso a las notificaciones (la banderita), Administrar (instalación de roles, funciones, características y servidores), Herramientas (las antiguas herramientas administrativas), Ver y Ayuda.

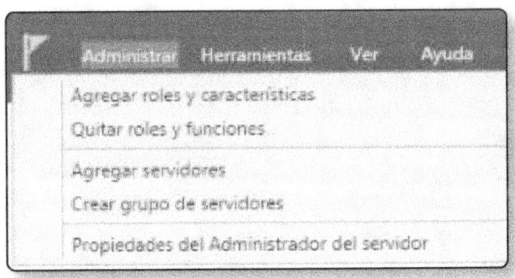

Figura 3.7. Opciones del administrador del servidor

▼ Panel lateral: cuando tengamos instalados el directorio activo u otro servicio, nos aparecerá un acceso a él en dicho espacio y es desde aquí desde donde podemos acceder a algunas de sus características administrativas.

▼ Contenido: el espacio mayor de la herramienta nos mostrará las diferentes características del servidor que hayamos seleccionado en el panel lateral. Cada subespacio tiene en su parte superior derecha una pestaña que nos permite acceder a las tareas del mismo.

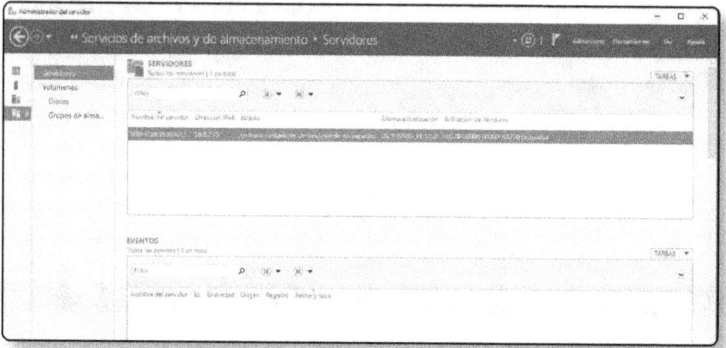

Figura 3.8. Servicios de archivos y almacenamiento

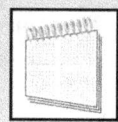

NOTA

En el caso de servicios de archivos y almacenamiento se nos abrirá un segundo menú contextual al lado del panel lateral.

4
DIRECTORIO ACTIVO: INSTALACIÓN

Ya entendido el entorno de trabajo del servidor Microsoft Windows Server 2016 que hemos instalado y familiarizados con el escritorio y su manejo básico, toca ponerlo en modo productivo. Para ello vamos a instalar un directorio activo que después administraremos de manera local y remota mediante la unión de dominios.

¿Qué es el directorio activo o *Active Directory*? Es un servicio de directorio propio de Microsoft para una red distribuida de ordenadores. La idea es poder mantener la estructura jerárquica de una red de forma centralizada. Siendo esta estructura la formada por usuarios, grupos, políticas de acceso, recursos, equipos y permisos.

Los diferentes protocolos utilizados por el directorio activo son principalmente:

- LDAP: protocolo ligero de acceso a directorios (*Lightweight Directory Access Protocol*).

- Kerberos: protocolo de autentificación.

- DNS: protocolo encargado de la resolución de nombre de dominio asociados a IP (*Domain Name System*).

- DHCP: protocolo de asignación dinámica de direcciones IP (*Dynamic Host Configuration Protocol*).

> **NOTA**
> Desde la versión anterior, Microsoft Windows Server 2012, el uso de dcpromo.exe desde consola ya no está habilitado.

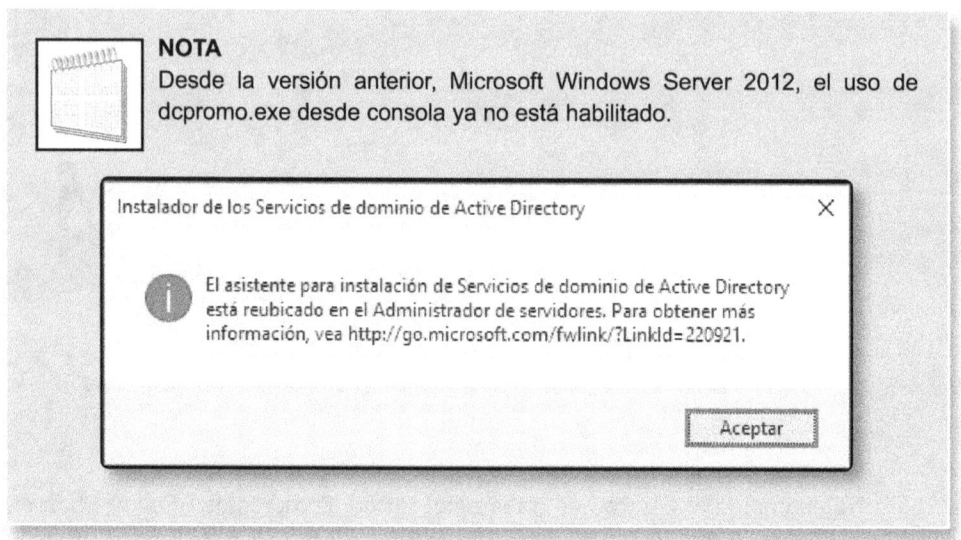

4.1 NECESIDADES PREVIAS PARA LA INSTALACIÓN

Antes de proceder con la instalación del directorio activo (*Active Directory*) necesitamos conocer los requisitos previos del proceso. Sin estos requisitos tendremos problemas de funcionamiento. Por lo tanto tendremos que asegurarnos previamente de tener instalados y configurados:

- ▼ Configuración estática de la red (IP estática): pulsaremos el botón derecho del ratón sobre el icono de red presente en el escritorio, al lado del reloj. Seleccionaremos la opción **Abrir centro de redes y recursos compartidos** y desde aquí actuamos como en versiones anteriores.

- ▼ Servidor DNS: resuelve de nombres de red.

- ▼ Servidor DFS: sistemas de archivo en red.

> **TRUCO**
> Todos estos componentes serán instalados de forma automática en caso de no estar ya presentes en nuestro servidor en el momento que lancemos la instalación del directorio activo. Por lo tanto, basta con asegurarnos de haber configurado el primer punto.

4.2 PASOS DE INSTALACIÓN DEL DIRECTORIOACTIVO

Todo el proceso lo vamos a realizar desde el administrador del servidor. Lo primero que tendremos que hacer es seleccionar en la imagen 3.7 del capítulo anterior la opción **Agregar roles y características**.

Aquí comenzará el proceso aportándonos una introducción al mismo y la manera en que lo llevará a cabo Microsoft Windows Server 2016.

Tras la información previa al inicio del asistente nos preguntará si queremos hacer una instalación basada en características o en roles, o un servidor basado en los servicios de escritorio remoto. Por supuesto, para nuestro caso en el que no pretendemos más que mostrar las características base del sistema Microsoft Windows Server 2016 nos bastará con la primera opción.

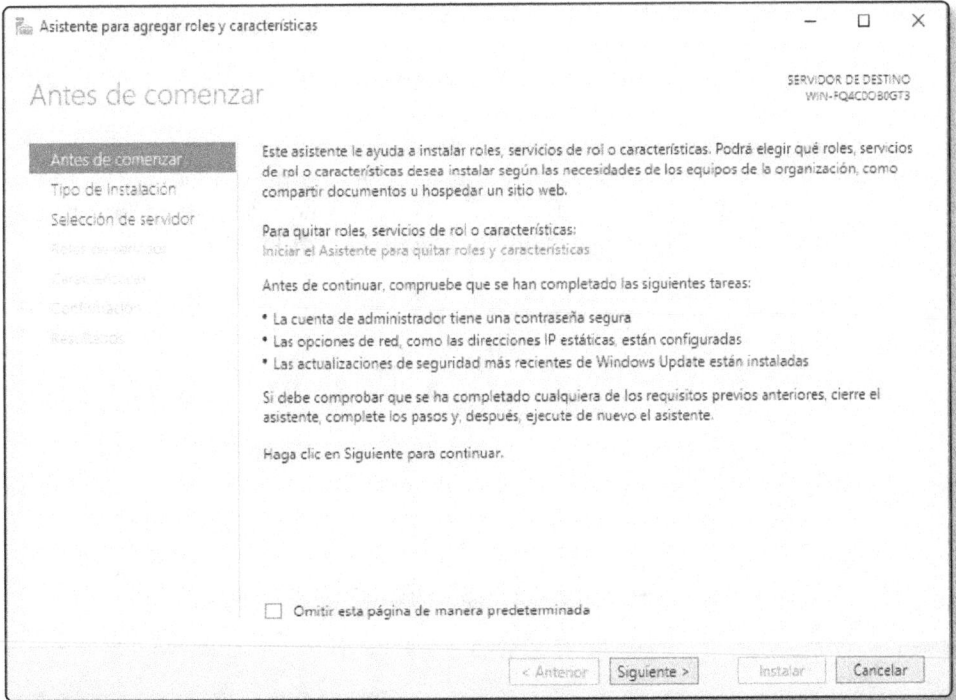

Figura 4.1. Antes de comenzar

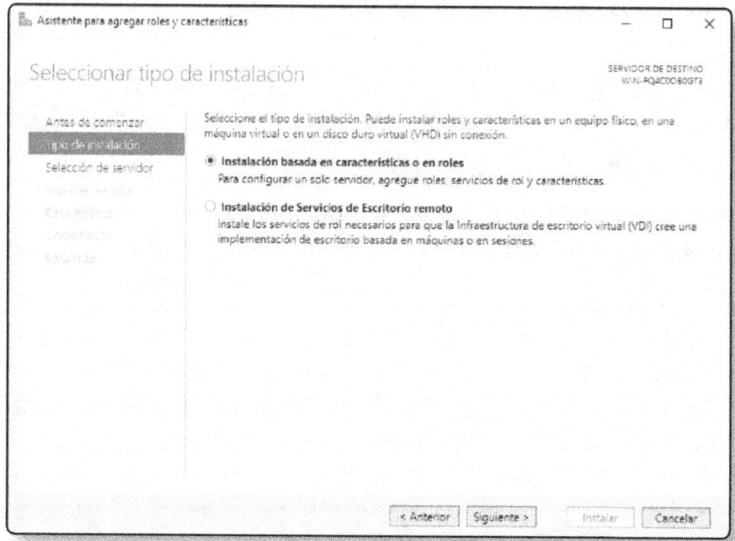

Figura 4.2. Modo de instalación

Como podemos ver entre todos estos pasos novedosos en el proceso de instalación de características, lo que se nos pregunta ahora es sobre qué servidor único es sobre el que queremos actuar. De momento no tenemos en la red más servidor que el recién instalado en capítulos anteriores. Por lo tanto no cabe duda en cual seleccionar para continuar.

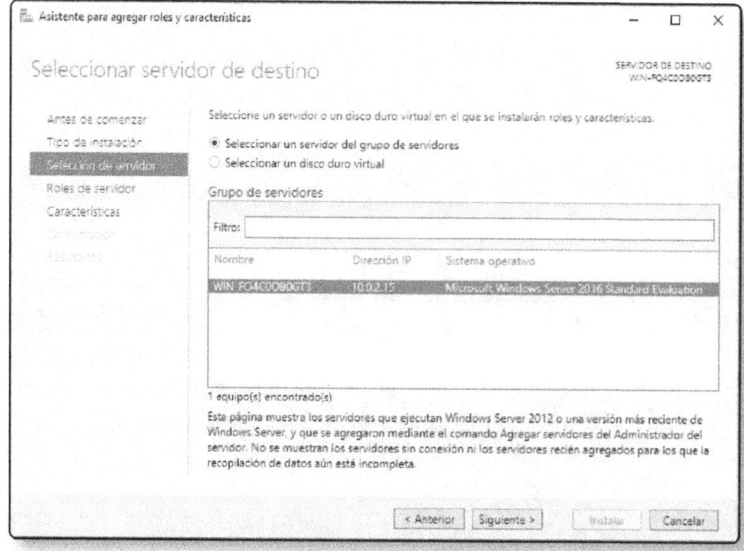

Figura 4.3. Servidor sobre el cual actuar

El listado de características que tenemos la posibilidad de instalar se nos muestra tras haber seleccionado el servidor sobre el que actuar. Algo interesante, ya que tras marcar alguno de los roles se nos mostrarán las características, si existiesen, que también deben ser instaladas. Si aceptamos estas características se marcarán también para la instalación.

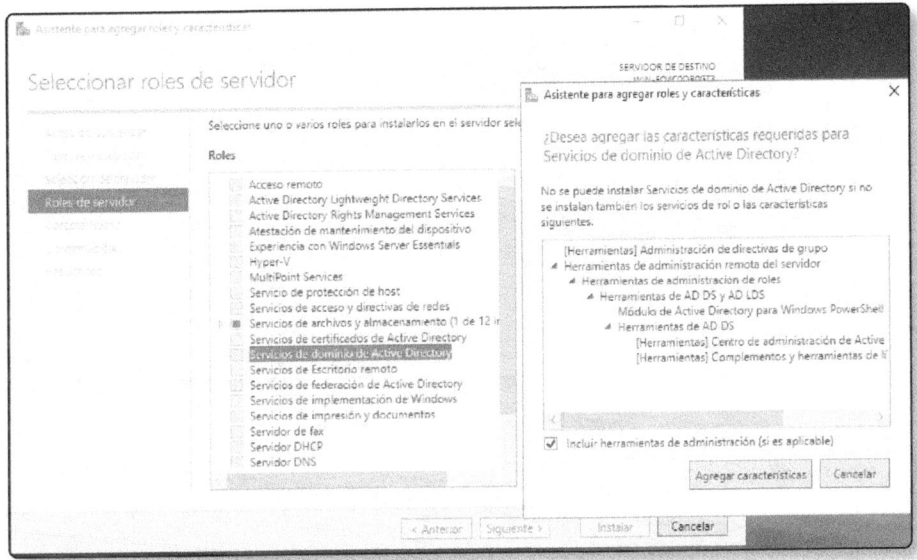

Figura 4.4. Selección de roles y características asociadas

Lo que pretendemos es instalar el directorio activo, así que marcaremos **Servicios de dominio de Active Directory** y aceptaremos las dependencias propuestas.

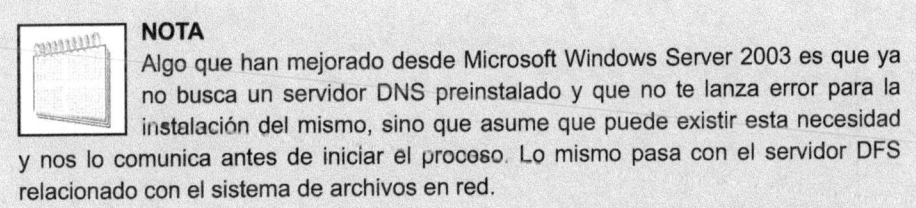

NOTA
Algo que han mejorado desde Microsoft Windows Server 2003 es que ya no busca un servidor DNS preinstalado y que no te lanza error para la instalación del mismo, sino que asume que puede existir esta necesidad y nos lo comunica antes de iniciar el proceso. Lo mismo pasa con el servidor DFS relacionado con el sistema de archivos en red.

En las características que deseamos añadir no es necesario que incluyamos nada para este caso, ya que se han incluido las dependencias previamente. Por lo tanto podremos pulsar nuevamente en **Siguiente**.

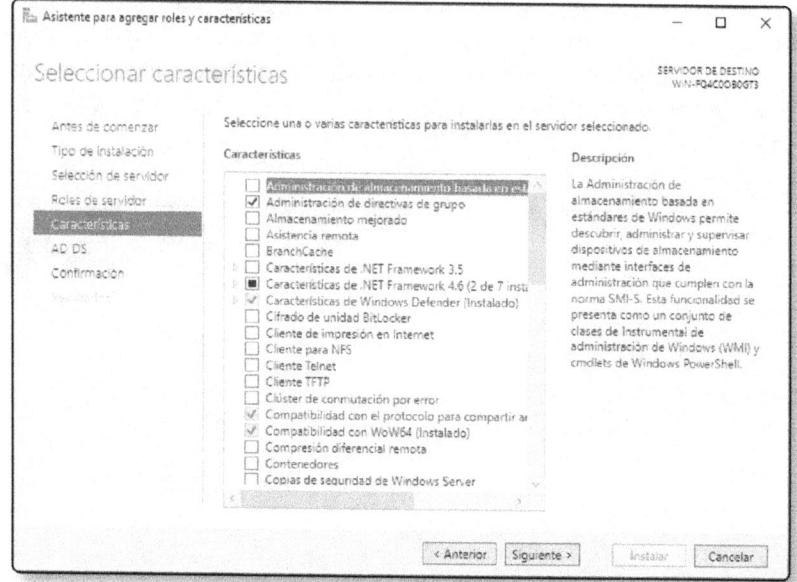

Figura 4.5. Características a instalar

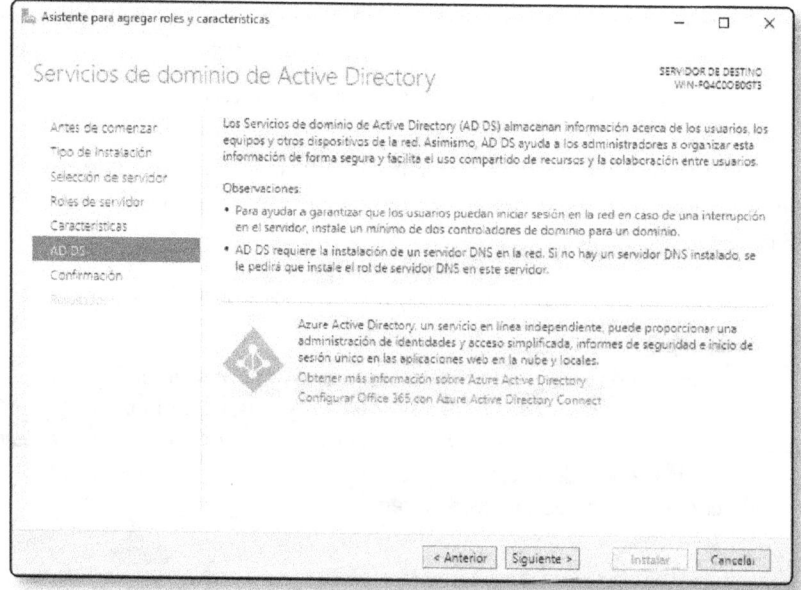

Figura 4.6. Información preinstalación del directorio activo

Asimismo, podremos seleccionar la opción de reinicio automático tras la instalación que nos automatizará el proceso. Esta pestaña la encontramos en el resumen previo a la instalación.

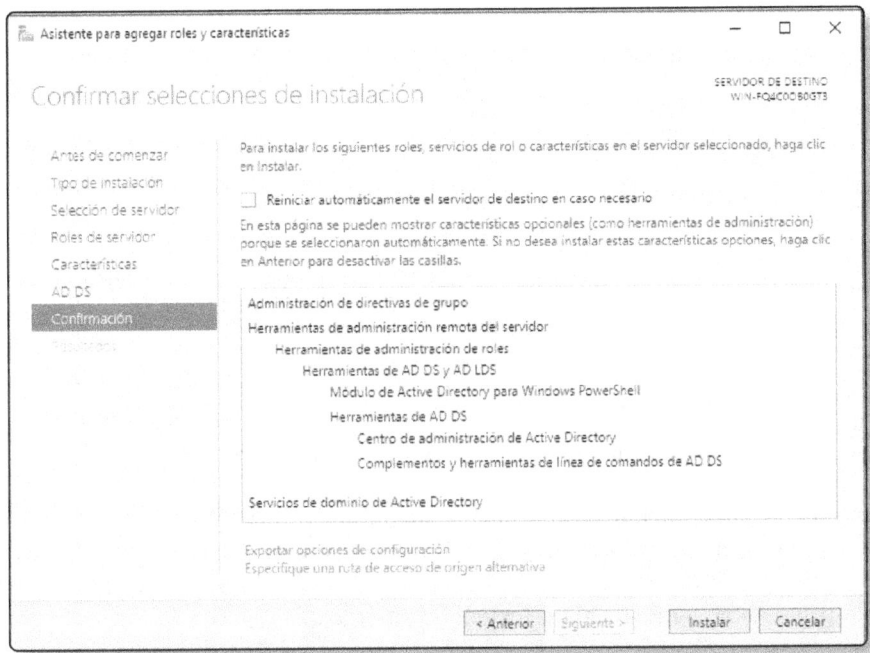

Figura 4.7. Resumen preinstalación

En el caso de haber marcado la pestaña de **Reiniciar automáticamente** nos pedirá confirmación a modo de seguridad del proceso, ya que un reinicio en un servidor es algo serio. Ya solo queda que veamos cómo avanza el proceso de instalación hasta que termine. Una vez finalizado nos aportará un resumen del mismo y las necesidades adicionales requeridas que tenemos que llevar a cabo antes de darlo por concluido.

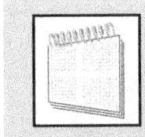

NOTA
Hay que observar que en el menú contextual de estado que se nos presenta en el asistente de instalación, varían los pasos planteados según la característica seleccionada. En nuestro caso se nos ha incluido una nueva línea llamada **AD DS**.

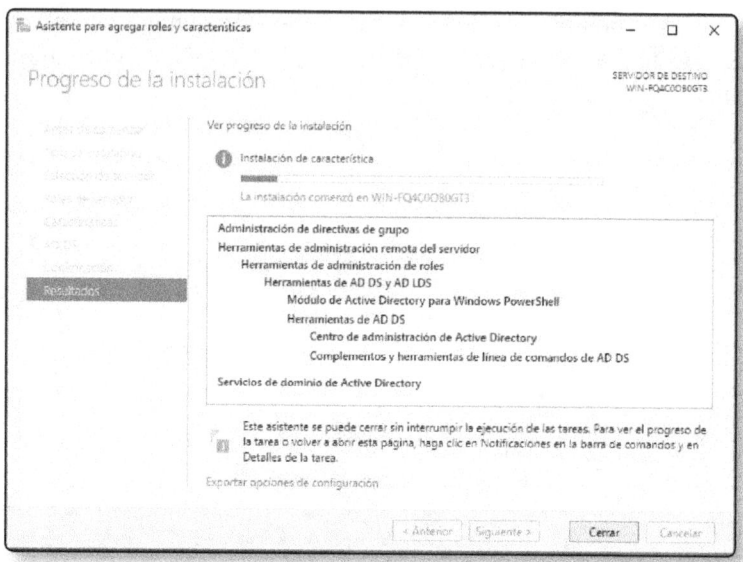

Figura 4.8. Proceso terminado y requisitos post-instalación

En el caso concreto de la instalación del directorio activo nos solicitará como requisito adicional la **promoción del servidor Microsoft Windows Server 2016 a controlador de dominio**. Esta petición se mostrará en el resumen que se muestra tras la instalación. Será un enlace textual de color azul.

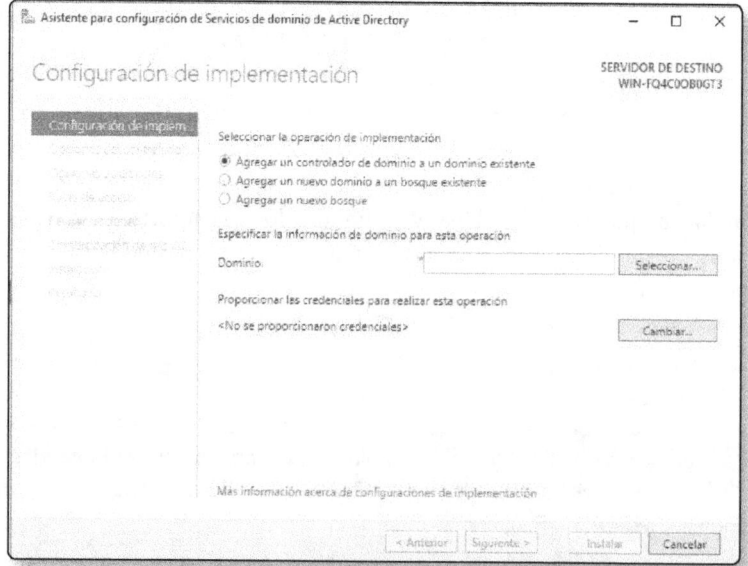

Figura 4.9. Inicio de la promoción a controlador de dominio

Los pasos para la promoción del servidor a controlador de dominio no varían mucho respecto a los realizados en las versiones anteriores. No obstante recorreremos los principales.

1. Seleccionar si se formará un nuevo bosque o si queremos unirlo a uno ya creado. Asimismo indicaremos el nombre de dominio raíz.

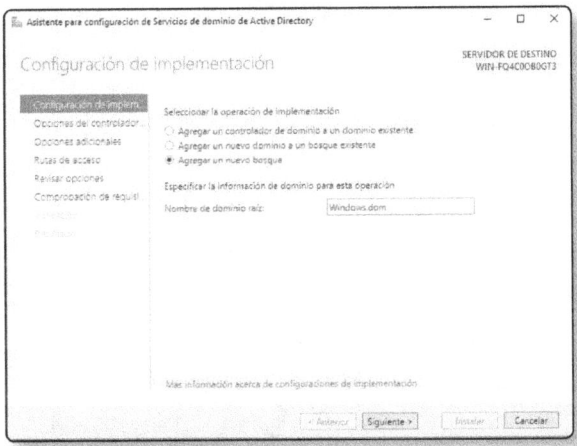

Figura 4.10. Selección de nuevo bosque

2. Selección del nivel funcional. En nuestro caso y para poder continuar con las bondades de Microsoft Windows Server 2016 en capítulos posteriores seleccionaremos el más actual. Antes de continuar tendremos que aportar una palabra de paso o contraseña para el modo de restauración.

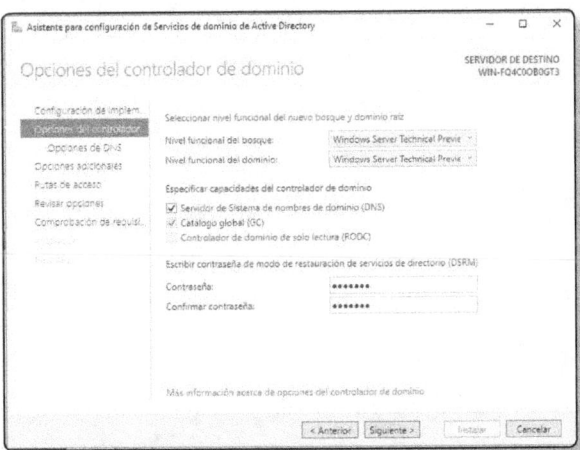

Figura 4.11. Nivel funcional

3. Ignoraremos el aviso que se nos presenta en relación al servidor DNS, pues no tenemos intención de establecer una delegación en este momento.

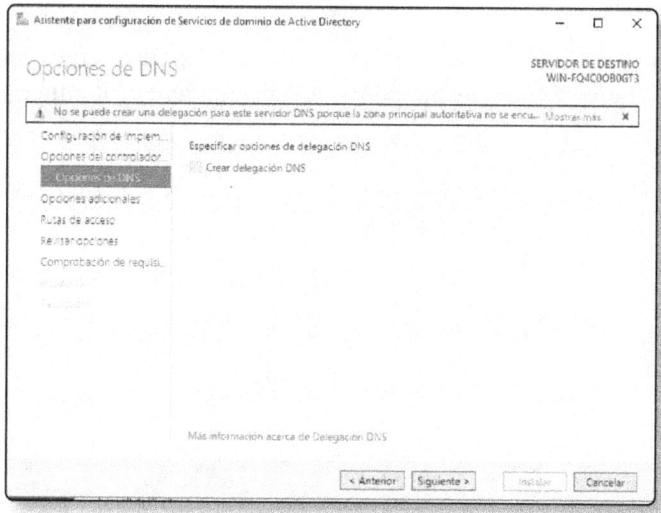

Figura 4.12. Delegación DNS

4. Nombre de NetBIOS. El nombre con el que se verá al equipo en las redes Microsoft Windows.

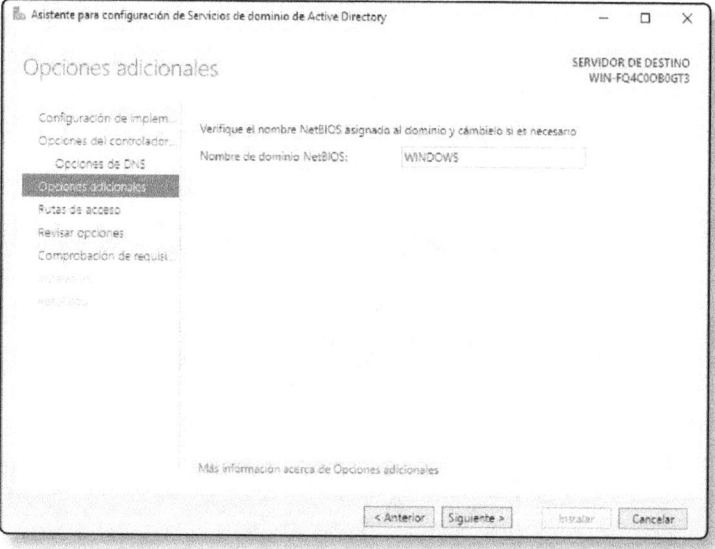

Figura 4.13. Nombre NetBIOS

5. **Ubicación de la base de datos.** Indica donde se almacenarán los archivos que contienen todo lo relacionado con la configuración y promoción.

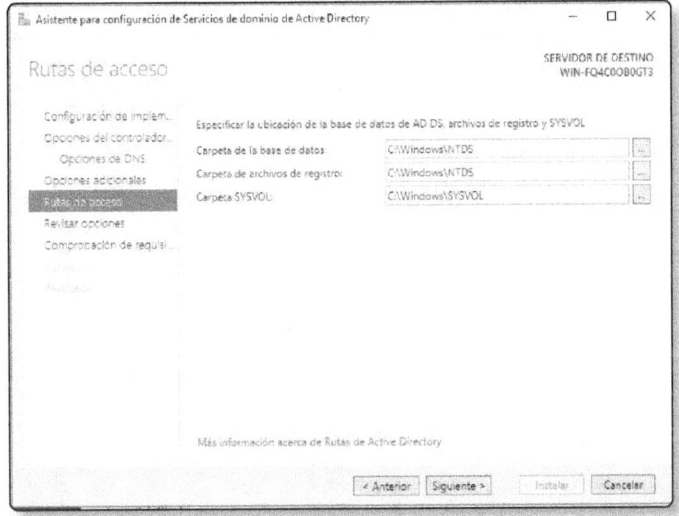

Figura 4.14. Ubicación de la base de datos NTDS

6. Resumen previo al proceso de instalación. Observar que aparece el servidor DNS como una de las opciones adicionales.

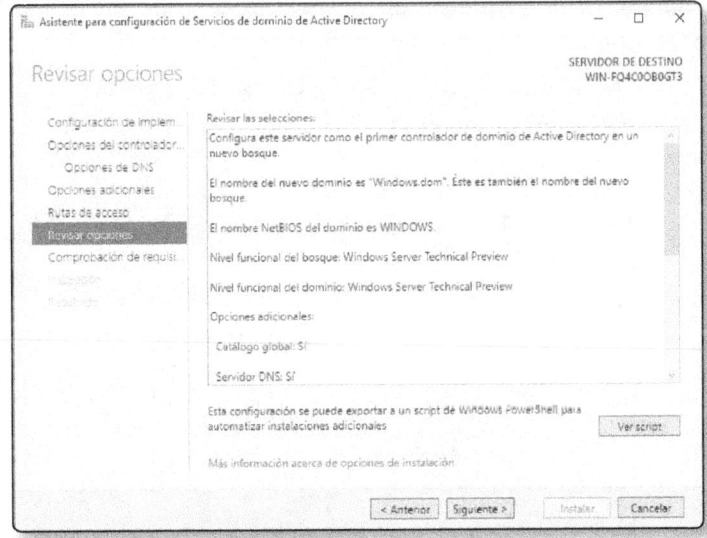

Figura 4.15. Resumen

7. Comprobación de requisitos de la instalación. Si no se cumple alguno, o tenemos que tener cuidado con algún aspecto específico que, aunque no impide su funcionamiento, puede suponer conflictos posteriores.

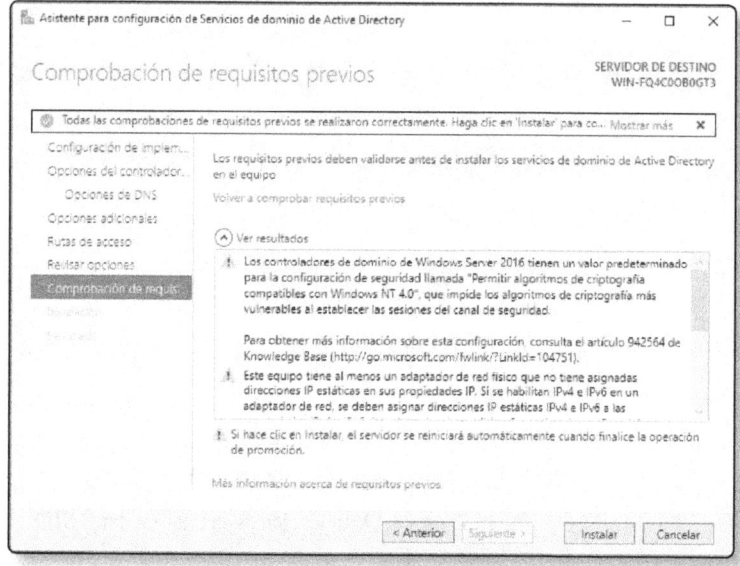

Figura 4.16. Comprobación de requisitos

Una vez hemos promovido el servidor Microsoft Windows Server 2016 a controlador de dominio, previo reinicio del mismo aparecerá ya funcional en nuestro listado. Tendremos dos caminos para trabajar con él:

▶ Directamente desde el administrador del servidor, donde nos aparecerán los nuevos servidores activos en el área izquierda, así como su estado en el espacio central.

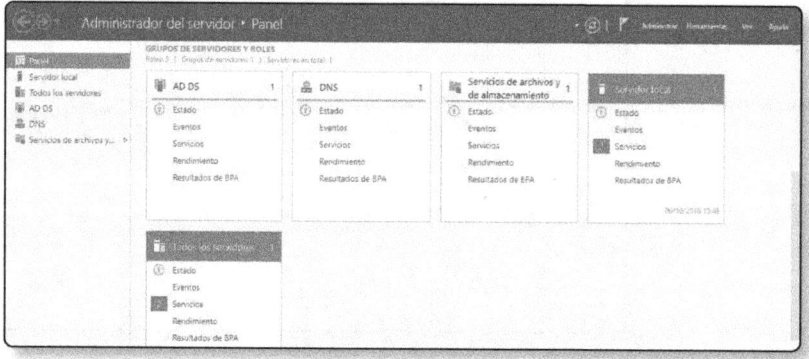

Figura 4.17. Administrador del servidor con AD DS y DNS instalado

▼ Desde el acceso a **Herramientas administrativas** mediante el acceso a **Centro de administración de Active Directory**.

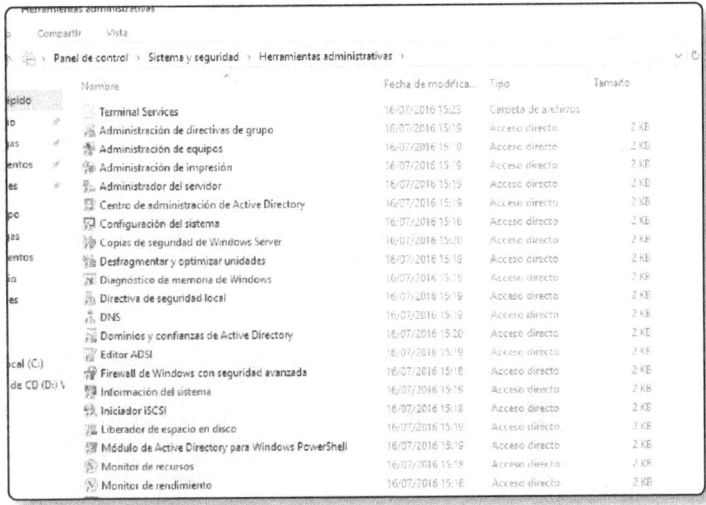

Figura 4.18. Menú inicio con AD DS y DNS instalado

NOTA
El nombre de dominio raíz del bosque que coincide con el nombre del bosque, estará formado por un prefijo y un sufijo (Windows.dom). Debemos tener en cuenta también que el prefijo no puede tener caracteres diferentes de (a-z) (A-Z) (0-9) o (-). Además no puede empezar por carácter numérico.

4.3 ESTRUCTURA LÓGICA DEL DIRECTORIO ACTIVO

El directorio activo trabaja con una estructura jerárquica formada por:

▼ Objeto y objeto contenedor: son los usuarios, recursos o servicios del sistema.

▼ Unidad organizativa; son contenedores de objetos en los que podemos colocar usuarios, grupos u otras unidades organizativas.

▼ Dominio: constituye un límite de seguridad.

▼ Árbol: conjunto de dominios.

▼ Bosque: conjunto de árboles.

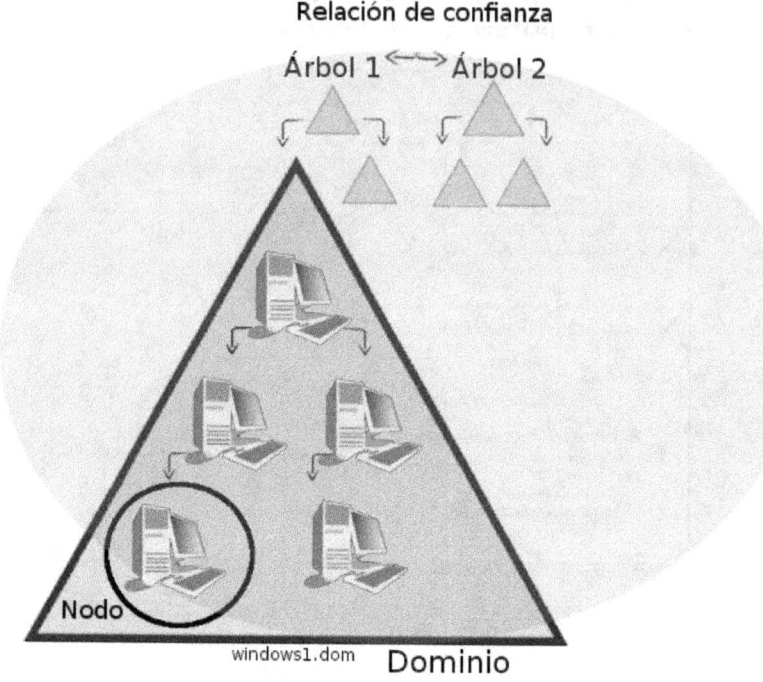

Ilustración 4.1. Estructura lógica de un directorio activo

5

GESTIÓN DE USUARIOS Y GRUPOS

Lo primero que debemos tener en cuenta es que los usuarios que a partir de ahora vamos a administrar son los usuarios de dominio, y su administración va a ser llevada a cabo a través del directorio activo que hemos instalado en nuestro servidor Microsoft Windows Server 2016.

La gestión de usuarios es algo imprescindible si queremos trabajar con dominios, ya que es la base de dicha seguridad. Piense el lector que lo que estamos buscando es centralizar los datos y en algunos casos las operaciones y sin el correcto control estaremos dejando al descubierto elementos de seguridad que pueden ser utilizados por usuarios malintencionados.

5.1 ADMINISTRACIÓN DE USUARIOS Y GRUPOS

Para acceder al espacio de administración de **usuarios y grupos** tenemos dos caminos:

- ▼ Desde el acceso a **Herramientas administrativas** mediante el acceso a **Usuarios y Equipos de Active Directory**.

- ▼ Mediante el menú **Herramientas** presente en el **administrador del servidor**, accediendo igualmente a **Usuarios y Equipos de Active Directory**.

Tomando cualquiera de los dos caminos abriremos la ventana que sigue a continuación, donde la gestión es similar a la desarrollada en versiones anteriores.

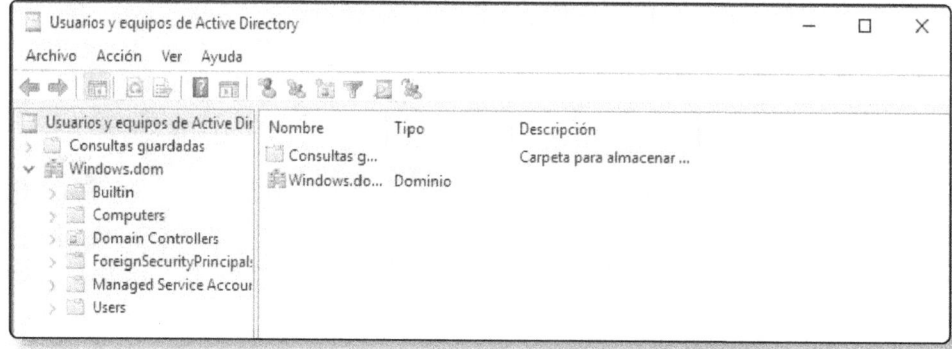

Figura 5.1. Ventana Usuarios y Grupos de Active Directory

5.1.1 Gestión de Usuarios

5.1.1.1 CREACIÓN DE USUARIOS

Para crear un nuevo usuario del directorio activo, lo primero que tendremos que hacer es abrir la ventana presentada en la imagen anterior. En ella accederemos a la carpeta del menú izquierdo nombrada como **Users** situada dentro del dominio creado, con lo que se nos mostrarán todos los usuarios y grupos presentes en el directorio activo de nuestro servidor Microsoft Windows Server 2016.

En esta área central pulsaremos el botón derecho del ratón sobre el área blanca y del menú que nos aparece seleccionaremos **Nuevo > Usuario**. Puede ver este menú igualmente en la imagen anterior.

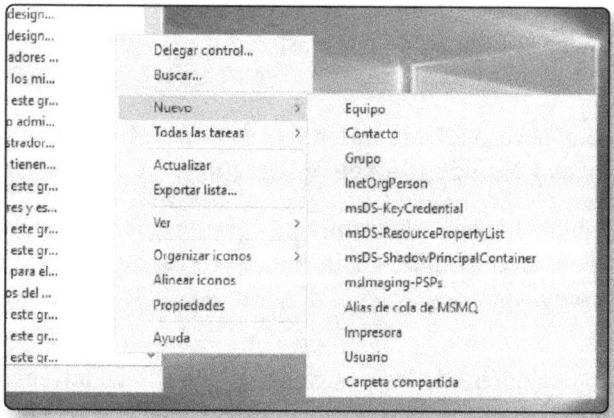

Figura 5.2. Opciones de creación de un nuevo objeto en Active Directory

Tras pulsar sobre esta opción se nos abrirá una ventana que nos solicitará los datos del nuevo usuario a crear.

![Ventana Nuevo objeto: Usuario con los datos de Clara CRSS. Rguez de Sepúlveda Sánchez]

Figura 5.3. Datos del nuevo usuario

Como podemos observar se nos sigue aportando la información de conexión para servidores anteriores a Microsoft Windows 2000. Elegido el nombre de usuario o *login* continuaremos con los datos de acceso al sistema (clave y propiedades de la cuenta).

Completados los datos personales y de acceso al sistema solo nos quedará confirmar los cambios y observar que en la ventana aparece el nuevo usuario creado.

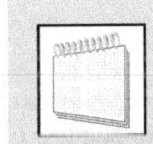

NOTA
Como veremos posteriormente este no es el único proceso que se puede realizar con el usuario recién creado.

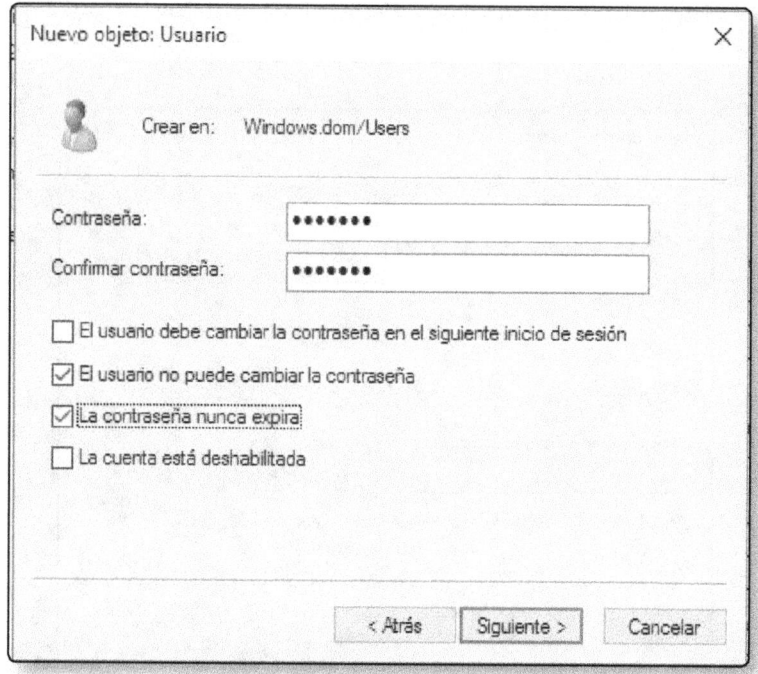

Figura 5.4. Datos de acceso

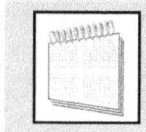

NOTA
Observar que en la parte superior de la ventana nos indica que el usuario será creado en *Windows.com/Users*, o lo que es lo mismo en el contenedor de usuarios del dominio *Windows.com*.

5.1.1.2 PROPIEDADES DE LA CUENTA DE USUARIO

Para acceder a las propiedades de cualquiera de los usuarios pulsaremos botón derecho del ratón sobre el usuario y seleccionaremos la opción de **Propiedades**, o bien pulsando doble clic sobre el usuario. La ventana que se nos abrirá nos presentará varias pestañas que nos dará acceso a la personalización detallada de la cuenta.

Capítulo 5. **GESTIÓN DE USUARIOS Y GRUPOS**

Figura 5.5. Propiedades del usuario

> **NOTA**
> Se pueden ver gran cantidad de opciones. Por ejemplo dentro de la pestaña **Cuenta** podemos acceder a las horas permitidas de acceso de dicha cuenta, así como las denegadas. Para ello se pulsará el botón **Horas de inicio de sesión**.

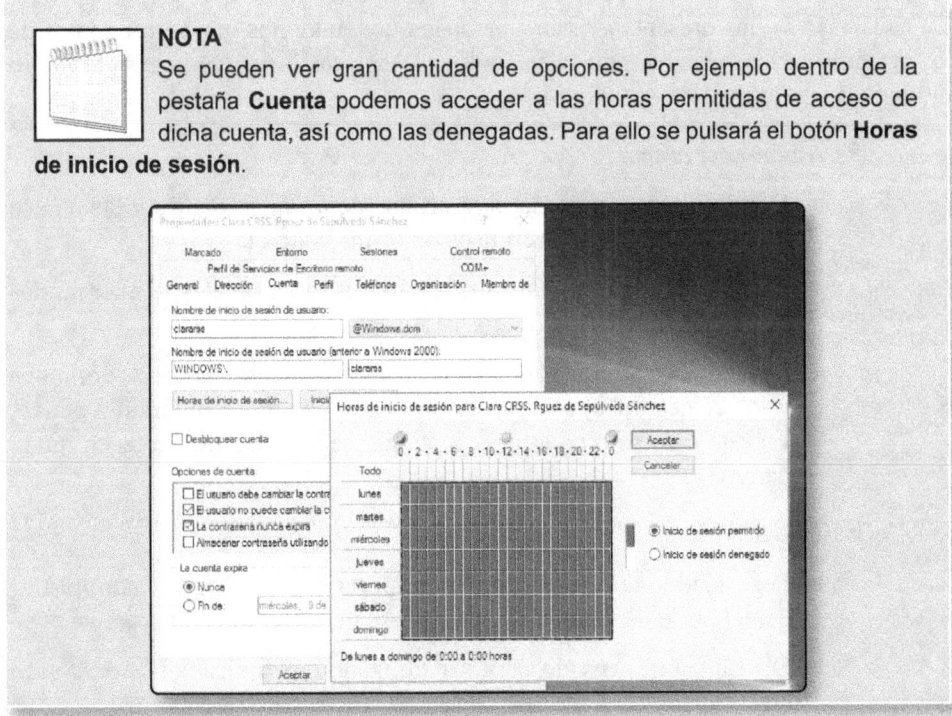

5.1.2 Usuarios presentes en el sistema tras la instalación

Nada más iniciar el servidor Microsoft Windows Server 2016 con Active Directory ya instalado, si miramos en el listado de usuarios creado, nos encontraremos a los siguientes:

- Administrador: usuario que como su nombre indica nos permitirá administrar de manera completa el servidor. Sin limitaciones.

- Invitado: es una cuenta que inicialmente está deshabilitada y que pertenece a los grupos invitados e invitados de dominio. Es un usuario sin privilegios.

- DefaultAccount: cuenta de usuario administrada por el sistema.

5.1.3 Gestión de Grupos

5.1.3.1 TIPOS DE GRUPOS

Lo primero con lo que nos encontramos cuando vamos a crear un nuevo grupo es que se nos pregunta por el ámbito y el tipo de grupo que queremos crear. En cada caso se nos presentan varias opciones que tendremos que valorar antes de la creación de los mismos, con la intención de aportar la mayor seguridad, pero también la posibilidad de escalabilidad:

- Ámbito del grupo.
    - Dominio local: pensado para grupos de usuarios finales a los que se asignan privilegios y permisos de forma concreta.
    - Global: grupos de usuarios que administrarán objetos tales como las cuentas de usuario y equipos del dominio concreto.
    - Universal: utilizado en grupos de usuario presentes en varios dominios y los cuales trabajan a su vez sobre más de un solo dominio activo. En este caso solo podremos gestionar servidores instalados en modo nativo.

- Tipo de Grupo.
    - Seguridad: este tipo de grupo nos aporta la posibilidad de administrar derechos de usuarios y recursos presentes en el directorio activo.
    - Distribución: pensado para ser utilizado con aplicaciones de correo electrónico.

5.1.3.2 CREACIÓN DE GRUPOS

La creación de grupos sigue el mismo proceso que el de usuarios, la diferencia radica en la ventana que se nos abre, donde nos solicitará el nombre, tipo y ámbito del mismo.

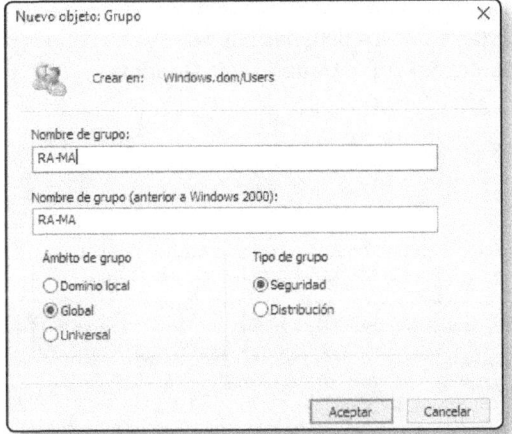

Figura 5.6. Creación nuevo grupo

5.1.3.3 ASIGNACIÓN DE USUARIOS A GRUPOS

Cuando tengamos creados los grupos y usuarios tendremos que asociarlos entre sí. Pare ello el camino más rápido es a través de un grupo creado. Accediendo a sus propiedades de forma similar a como lo hemos hecho con el caso de los usuarios, entraremos en la pestaña **Miembros** en la que añadiremos los usuarios o grupos deseados a través de la opción **Agregar**.

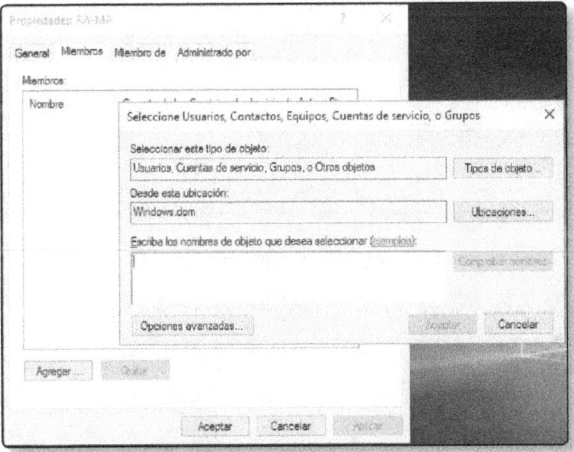

Figura 5.7. Agregar miembros

Para buscar en la lista de usuarios el usuario a añadir pulsaremos sobre **Opciones Avanzadas** y después **Buscar Ahora**.

NOTA

Es importante que los usuarios que se vayan a conectar de manera remota estén dentro del grupo **Usuarios de Dominio**.

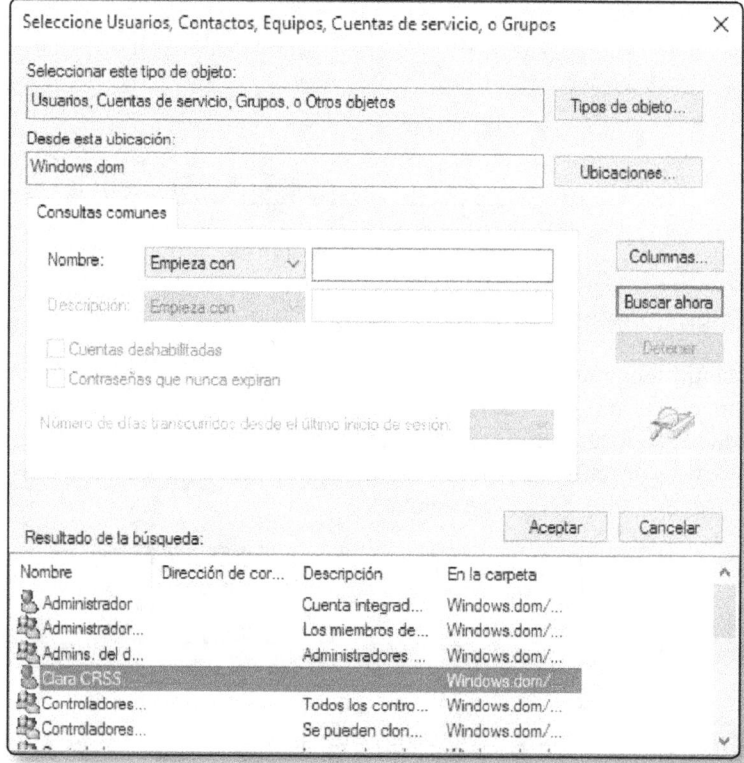

Figura 5.8. Selección de usuarios

Si por el contrario lo que quiero es hacer que este grupo en cuestión pertenezca a otro, lo haremos de manera similar pero en este caso en la pestaña **Miembro de**.

5.1.4 Grupos presentes en el sistema tras la instalación

Nada más iniciar el servidor Microsoft Windows Server 2016 y tras la instalación del directorio activo y el servidor DNS, si miramos en el listado de grupos creados nos encontraremos, entre otros, a los siguientes:

- Administrador clave: los miembros podrán realizar operaciones administrativas en los objetos clave del dominio.

- Administradores clave de la organización: los miembros podrán realizar operaciones administrativas en los objetos clave del bosque.

- Administradores de empresa: permite al usuario instalar servicios de *Certificate Server* con la intención de crear una entidad emisora de certificados de empresa.

- Administradores de esquema: este grupo solo está presente en el dominio raíz del bosque y permite a sus usuarios modificar el esquema del directorio activo.

- Administradores de dominio: controlar el dominio completamente. Es el grupo menos restrictivo por lo que también es el que más inseguridad puede causar si lo asignamos por defecto.

- Controladores de dominio: como su nombre indica contiene todos los controladores de dominio. No posee privilegios en relación a los usuarios.

- Controladores de dominio clonables: creado para permitir que un dominio pueda clonarse a sí mismo.

- Controladores de dominio de solo lectura (RODC): restringe los controladores.

- DNSAdmin: se crea al instalar el servidor DNS y nos permite que asociemos usuarios concretos a la administración de dicho servidor.

- DNSUpdateProxy: al igual que el anterior, se crea junto con la instalación del servidor DNS y en este caso permite las actualizaciones remotas a servidores DHCP u otros clientes.

- Enterprise Domain Controllers de solo lectura: controladores de dominio de solo lectura en la empresa.

- Equipos de dominio: contiene todas las estaciones de trabajo y servidores unidas al dominio.

- Grupo de replicación de contraseña RODC denegada: los miembros de este grupo no tienen permiso de replicación de contraseñas asociadas a controladores de dominios.

- Grupo de replicación de contraseña RODC permitida: los miembros de este grupo tienen permiso de replicación de contraseñas asociadas a controladores de dominios.

- Invitados del dominio: contiene todos los usuarios invitados del dominio.

- Propietarios del creador de directivas de grupo: administración concreta asociada a las directivas de grupo. No obstante y aunque es un grupo que concreta al grupo Administradores, su asignación puede crear inestabilidad del sistema en malas manos.

- Protected Users: grupo que incrementa la seguridad de autentificación de los usuarios que lo formen.

- Publicadores de certificados: permite la publicación de certificados para usuarios y equipos.

- Servidores RAS e IAS: acceso remoto.

- Usuarios de dominio: pertenecerán a él todos los usuarios que queramos puedan iniciar conexión desde un equipo conectado al dominio.

5.1.5 Directivas de Grupo

Como hemos visto, podemos crear y configurar usuarios y grupos pertenecientes al dominio. Pero no queda ahí la cosa. Gracias a las directivas de grupo podemos además personalizar de manera avanzada y segura nuestro sistema, usuarios y grupos.

Las directivas de grupo son políticas propias del sistema que nos van a servir para personalizar el modo productivo del mismo.

Para trabajar con ellas accederemos a **Administración de directivas de grupo** dentro del menú **Herramientas** o desde las **Herramientas administrativas**. En ella seleccionaremos el dominio sobre el que queremos aplicar las políticas y pulsando con el botón derecho del ratón seleccionaremos la opción **Crear un GPO…**

Capítulo 5. GESTIÓN DE USUARIOS Y GRUPOS

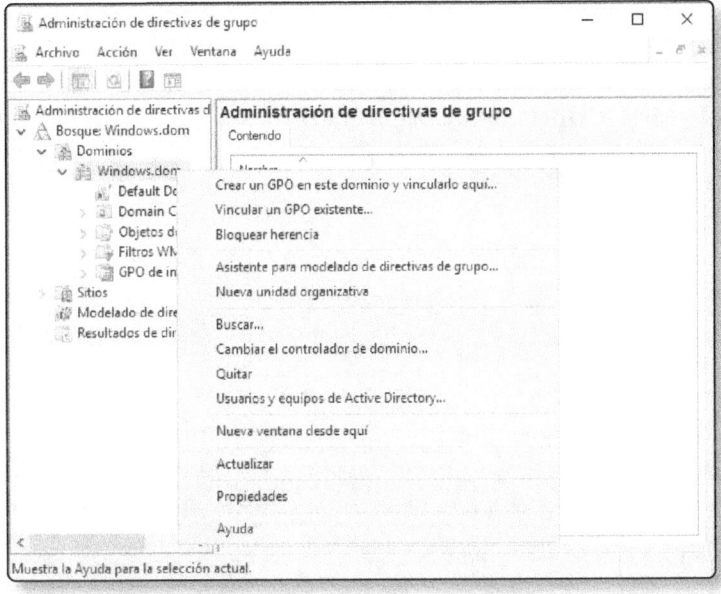

Figura 5.9. Añadir nueva directiva

Lo primero que se nos preguntará es el nombre de la política a crear. En nuestro caso la hemos llamado **PoliticaClara** y pulsaremos **Aceptar**.

A la izquierda nos aparece la nueva política creada. Ahora toca definirla. Para ello elegiremos la opción **Editar** que sale al pulsar el botón derecho del ratón sobre ella.

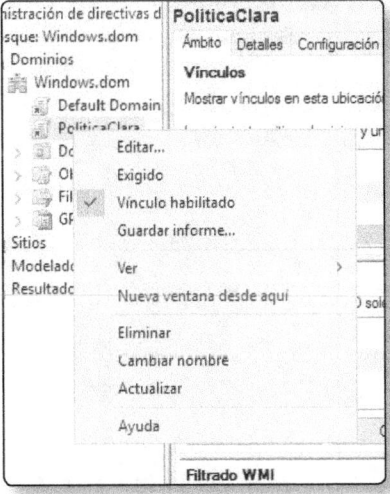

Figura 5.10. Editar la nueva directiva

Ya solo queda añadir las políticas que nos interesen. En nuestro caso le vamos a asociar dos concretas situadas en la misma ruta (**Configuración de equipo > Directivas > Configuración de Windows > Configuración de Seguridad > Directivas Locales > Opciones de Seguridad**):

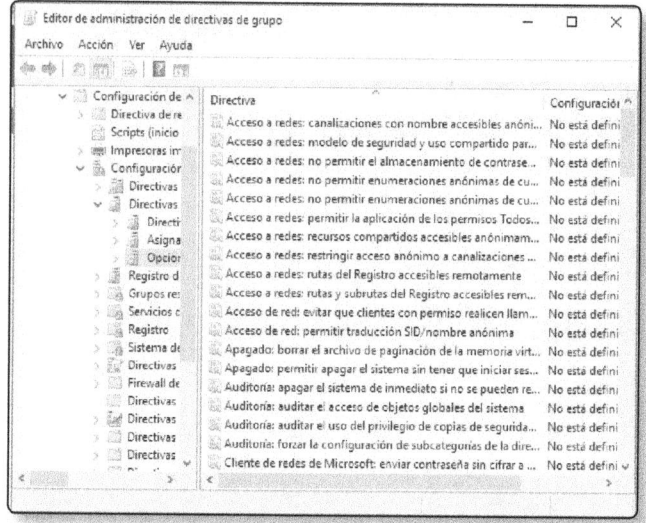

Figura 5.11. Ventana asignación directivas

▼ Desactivar la necesidad de pulsar CTRL+ALT+SUPR en la ventana de inicio. La tenemos presente en **Inicio de sesión interactivo: no requerir Ctr + Alt + Supr.**

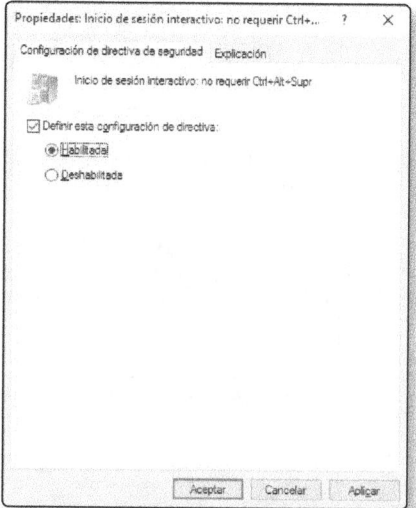

Figura 5.12. Directiva Ctrl + Alt + Supr

▼ Permitir cambiar el nombre de usuario del administrador para aumentar la seguridad. Lo tenemos en **Cuentas: cambiar nombre de cuenta administrador.**

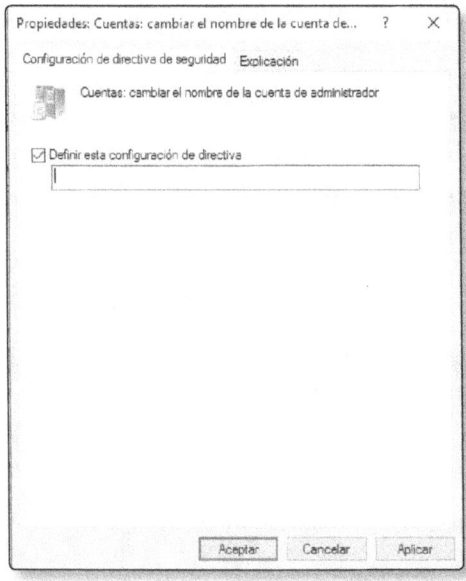

Figura 5.13. Directiva cambiar nombre de cuenta administrador

En relación a lo anterior podemos aplicar tantas directivas como queramos. Eso sí, se recomienda que estén bien organizadas o al final no podremos mantenerlas.

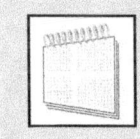

NOTA
Para visualizar las directivas puede ser que nos solicite añadir permisos a la seguridad avanzada de Explorer.

5.1.5.1 TIPOS DE DIRECTIVAS DE GRUPO

En relación a los diferentes niveles sobre los que puede actuar una directiva de grupo tenemos:

▼ Las directivas de grupo que se asignan a nivel del sitio completo afectarán a todos los equipos, así como a las unidades organizativas, sus usuarios y dominios de este sitio.

▼ Si la política de grupo está vinculada a un dominio concreto afectará a las unidades organizativas, usuarios y grupos del mismo.

▼ Por último, si lo vinculamos a una unidad organizativa afectará a su contenido sea este usuarios, grupos u otras unidades organizativas.

5.1.6 Otras Gestiones

5.1.6.1 UNIDADES ORGANIZATIVAS

La carpeta *Users* por sí sola es un cajón de sastre en el que almacenar, entre otros, a todos los usuarios y grupos, pero sin ningún tipo de clasificación.

Las unidades organizativas nos van a permitir agrupar a usuarios y grupos de una manera ordenada. Para ello tenemos que crearla con el botón derecho sobre el nombre de dominio.

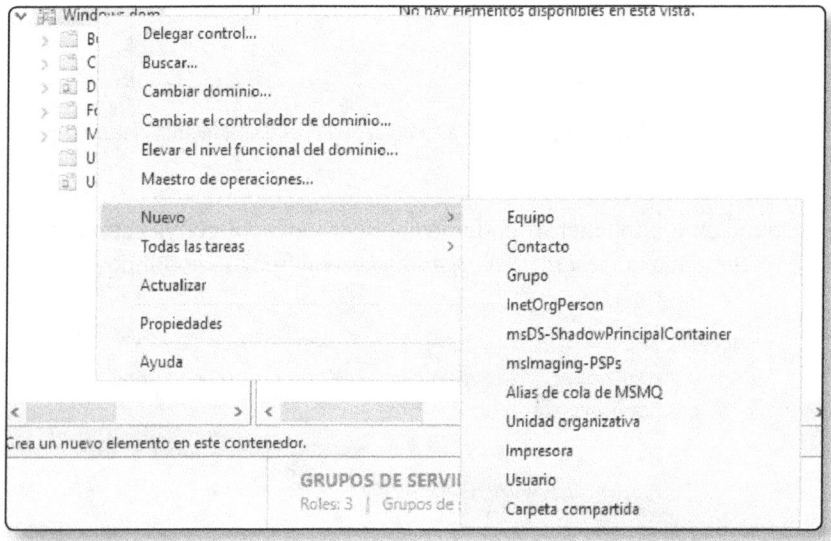

Figura 5.14. Creación de una nueva unidad organizativa

El proceso de creación nos pedirá un nuevo nombre para esta unidad organizativa.

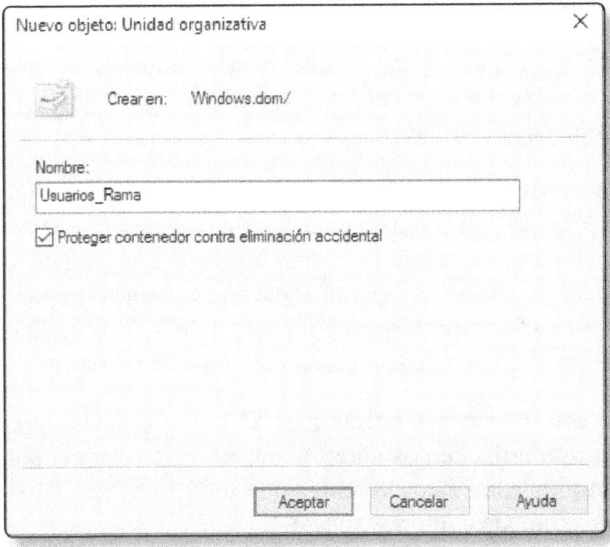

Figura 5.15. Nombre de la nueva unidad organizativa

De esta manera, si miramos en la parte izquierda veremos una nueva carpeta con el nombre asignado a la nueva unidad organizativa. Podemos alojar en ella a los usuarios y grupos que queramos acoger. Igualmente podemos crear varias unidades organizativas con diferentes nombres.

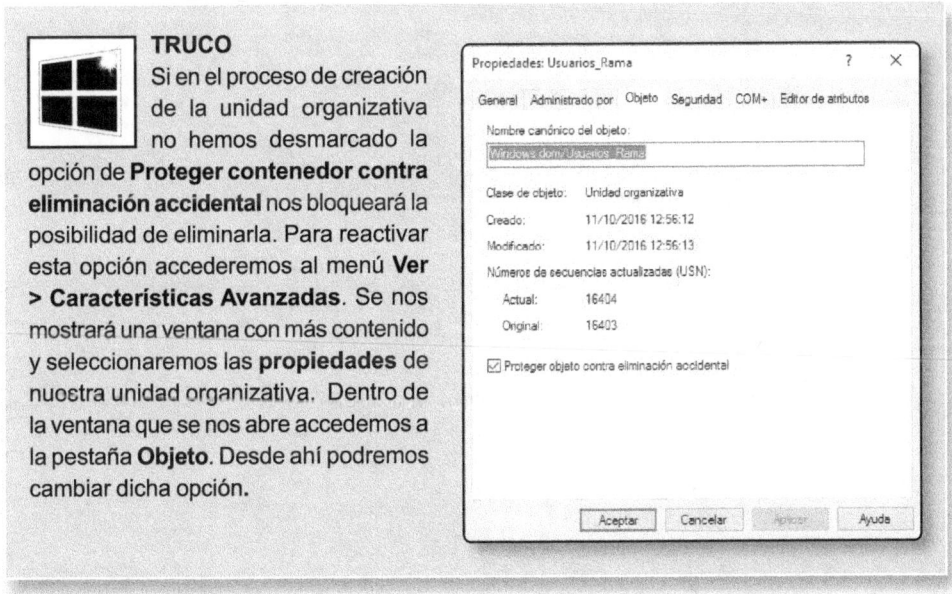

TRUCO
Si en el proceso de creación de la unidad organizativa no hemos desmarcado la opción de **Proteger contenedor contra eliminación accidental** nos bloqueará la posibilidad de eliminarla. Para reactivar esta opción accederemos al menú **Ver > Características Avanzadas**. Se nos mostrará una ventana con más contenido y seleccionaremos las **propiedades** de nuestra unidad organizativa. Dentro de la ventana que se nos abre accedemos a la pestaña **Objeto**. Desde ahí podremos cambiar dicha opción.

5.1.6.2 PLANTILLAS

Si tenemos muchos usuarios que crear, como es el caso de la nueva implantación de un servidor en una empresa, podemos simplificar el proceso con el uso de las denominadas plantillas.

Este concepto no es más que reutilizar la cuenta de un usuario creado para que tomándolo como partida creemos otro. De esta manera si, por ejemplo, tenemos 50 usuarios que van a trabajar con la misma limitación horaria de acceso, mismas propiedades de acceso al sistema y pertenencia a los mismos grupos. Podemos crear un usuario y copiarlo 50 veces. De esta manera solo se nos pedirán los datos que obligatoriamente no pueden cambiar, como el nombre de usuario.

Para realizar esta copia pulsaremos el botón derecho del ratón sobre el usuario a copiar, que utilizaremos como plantilla, y seleccionaremos la opción de **Copiar**. Tras introducir los datos veremos que todo lo demás ha sido copiado del usuario que hemos tomado como referencia.

Tomando esta base podemos utilizar el concepto de plantilla con los diferentes objetos del directorio activo.

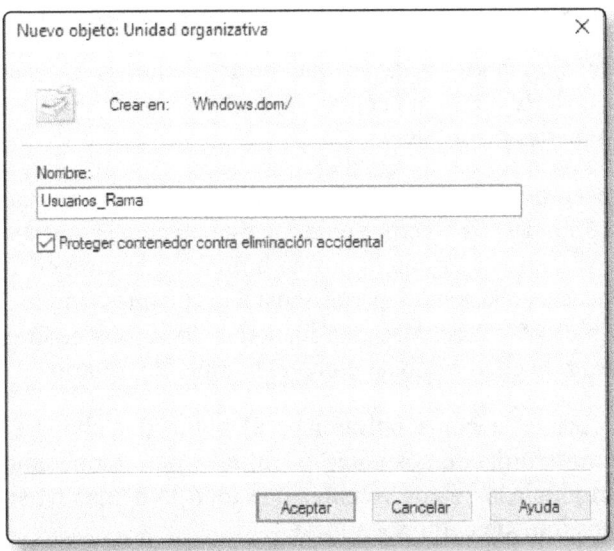

Figura 5.15. Nombre de la nueva unidad organizativa

De esta manera, si miramos en la parte izquierda veremos una nueva carpeta con el nombre asignado a la nueva unidad organizativa. Podemos alojar en ella a los usuarios y grupos que queramos acoger. Igualmente podemos crear varias unidades organizativas con diferentes nombres.

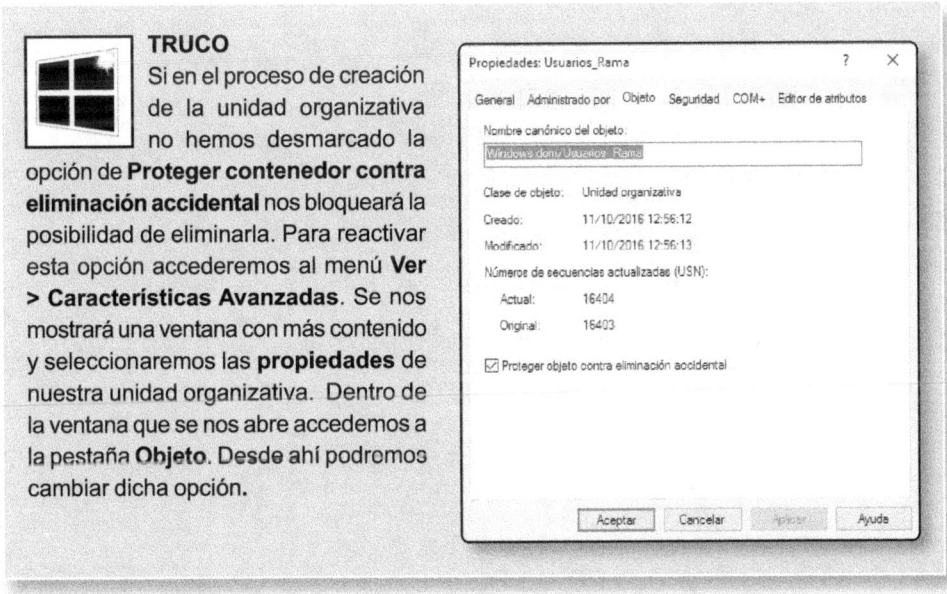

TRUCO

Si en el proceso de creación de la unidad organizativa no hemos desmarcado la opción de **Proteger contenedor contra eliminación accidental** nos bloqueará la posibilidad de eliminarla. Para reactivar esta opción accederemos al menú **Ver > Características Avanzadas**. Se nos mostrará una ventana con más contenido y seleccionaremos las **propiedades** de nuestra unidad organizativa. Dentro de la ventana que se nos abre accedemos a la pestaña **Objeto**. Desde ahí podremos cambiar dicha opción.

5.1.6.2 PLANTILLAS

Si tenemos muchos usuarios que crear, como es el caso de la nueva implantación de un servidor en una empresa, podemos simplificar el proceso con el uso de las denominadas plantillas.

Este concepto no es más que reutilizar la cuenta de un usuario creado para que tomándolo como partida creemos otro. De esta manera si, por ejemplo, tenemos 50 usuarios que van a trabajar con la misma limitación horaria de acceso, mismas propiedades de acceso al sistema y pertenencia a los mismos grupos. Podemos crear un usuario y copiarlo 50 veces. De esta manera solo se nos pedirán los datos que obligatoriamente no pueden cambiar, como el nombre de usuario.

Para realizar esta copia pulsaremos el botón derecho del ratón sobre el usuario a copiar, que utilizaremos como plantilla, y seleccionaremos la opción de **Copiar**. Tras introducir los datos veremos que todo lo demás ha sido copiado del usuario que hemos tomado como referencia.

Tomando esta base podemos utilizar el concepto de plantilla con los diferentes objetos del directorio activo.

6

GESTIÓN DE ALMACENAMIENTO

Si seguimos viendo propuestas para seguir centralizando la gestión en nuestro servidor Microsoft Windows Server 2016, lo lógico es que el usuario pueda hacer uso de esa red no solo para poder conectarse desde cualquier máquina gracias a las cuentas del directorio activo y posteriores configuraciones, sino que además puede interesarnos tener un espacio de almacenamiento de datos igualmente centralizado.

Para gestionar el espacio de almacenamiento en red a través de Microsoft Windows Server 2016, lo primero que hay que hacer es asegurarnos de que tenemos espacio suficiente para albergar la máxima capacidad de almacenamiento de la que queremos dotar a los diferentes usuarios. Si esto es así, y tenemos creados y organizados nuestros usuarios, grupos y unidades organizativas, lo que toca es establecer cuotas o limitaciones del espacio compartido.

6.1 ESPACIO COMPARTIDO

Antes de habilitar cualquier cuota de almacenamiento crearemos un recurso compartido que nos permita acceder al área donde se alojarán los datos de los diferentes usuarios. Para ello accederemos al disco duro que alojará los datos y crearemos una carpeta. Esta carpeta contendrá a su vez una carpeta por cada usuario.

Para asignar privilegios de uso compartido a unos determinados usuarios daremos botón derecho del ratón sobre la carpeta y seleccionaremos la opción **Compartir con > usuarios específicos**. Podemos seguir el camino clásico de compartición no obstante esta camino es más rápido y sencillo.

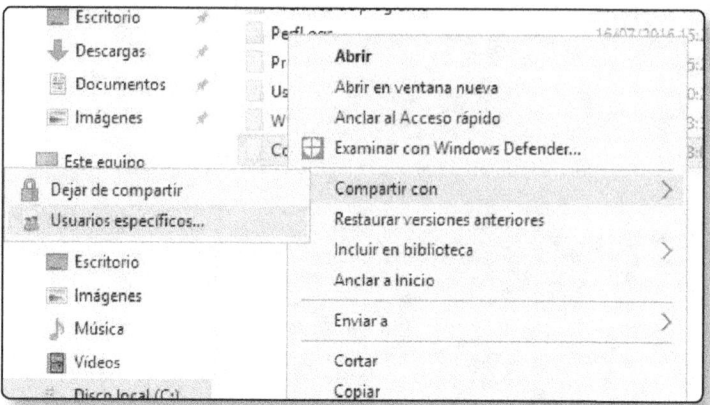

Figura 6.1. Compartición de carpeta

La ventana que se nos abre nos solicitará que indiquemos qué usuarios son los que tendrán privilegios. La inclusión de determinados usuarios se hace a través de la pestaña desplegable y seleccionando **Buscar personas** donde se buscará de manera similar al capítulo anterior.

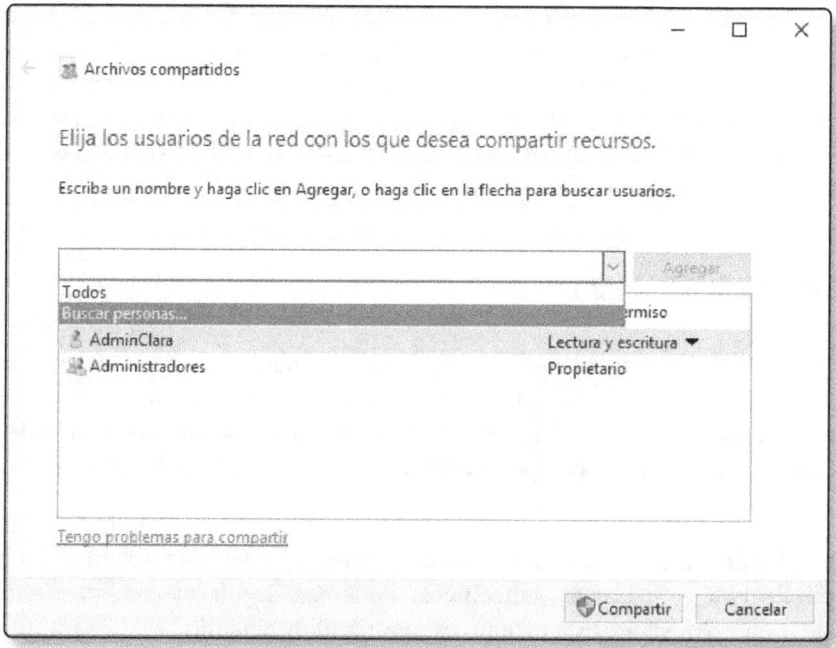

Figura 6.2. Selección de usuarios

Cuando tengamos a los usuarios añadidos solo quedará indicar en la parte derecha si queremos darle privilegios de lectura, lectura-escritura o quitarlo de la lista.

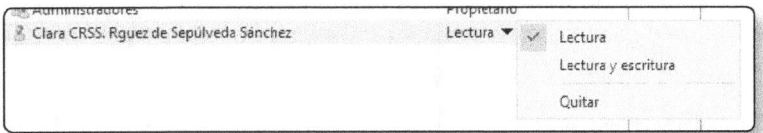

Figura 6.3. Privilegios

6.2 HABILITAR LAS CUOTAS GENERALES

El proceso de la gestión de almacenamiento es bastante sencillo. Si tenemos correctamente compartida la carpeta que albergará los datos y asimismo localizado el disco duro donde se encuentra, procederemos a habilitar la cuota por usuario o general.

Lo primero que debemos hacer es acceder a **Inicio > Equipo**. Con ello veremos todos los dispositivos de almacenamiento montados en el servidor. Teniendo claro cuál es el que se utilizará para el alojamiento de información pulsaremos botón derecho del ratón sobre él y elegiremos la opción de **Propiedades**.

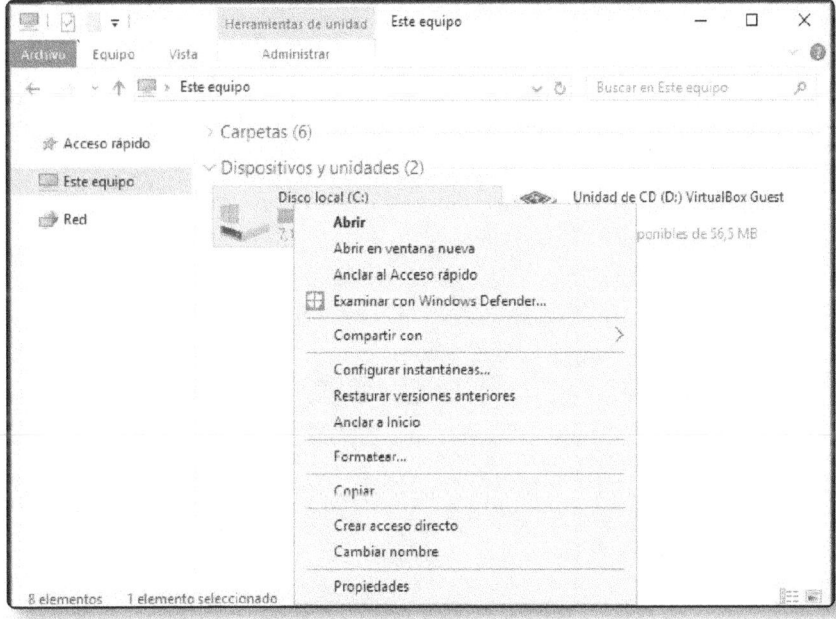

Figura 6.4. Equipo

La ventana de propiedades del disco duro nos presenta gran número de pestañas, entre las que se encuentra la pestaña llamada **Cuota**. Esta pestaña y sus opciones será la que nos permita gestionar dicho almacenamiento. Por defecto la cuota viene deshabilitada. Cuando la habilitemos podremos personalizar los diferentes aspectos que se nos plantean. Las diferentes opciones que se nos presentan son:

- **Denegar espacio en disco a usuarios que superen el límite de cuota**: no permitirá que los usuarios que superen el límite sigan almacenando datos.

- **No limitar uso de disco/Limitar espacio en disco a**: si habilitamos el límite nos pedirá dos tamaños de límite (límite de uso y límite al que lanzará el aviso).

- **Registrar un evento cuando algún usuario supere su límite de cuota**: se activa con la intención de mantener un *log* de los diferentes eventos producidos.

- **Registrar un evento cuando algún usuario supere su nivel de advertencia**: igual pero en relación al límite para la advertencia.

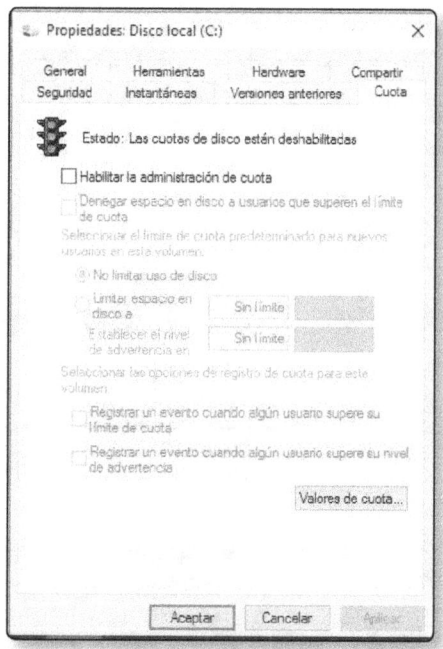

Figura 6.5. Opciones de cuota

6.3 HABILITAR LAS CUOTAS POR USUARIO

Los parámetros modificados en el punto anterior nos permiten habilitar las cuotas de manera general para todos los usuarios.

Si queremos que estos valores estén personalizados para uno o varios usuarios de manera concreta, pulsaremos sobre la opción de la ventana llamada **Valores de cuota**. La ventana que se nos abre nos permitirá añadir todos los usuarios que queramos siempre y cuando estén presentes en la lista de usuarios del directorio activo.

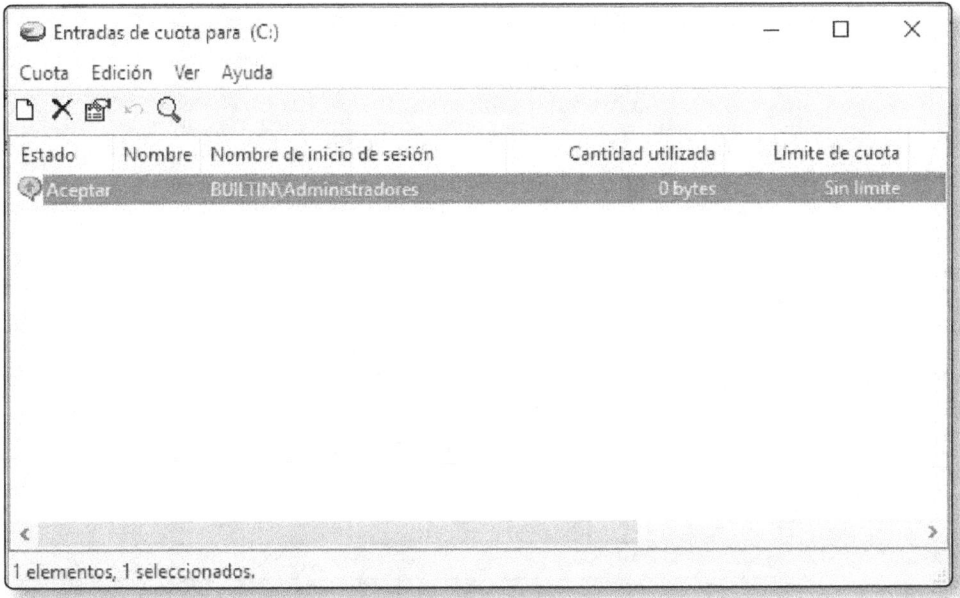

Figura 6.6. Valores de cuota

Para añadir un determinado usuario pulsaremos sobre el icono de la hoja en blanco que aparece en la parte superior izquierda, y seleccionaremos al usuario de manera similar a cuando queríamos incluirlo a un grupo.

Ya solo nos quedará asignarle los tamaños de uso y de aviso para el usuario seleccionado.

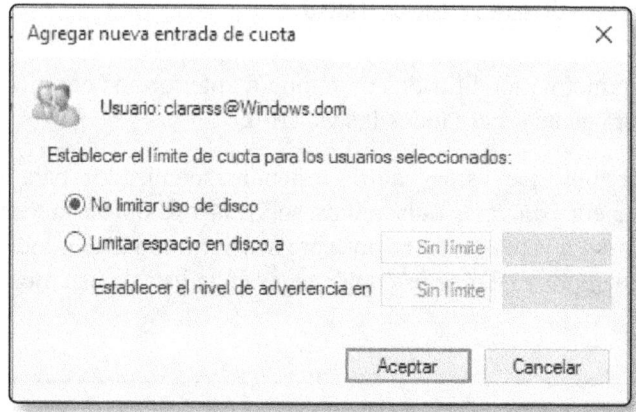

Figura 6.7. Límite de cuota concreto

Para modificar estos valores pulsaremos doble botón izquierdo del ratón sobre el usuario deseado dentro del listado proporcionado en la imagen 6.6.

6.3.1 Descripción de avisos

Para saber cómo vamos con el estado de las cuotas de los diferentes usuarios, podemos acceder a los valores de cuota indicados en el punto anterior y observar la situación de cada uno de los usuarios dependiendo del icono asociado a la derecha del mismo. Los diferentes aspectos que puede tomar son:

- Advertencia de límite.

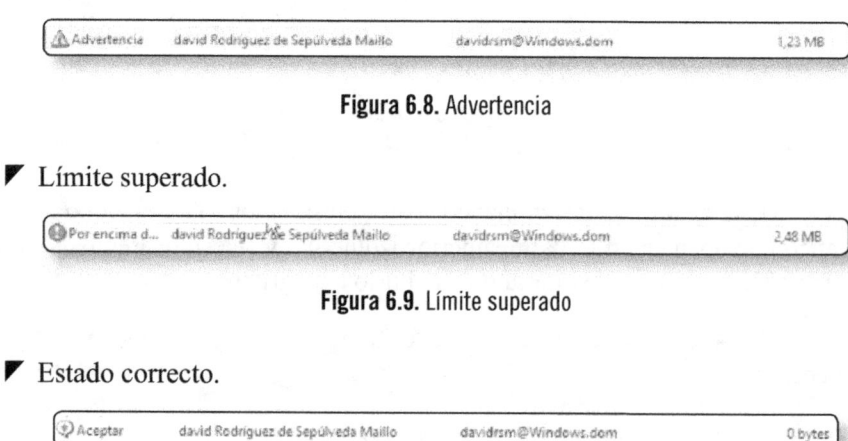

Figura 6.8. Advertencia

- Límite superado.

Figura 6.9. Límite superado

- Estado correcto.

Figura 6.10. Estado correcto

6.4 PRIVILEGIOS ARCHIVOS Y CARPETAS

Si tenemos ya creados usuarios y grupos y añadidos estos usuarios a los grupos deseados, podemos personalizar los privilegios de acceso a los diferentes recursos compartidos. En el apartado inicial de este capítulo hemos visto cómo compartir de manera simple y directa. No obstante, seguimos teniendo presente la posibilidad de compartir añadiendo o quitando privilegios más concretos. Para ello seleccionaremos la opción **Propiedades** del menú contextual que se nos presenta al pulsar el botón derecho sobre el fichero o la carpeta a definir.

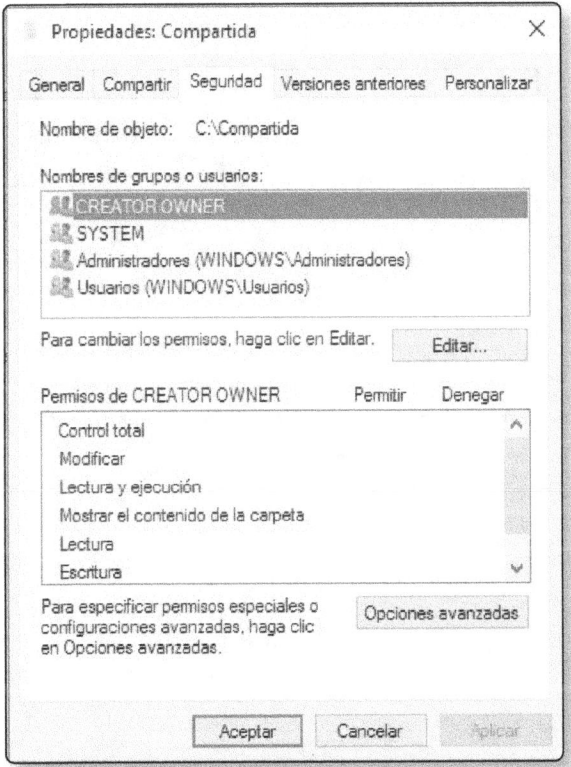

Figura 6.11. Pestaña de seguridad dentro de las propiedades de la carpeta

En la ventana que se nos abre buscaremos la pestaña nombrada como **Seguridad**. Solo nos queda eliminar o añadir los privilegios que no queremos que tenga. Para ello seleccionaremos el usuario o grupo concreto y tras pulsar la opción de **Editar** marcaremos o desmarcaremos conforme nos interese.

En esta segunda ventana podemos igualmente añadir o eliminar usuarios y grupos vinculados a la carpeta. El proceso es similar al visto anteriormente. Buscaremos el usuario o grupo y lo vincularemos.

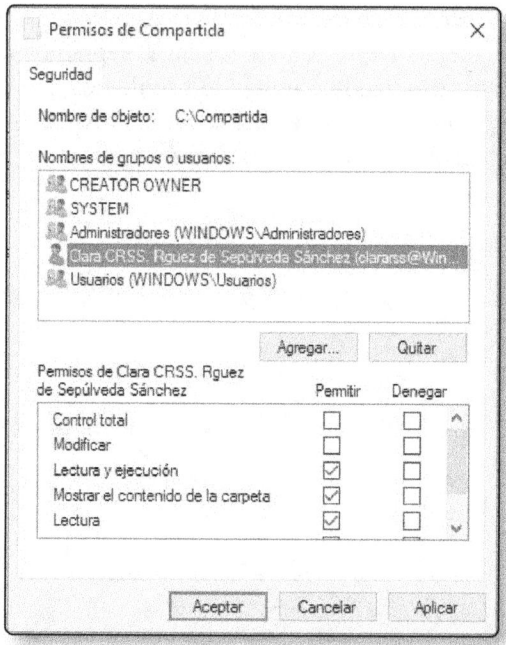

Figura 6.12. Edición de seguridad

7

PERFILES MÓVILES

Los perfiles nos proporcionan la posibilidad de personalizar las sesiones de los diferentes usuarios. Microsoft Windows Server 2016 nos aporta igualmente la posibilidad, como en versiones anteriores, de centralizar estos datos de sesión con la intención de independizar el proceso de autentificación del usuario de la máquina donde se realice. Es decir, imagine que un usuario va a trabajar en varias máquinas ya que no tiene un puesto fijo. Pues bien, si este usuario personaliza su escritorio se encontrará que al inicializar su cuenta en otra máquina diferente a donde haya creado los cambios no los mostrará.

Con los perfiles móviles pretendemos centralizar dichos datos en una máquina, siendo independiente el dónde nos validemos como usuarios, siempre y cuando la máquina donde lo hagamos esté unida al dominio.

NOTA
Para probar de manera correcta la conexión, y tras configurar el perfil móvil, se aconseja saltar al capítulo 10 y 11 donde se indica cómo acceder manera remota desde otros equipos con Microsoft Windows o GNU/Linux respectivamente.

7.1 A TENER EN CUENTA

Lo primero que haremos es crear una carpeta que alojará todos los perfiles, y nos aseguraremos que todos los usuarios que vayan a usarlos puedan acceder a ella de manera remota con privilegios totales de lectura y escritura.

Tras la configuración de los perfiles móviles, será en esta carpeta donde se creará de manera automática una carpeta por cada usuario al que se le asigne el perfil móvil y que inicie una sesión remota.

7.2 CREAR PERFILES MÓVILES

Si ya hemos creado la carpeta, iremos a la herramienta de **Administración de usuarios y equipos de Active Directory**. Una vez localizado el usuario al que le queremos asignar un perfil móvil, abriremos sus **propiedades**, y dentro de estas accederemos a la pestaña **Perfil**.

Figura 7.1. Pestaña Perfil de las propiedades de usuario

Los datos mínimos a completar en este caso son:

▼ **Ruta de acceso al perfil**: teniendo en cuenta que la ruta de acceso de los diferentes equipos remotos será una ruta de red, quedará como \\Nombre_servidor\carpeta_de _perfiles\nombre_usuario. En nuestro caso la ruta completa, teniendo en cuenta la IP del servidor en lugar del nombre, será \\192.168.0.200\compartida\clararss.

TRUCO

Si no queremos estar constantemente escribiendo los nombres de usuario, podemos simplificar la acción con la variable **%username%** que se sustituirá automáticamente por el nombre de usuario que tiene la ventana abierta tras pulsar **Aplicar**. De esta manera podremos copiar y pegar en los diferentes usuarios y agilizar el proceso.

Así, quedará vinculada la carpeta perfiles compartida en el servidor Microsoft Windows Server 2016 presente en la dirección IP 192.168.0.200 a la usuaria clararss. De esta manera cuando iniciemos sesión remota de alguno de los equipos vinculados con este nombre de usuario se creará una carpeta con el nombre de usuario en la carpeta compartida del servidor y posteriormente cada vez que se cierre la sesión se actualizarán los datos contenidos en la misma.

7.3 TOMA DE POSESIÓN DE LOS PERFILES

Para poder acceder a la carpeta del perfil con el usuario administrador del sistema servidor tendremos que realizar una toma de posesión. Para ello accederemos a **Propiedades > Seguridad > Opciones avanzadas** de la carpeta sobre la que queramos tomar posesión.

Aquí seguiremos los pasos en el orden indicado:

1. Pulsaremos sobre **Cambiar** a la derecha del propietario y añadiremos al administrador. Además marcaremos la pestaña que nos habrá aparecido debajo que indica **Reemplazar propietario en subcontenedores y objetos**.

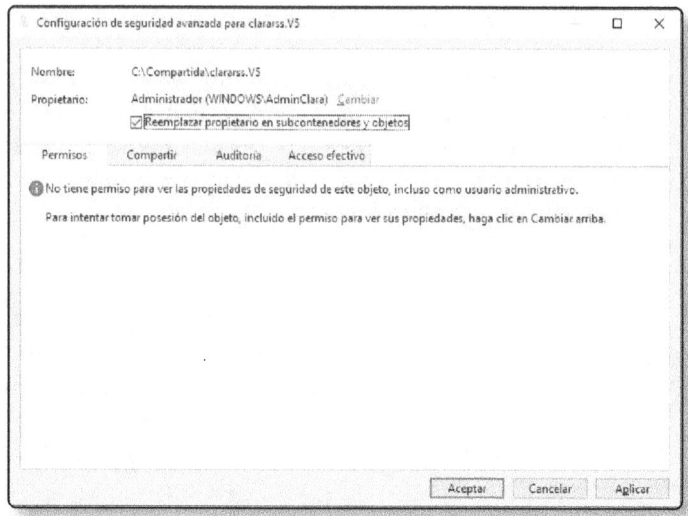

Figura 7.2. Toma de posesión

2. Cerraremos las propiedades dándole a **Aceptar** y volveremos a abrir las **Opciones avanzadas** para que se actualice todo.

3. Marcamos la opción inferior donde pone **Reemplazar todas las entradas de permisos de objetos secundarios por entradas de permisos heredables de este objeto**. Pulsaremos en **Aplicar**.

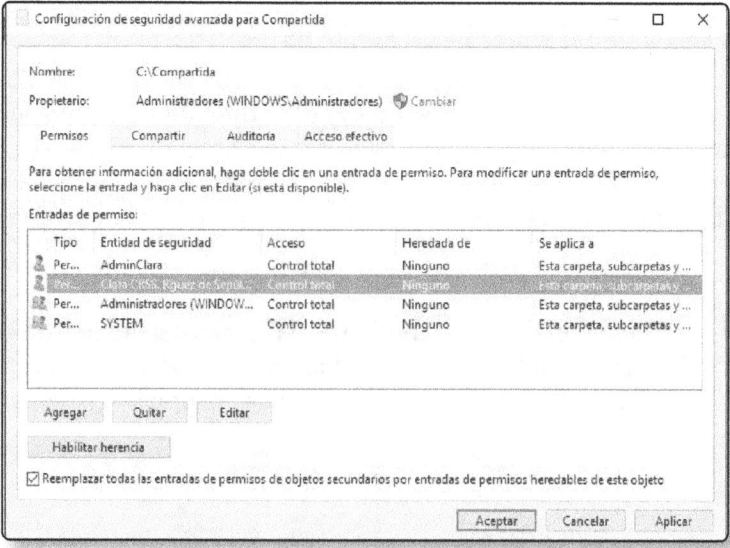

Figura 7.3. Herencia

4. Volveremos a cambiar el usuario por el usuario que era antes propietario, y marcaremos la pestaña que nos aparece debajo que indica **Reemplazar propietario en subcontenedores y objetos**.

5. Ya podemos trabajar con la carpeta de forma independiente del usuario como administrador. Para ver el contenido oculto marcaremos la carpeta y accederemos a **Vista** donde marcaremos que muestre los archivos ocultos.

Figura 7.4. Mostrar archivos ocultos

8

RELACIONES DE CONFIANZA ENTRE DOMINIOS

Las relaciones de confianza nos permitirán, entre otras tareas, centralizar las cuentas de usuario en un dominio y que sean utilizables en otro. Evidentemente, la posibilidad y privilegios de uso de este usuario en otros dominios dependerán no solo de haber generado esta relación de confianza, sino también de los privilegios de acceso que le hayamos dado.

En nuestro caso vamos a ver cómo podemos generar una relación de confianza entre diferentes dominios con la intención de que se puedan administrar los directorios activos de forma remota desde el servidor contrario.

8.1 CONCEPTOS TEÓRICOS

Antes de proceder a generar herencias entre dominios, es necesario que entendamos las diferentes ubicaciones donde se pueden encontrar. Concretamente estamos hablando de entender la diferencia entre nodo o dominio, árbol y bosque.

8.1.1 Nodo o dominio

Cada servidor que instalemos será un nodo o dominio independiente que podrá a su vez estar interconectado con otros nodos o dominios a través de un árbol o bosque. Hasta ahora hemos trabajado con un dominio único configurado en un único servidor. Lo ideal sería trabajar con al menos dos dominios con la intención de que uno de ellos haga de respaldo del otro en caso de caídas, y así garantizar la continuidad en el estado de producción.

8.1.2 Árbol

Un árbol está formado por uno o más nodos o dominios, tal y como podemos ver en la ilustración 4.1. Evidentemente, uno de estos nodos (servidores) será el que haga de principal y asimismo será el que establezca los requisitos de seguridad hacia sus descendientes. De esta manera, y montando un árbol, podemos distribuir el trabajo a diferentes nodos servidores, haciendo que no toda la gestión recaiga sobre un único y así dividir la carga de trabajo entre todos los presentes en el árbol. Por ejemplo, en el caso de un servidor que almacene los datos, otro que gestione las cuentas y otro que administre las impresoras.

Podemos decir que todos los dominios que comparten un dominio raíz forman parte de un árbol.

8.1.3 Bosque

Si una empresa tiene diversas presencias distribuidas en diversos dominios, podemos intercomunicarlos gracias a la comunicación entre árboles. La unión de estos árboles es lo que forma el bosque.

Por lo tanto una gran empresa puede estar formada por un bosque que contenga varios árboles y estos árboles que contengan diferentes dominios. Si hacemos una correcta distribución entre los diferentes elementos expuestos, tendremos una interoperabilidad empresarial con relación a los privilegios definidos, de manera que podremos comunicar a nodos de diferentes árboles entre sí. Además de poder comunicar espacios con diferentes nombres de dominio.

Para conectar diferentes árboles entre sí tendremos que generar relaciones de confianza entre los diferentes nodos principales de los árboles que se quieran comunicar.

8.2 RELACIONES DE CONFIANZA

Como venimos diciendo, una relación de confianza nos dará la posibilidad de establecer comunicación entre varios árboles. Más concretamente entre sus nodos principales o raíz. Para que esta relación de confianza sea correcta tendrá que cumplir con unos requisitos previos.

8.2.1 Requisitos

Antes de proceder a tramitar la relación de confianza nos aseguraremos de tener instalado en ambos servidores lo siguiente:

- ▼ Directorio activo y controlador de dominio.

- ▼ Dirección estática de red. Las dos direcciones deberán estar dentro del mismo grupo de direcciones de red. Además, uno de los servidores deberá configurarse con las direcciones DNS apuntando a *localhost*. Es decir a la dirección IP 127.0.0.1.

- ▼ Servicio DNS: para configurar el servicio DNS para nuestro propósito entraremos en **DNS** desde las opciones presentadas en el **administración del servidor**.

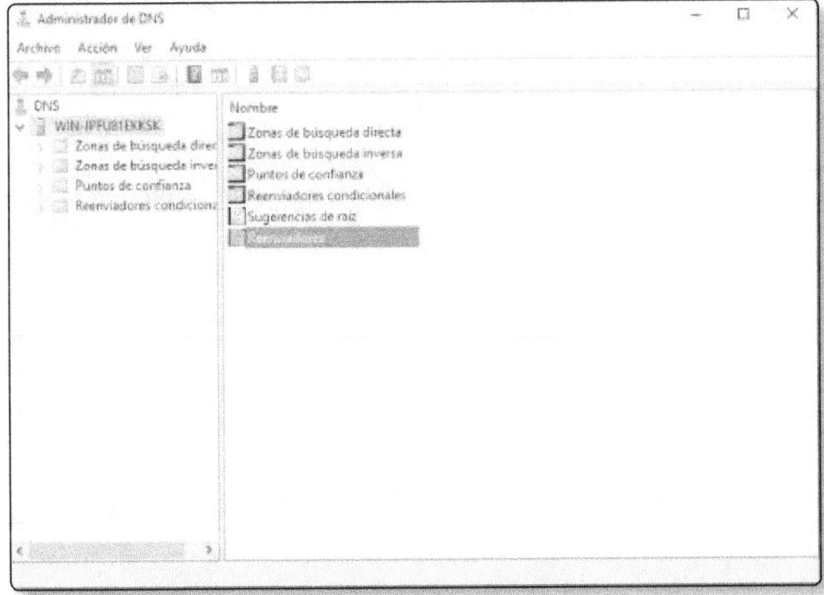

Figura 8.1. Administrador DNS

En la ventana que se nos abrirá pulsaremos sobre **Reenviadores** y añadiremos un nuevo reenviador con los datos del servidor contrario. Esto lo podemos hacer en la opción **Editar**.

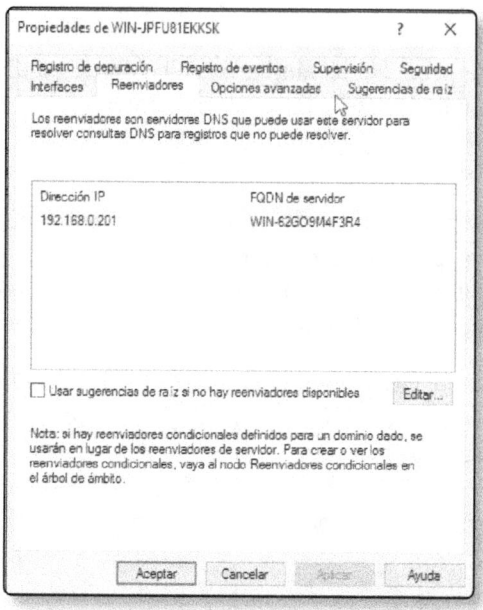

Figura 8.2. Reenviadores

De esta manera conseguiremos que se comuniquen entre sí.

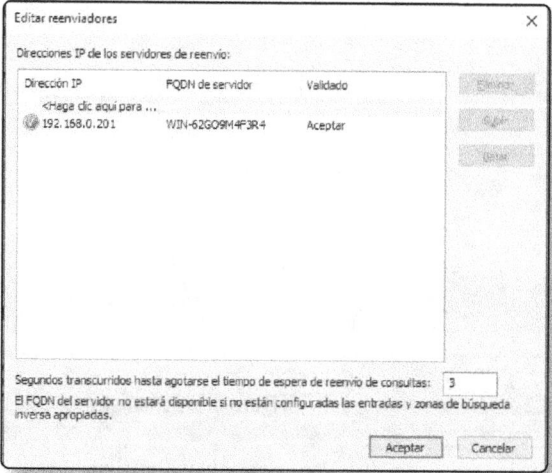

Figura 8.3. Edición de Reenviadores

Para que sea correcto, tendremos que realizar esta tarea en ambos servidores, pues de otra manera la información llegará pero no retornará correctamente al no encontrar el camino de vuelta.

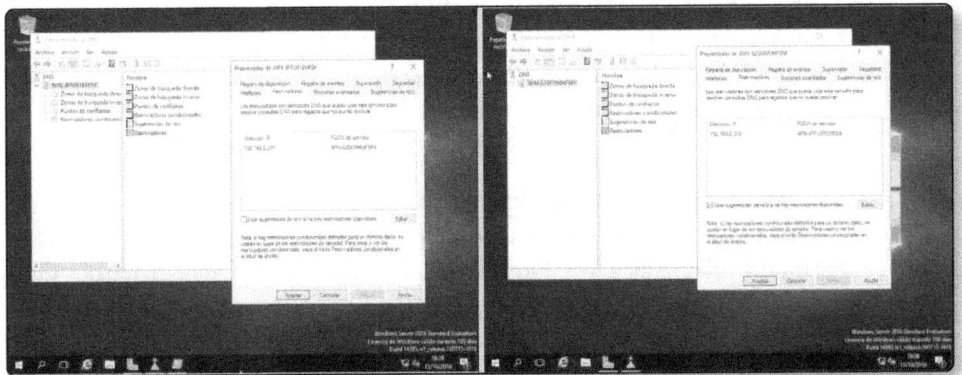

Figura 8.4. Reenviadores de ambos servidores configurados

Una vez tengamos configurados todos los elementos indicados es el momento de proceder a generar la confianza entre dominios.

8.2.2 Generar la confianza

Antes de continuar comprobaremos que realmente se ven los servidores entre sí. Para ello haremos **ping** a la dirección IP del contrario, a su nombre de equipo y a su nombre de dominio. En todos los casos debe darnos respuesta correcta. De no ser así tendremos que comprobar la configuración antes de continuar.

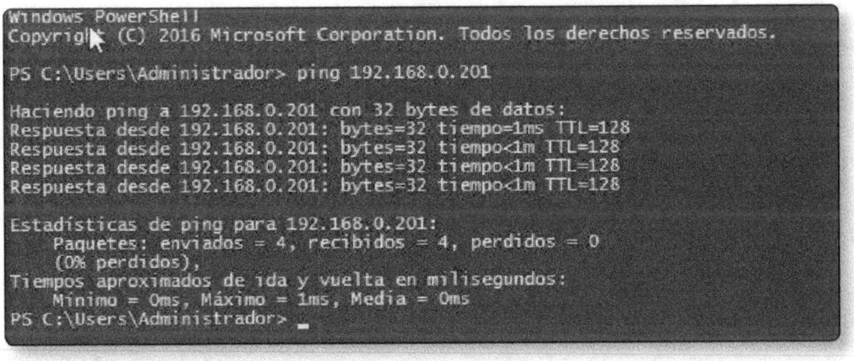

Figura 8.5. Ping a las diferentes opciones para comprobación

Dando por hecho que al igual que en la imagen nuestros servidores se ven en la red, habrá llegado la hora de hacer que se vean conforme los privilegios deseados. Antes aclararemos algunos conceptos que se nos presentarán a lo largo de la configuración de la relación de confianza:

- **Dirección de la relación de confianza**: se nos planteará la posibilidad de generar una relación unidireccional o bidireccional. En la primera se delegará la confianza al equipo contrario de forma que pueda acceder al equipo que delega. Para ello podemos configurar una unidireccionalidad de salida o de entrada. En el caso de la bidireccional se confiará mutuamente.

- **Transitividad**: la transitividad nos aporta la posibilidad de confiar en otros dominios sin necesidad de tener que configurarlo individualmente. Es decir, si quiero relacionar a tres dominios A, B y C. La transitividad lo que nos dice es que si A tiene relación con B y B la tiene con C entonces A la tendrá con C. De esta manera se simplificarán procesos posteriores de ampliación. Eso sí, también hay que tener en cuenta que aplicar una transitividad de forma generalizada puede generar inseguridad para el conjunto.

Dentro de las **Herramientas** del administrador del servidor buscaremos el acceso a **Dominios y Confianzas del Active Directory**. Será desde aquí desde donde realizaremos todo el proceso de generación de la relación de confianza y la validación del mismo.

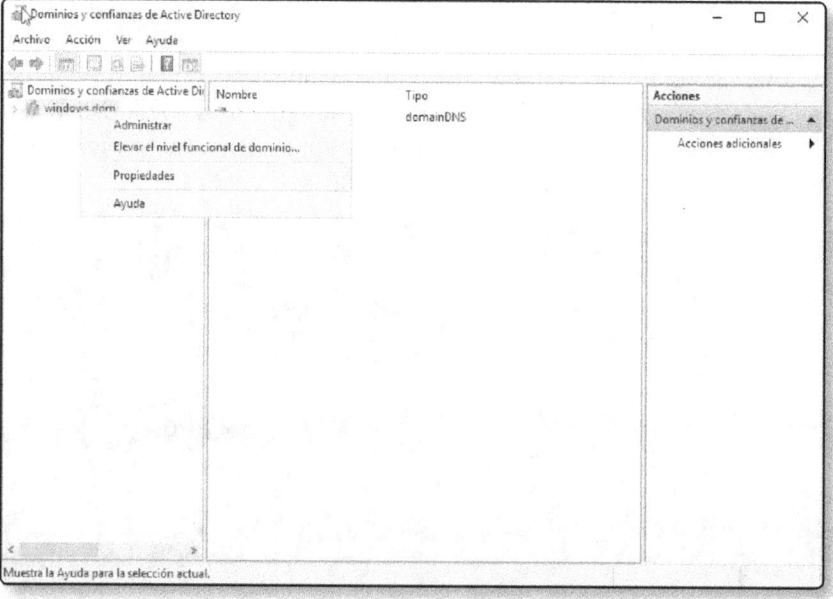

Figura 8.6. Dominios y confianzas del directorio activo

Para generar una confianza pulsaremos el botón derecho del ratón sobre el nombre de dominio en la ventana abierta en la imagen 8.6 y seleccionaremos la opción de **Propiedades**, donde nos iremos a **Confianzas**.

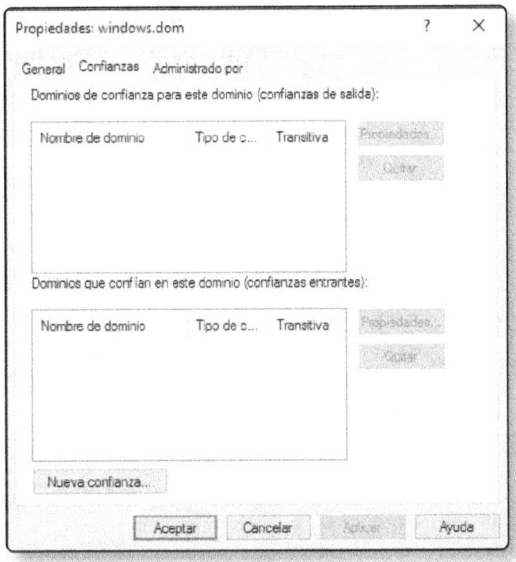

Figura 8.7. Confianzas

Como se puede observar, aparece un botón llamado **Nueva confianza** que lógicamente pulsaremos para que inicie el asistente de configuración. Este asistente comenzará con la petición del nombre de dominio al que queremos conectarnos. En casos especiales de relación, puede ser que la búsqueda que realice posteriormente no dé resultado. En ese caso nos pedirá un nuevo nombre de dominio o bien que indiquemos si la conexión usa Kerberos.

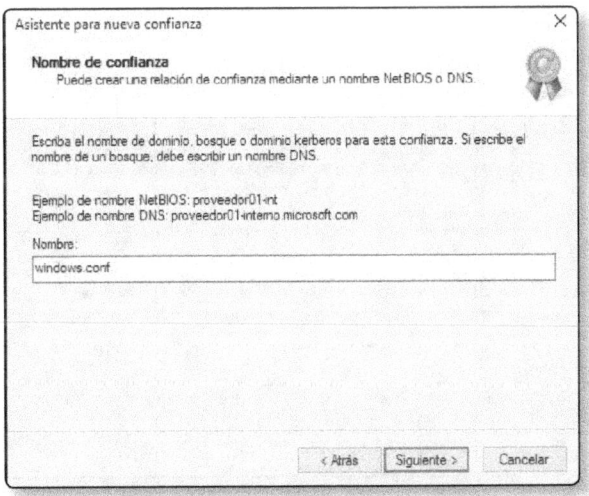

Figura 8.8. Inicio asistente de nueva confianza

Atendiendo a las definiciones vistas antes es el momento de elegir entre una relación de confianza transitiva (Confianza de bosque) o intransitiva (Confianza externa).

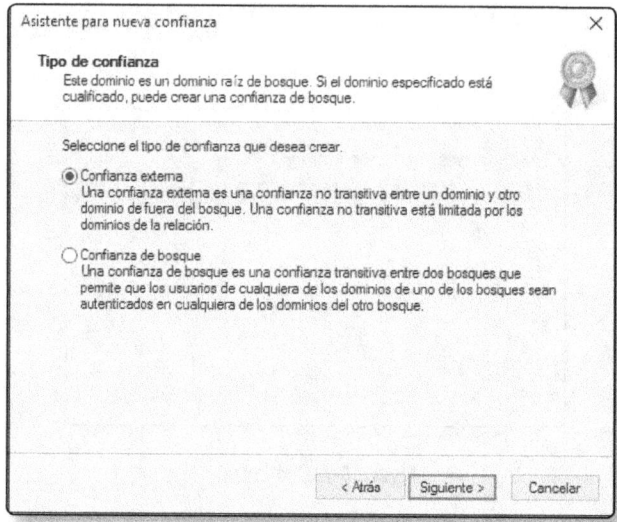

Figura 8.9. Tipo de confianza

Lo siguiente, relacionado también con las definiciones teóricas tratadas, es seleccionar la direccionalidad de la confianza.

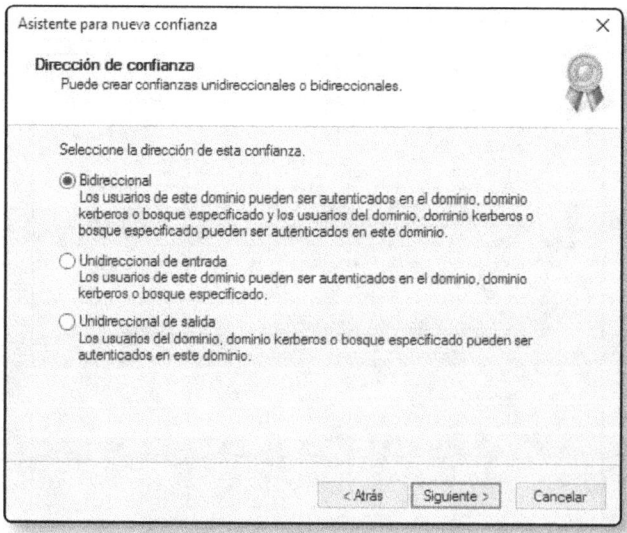

Figura 8.10. Dirección de la confianza

En el caso de haber elegido la opción de **bidireccionalidad** nos pedirá confirmación de que queremos crear la confianza en el dominio local y en el remoto.

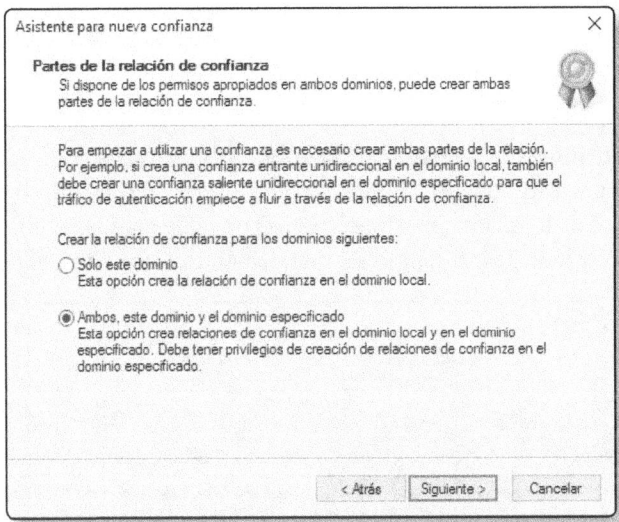

Figura 8.11. Partes de la relación de confianza

Si hemos elegido que se realice en **ambos servidores**, lógicamente y atendiendo a la seguridad, nos pedirá que indiquemos el nombre de usuario y contraseña del administrador remoto.

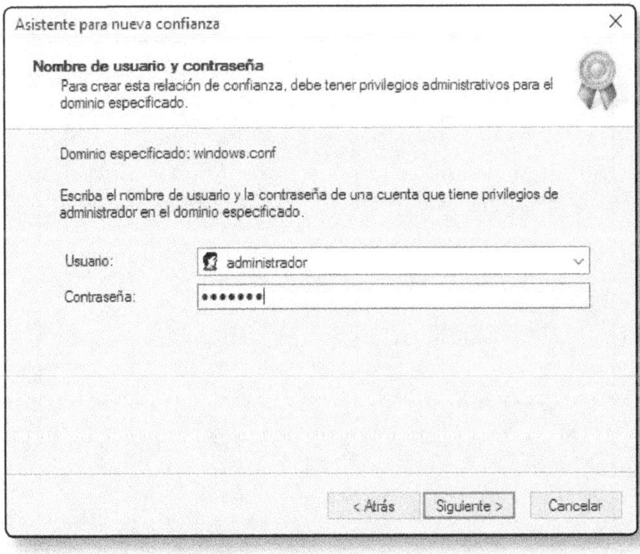

Figura 8.12. Nombre de usuario y contraseña del servidor remoto

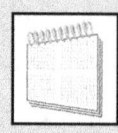

NOTA
Cuidado con el nombre de administrador. Si hemos cambiado el nombre mediante la aplicación de una directiva de grupo, tendremos que poner el nuevo nombre asignado.

La **autentificación de usuarios locales y remotos** a la que se refiere es la que hará posible que usuarios locales y remotos puedan ser autentificados desde el dominio contrario, o lo que es lo mismo, establecer un servicio de cuentas globales para ambos dominios, sin necesidad de que tengamos que declararlos en cada uno de ellos.

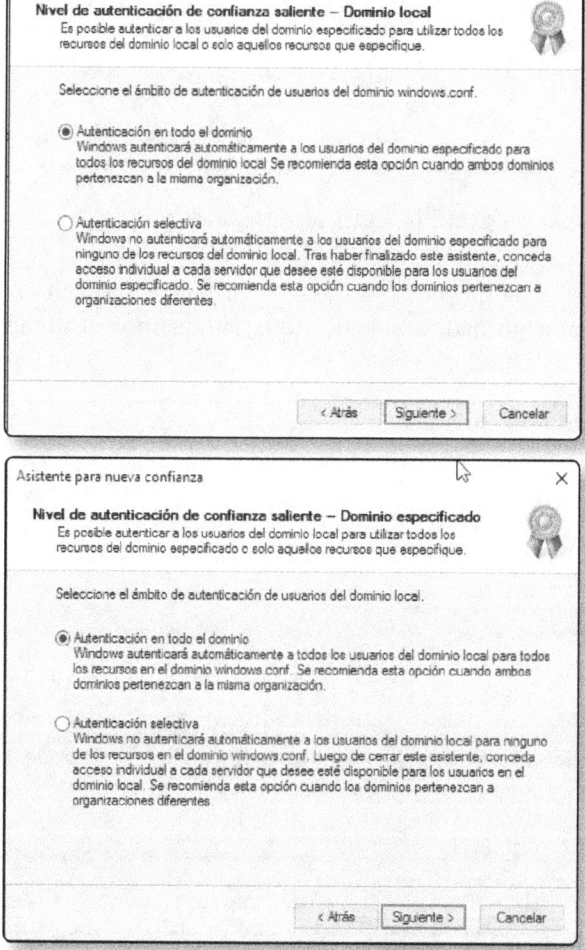

Figura 8.13 Nivel de autentificación entre dominios de confianza

Solo queda esperar que todo haya sido correcto y se nos comunique el resultado de la operación. Para comprobar que todo ha ido bien y tras el proceso positivo, validaremos la relación de confianza.

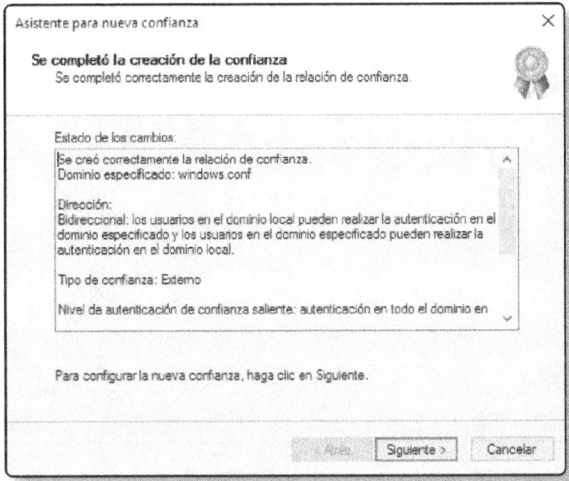

Figura 8.14. Información de la correcta asignación de confianza

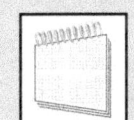
NOTA
Los pasos que se presentan a continuación, en las versiones anteriores se solicitaban tras el nivel de autentificación y no tras la confirmación de la creación de confianza.

Por último, tras confirmar el proceso previo nos pedirá confirmar la relación de confianza tanto saliente como entrante.

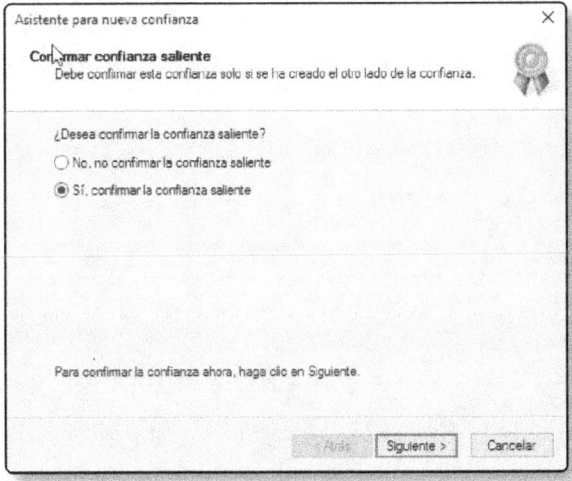

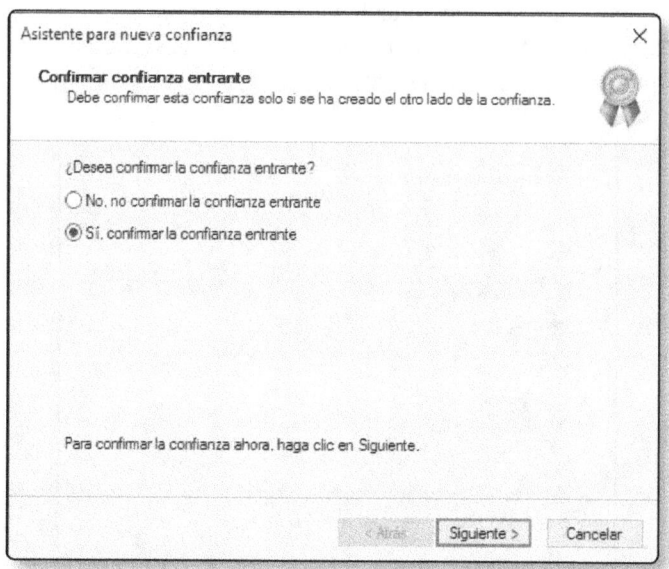

Figura 8.15. Confirmar relación de confianza saliente y entrante

Nuevamente se nos presentará el informe de conformidad indicando si todo el proceso se ha finalizado correctamente.

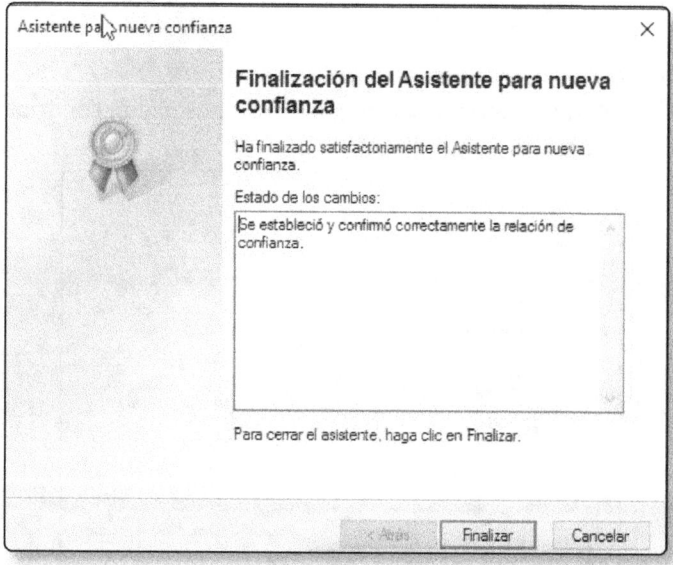

Figura 8.16. Finalización del proceso

> **NOTA**
> Si es la primera vez que generamos una relación de confianza en este servidor, se nos informará de la mejora de seguridad que se ha llevado a cabo filtrando el identificador de seguridad. Así como la información que debemos llevar a cabo en caso de querer desactivarlo.

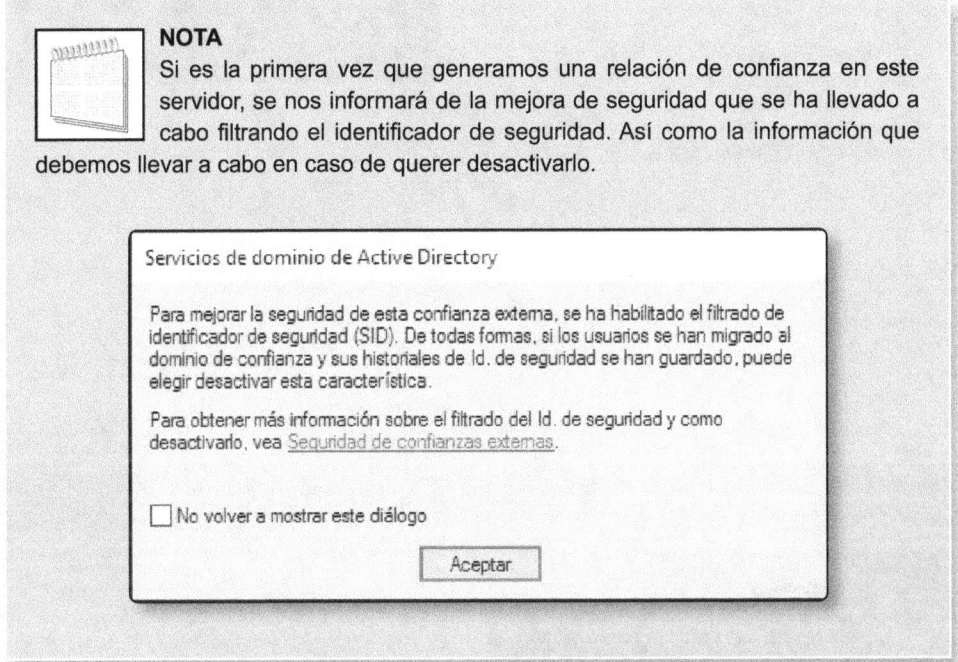

8.2.3 Validar la relación de confianza

Hemos generado una relación de confianza entre los dominios *Windows.dom* y *Windows.conf*. Esta relación ha sido **bidireccional** y con autentificación en todo el bosque. Si queremos asegurarnos de que esto es correcto en cualquier momento de la puesta en producción del mismo, tendremos que acceder a la ventana de **Configuración de Dominios y confianzas** del directorio activo, y tras abrir la opción de **Propiedades** indicada en la imagen 8.7, veremos como primer paso que las relaciones de confianza entrante y saliente están creadas.

Si seleccionamos cualquiera de ellas y pulsamos sobre **Propiedades**, nos aparecerá una ventana que en su parte inferior nos ofrece un botón llamado **Validar**. Pulsando sobre él y añadiendo el usuario administrador y su contraseña en caso de que lo solicite, podremos ver si la comunicación es correcta.

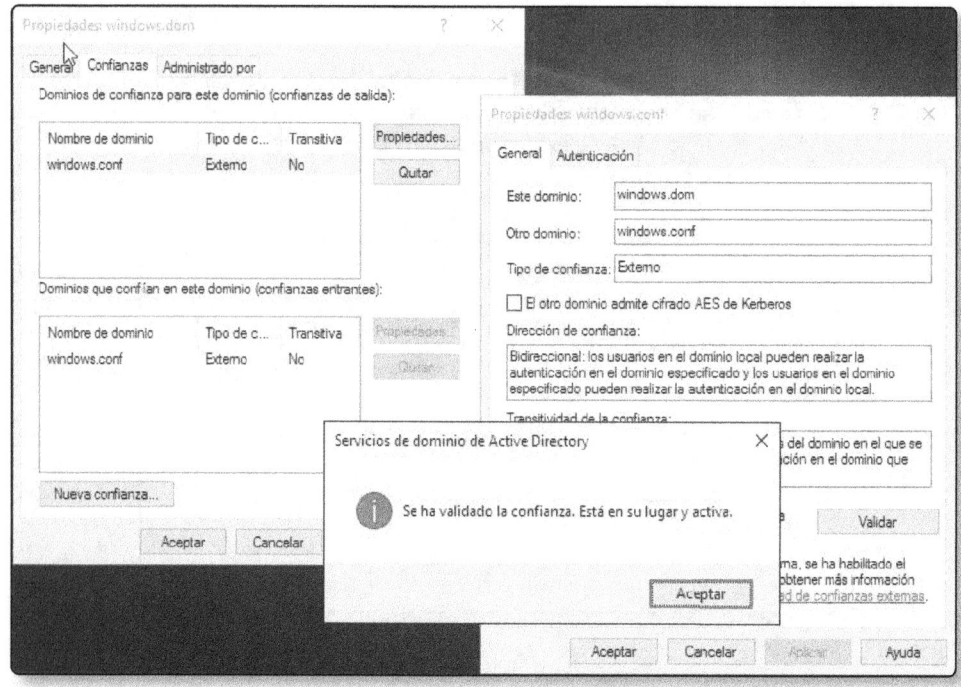

Figura 8.17. Validación de la confianza

8.2.4 Delegar el control

Si queremos administrar un servidor remoto que está unido al servidor local mediante relaciones de confianza bidireccionales, podemos hacerlo gracias a la delegación de control del servidor en cuestión.

De lo que se trata es que el servidor que vamos a administrar remotamente delegue el control con privilegios personalizados a los usuarios del servidor remoto que considere. Para ello, en la herramienta de administración de **usuarios y equipos del directorio activo** de la máquina servidor que va a delegar el control, pulsaremos sobre el nombre del dominio creado y con el botón derecho del ratón seleccionaremos la opción **Delegar Control**.

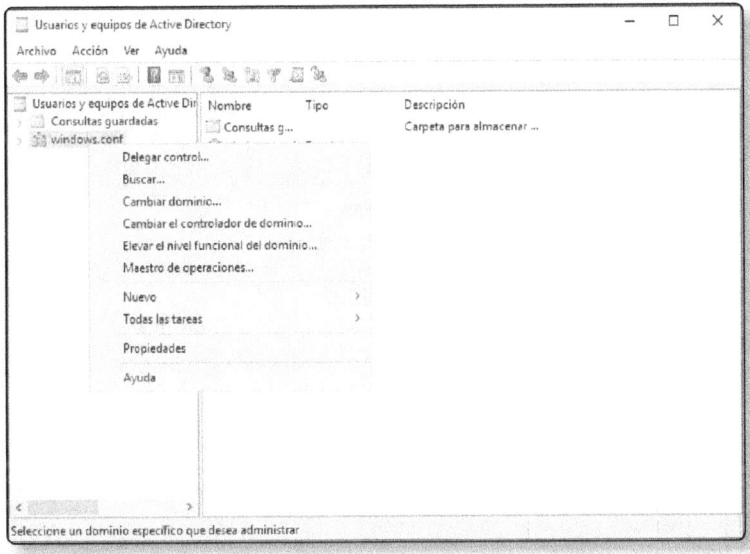

Figura 8.18. Propiedades de usuario y equipos del directorio activo

En el asistente nos preguntará qué usuario será el que tendrá el control delegado, acordándonos de que será un usuario del equipo remoto, lo agregaremos.

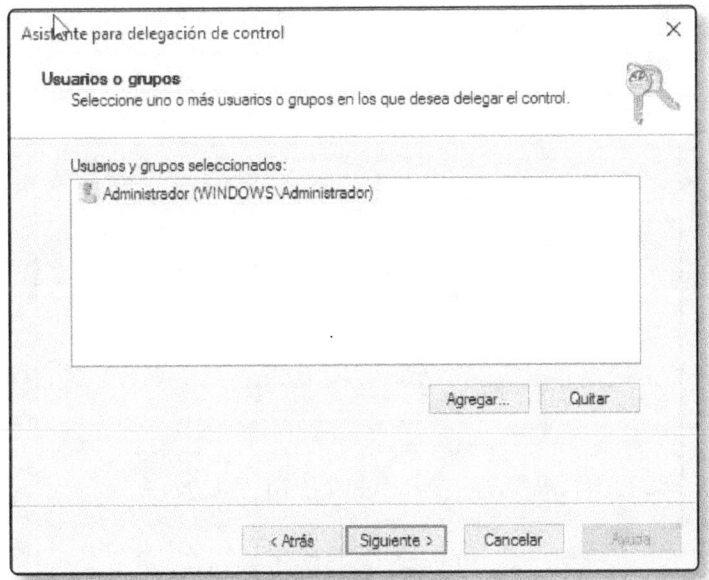

Figura 8.19. Añadir usuario

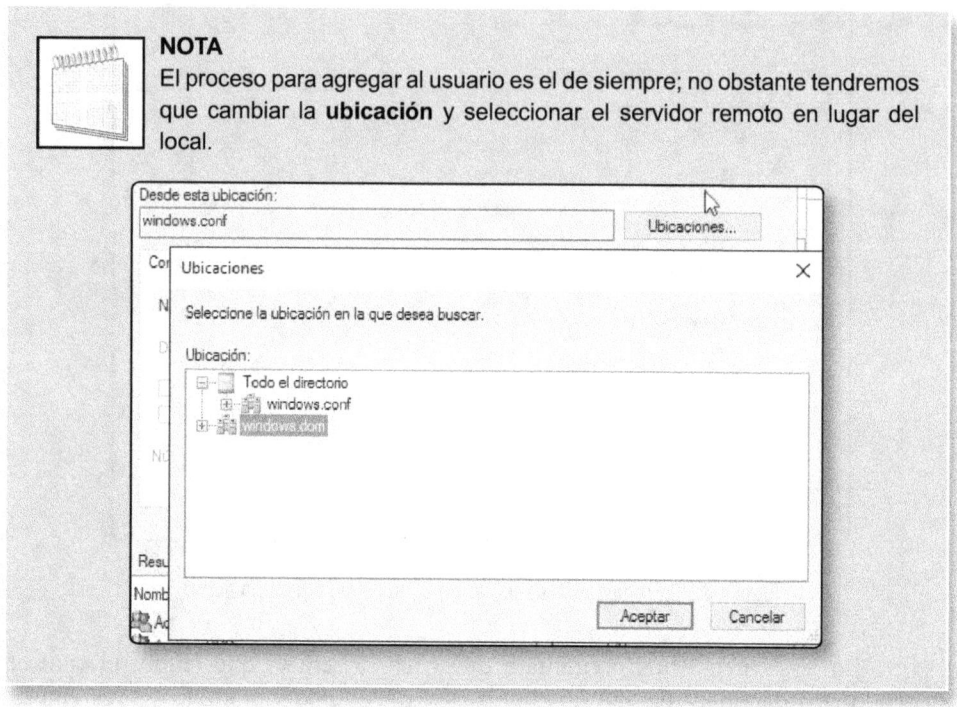

Si la conexión y la selección de usuario son correctas, no quedará más que asignar los privilegios a dicho usuario.

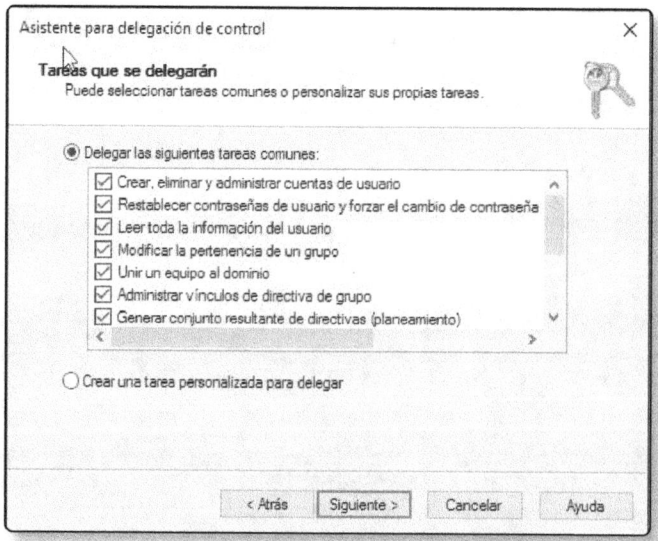

Figura 8.20. Privilegios

8.2.4.1 USO DE LA DELEGACIÓN DE CONTROL

Desde la máquina que contiene el usuario al que le hemos asignado privilegios podremos seguir los pasos para administrar la otra máquina que es la cual delega el control. Para ello, desde la herramienta **usuarios y equipos del directorio activo** seleccionaremos la opción **Cambiar de dominio** del menú contextual que se nos presenta al pulsar el botón derecho del ratón sobre el nombre de dominio.

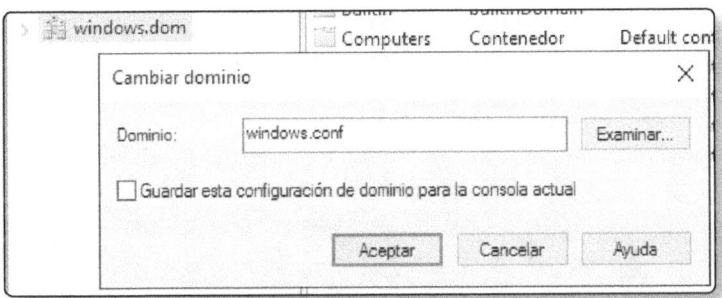

Figura 8.21. Cambio de dominio

De esta manera, como se puede ver, hemos cambiado el dominio que estamos administrando, de forma que todo lo que hagamos ahora en la herramienta **usuarios y equipos del directorio activo** se estará realizando sobre el servidor remoto y no sobre el local.

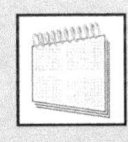
NOTA
Debemos tener en cuenta que, previamente, en el servidor local habremos iniciado sesión con el usuario que tiene la delegación de control asignada.

9

COPIAS DE SEGURIDAD

Sí es importante tener configurado y en producción un servidor de las características del servidor Microsoft Windows Server 2016. Tanto o más importante es establecer una correcta política de copias de seguridad que nos permita poder recuperar este servidor en caso de caída del sistema. Asimismo, es importante que este servidor, que será el que aloje la información de manera centralizada, posea protocolos de seguridad que salvaguarden los datos de los usuarios.

9.1 INSTALACIÓN DE LA CARACTERÍSTICA

Microsoft Windows Server 2016 no viene con la característica que nos permitirá la realización de copias de seguridad instalada por defecto. Debemos tener cuidado, porque si acudimos a **Herramientas** veremos que el acceso a **Copias de Seguridad de Microsoft Server** sí está, pero al abrir la herramienta se nos indica que la característica la tenemos que instalar nosotros.

Para instalarla accederemos, como siempre, a **Administrar** y seleccionaremos **Agregar roles y características**. De esta manera al igual que nos pasó con la instalación del directorio activo se nos lanzará un asistente que nos guiará en la operación.

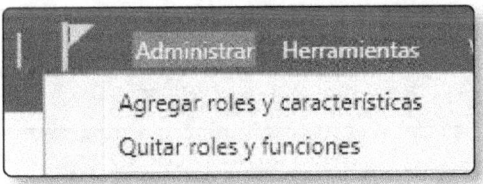

Figura 9.1. Agregar roles y características

Pulsaremos **Siguiente** sin seleccionar ni modificar nada hasta que lleguemos a la selección de características, donde buscaremos **Copias de Seguridad de Windows Server**.

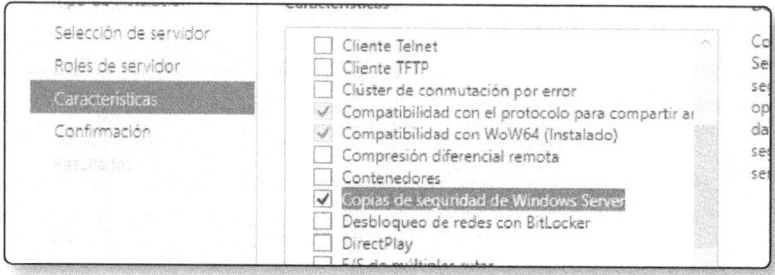

Figura 9.2. Agregar Características

Ya solo queda que esperemos a que el proceso de instalación termine.

En este caso, tras la instalación tendremos la nueva característica funcional. Es decir, podremos utilizarla directamente sin necesidad de reiniciar el sistema.

9.2 FUNCIONAMIENTO

Una vez instalada la característica podremos acceder a ella desde el menú de **Herramientas**. El acceso tiene el mismo nombre que la característica, es decir, **Copias de seguridad de Windows Server**.

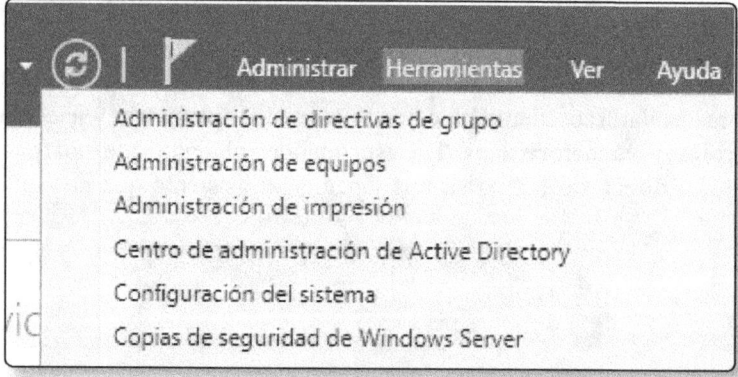

Figura 9.3. Acceso desde Herramientas

Una vez abierta la aplicación se nos mostrará un resumen de las copias de seguridad realizadas, si las hubiera. Tenemos dos opciones de copias de seguridad:

- **Modo local**: mediante dispositivos propios de almacenamiento.

- **Modo remoto**: mediante una cuenta de Microsoft de forma que los datos se alojen en la nube.

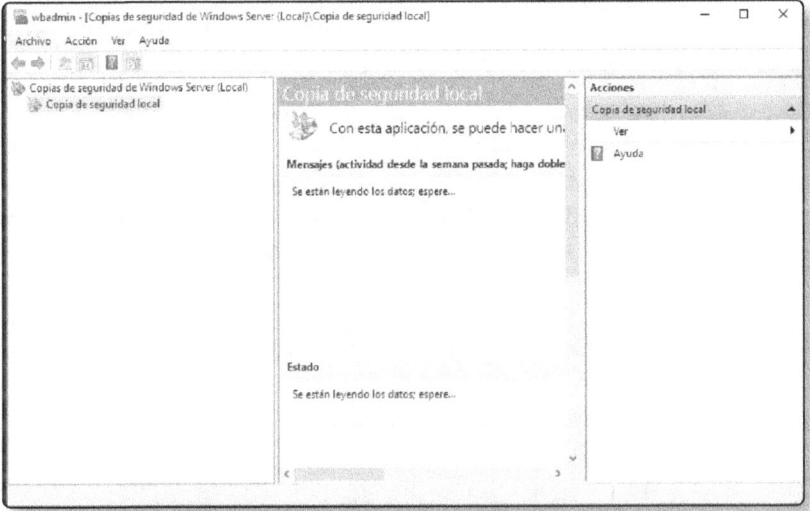

Figura 9.4. Herramienta de copias de seguridad de Windows Server

En nuestro caso vamos a trabajar por comodidad en modo local.

NOTA

Antes de configurar cualquier aspecto de seguridad en un servidor para productividad empresarial, sería altamente recomendable que se estableciese un protocolo de seguridad general que incluyera a los equipos y datos alojados en los mismos

En el menú contextual que nos aparece a la derecha de la herramienta, podemos ver diferentes opciones en relación a las copias de seguridad del servidor Microsoft Windows Server 2016.

9.2.1 Programar copias de seguridad

Ningún administrador puede, ni quiere, estar pendiente de lanzar las copias de seguridad. Esto sería una carga más en el amplio catálogo de obligaciones. Para evitarlo disponemos del programador de copias de seguridad que lanzará el evento de forma automatizada en el momento que se lo indiquemos.

Si dentro de **Copia de seguridad local** mostrado en la parte izquierda, seleccionamos **Programar copia de seguridad** en el menú contextual presentado en la parte derecha, se nos abrirá un asistente que nos permitirá dejar, en pocos pasos, la copia de seguridad perfectamente programada.

Tras presentarnos una pantalla introductoria al proceso de configuración comenzaremos con los aspectos concretos de la misma. Lo primero que tendremos que decidir es si queremos que la copia de seguridad sea completa o parcial. En el primer caso salvaguardará el equipo completo, mientras que en el segundo nos permitirá seleccionar las diferentes ubicaciones que tengamos interés en respaldar.

- **Servidor completo**: nos protegerá frente a un fallo del sistema.
- **Personalizada**: podremos con ella guardar por ejemplo los datos personales de los usuarios.

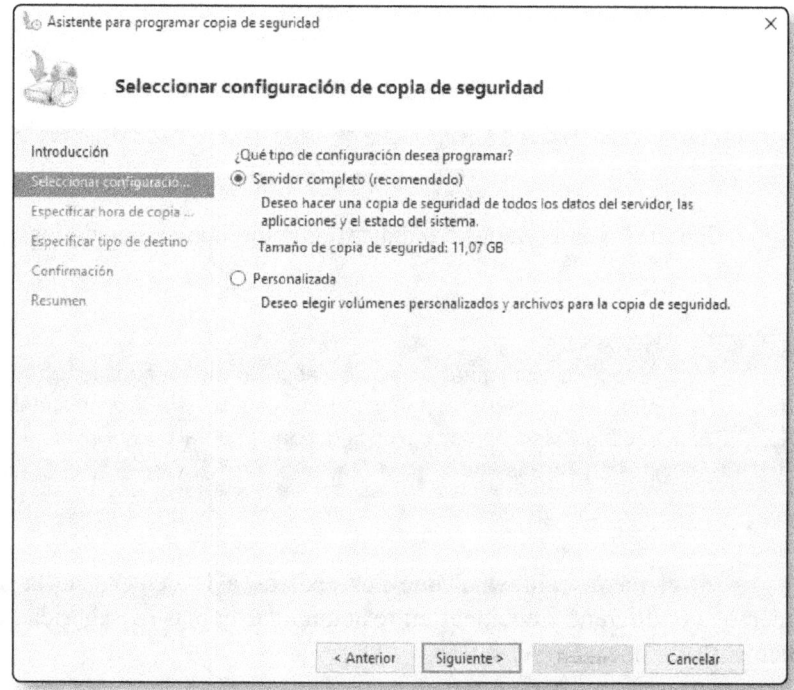

Figura 9.5. Tipo de copia de seguridad

Lo siguiente que le interesa al asistente es saber cuándo debe lanzar el proceso de copia. Pudiendo seleccionar entre un solo lanzamiento o varios al día. Cada lanzamiento tendrá una hora asignada.

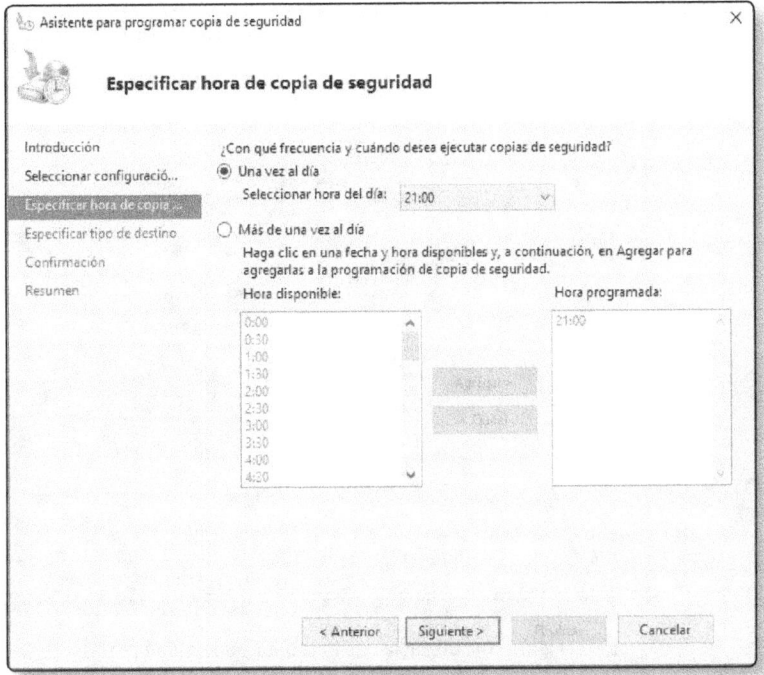

Figura 9.6. Horas de lanzamiento de copia de seguridad

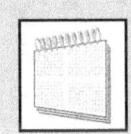

NOTA
Intentaremos que las horas de copia de seguridad no coincidan con las horas de máxima producción del servidor.

Evidentemente no podrá hacer nada hasta que no le indiquemos la ubicación de la copia, pudiendo elegir entre:

- ▼ **Disco dedicado**: esta opción nos ayuda a proteger los datos incluso frente a una rotura del disco físico que alberga el sistema. Será el utilizado en el ejemplo presentado.

- ▼ **En un volumen**: poco recomendado, ya que en caso de caída del sistema por rotura del disco físico tendremos difícil el obtener una rápida recuperación.

▶ **Carpeta de red**: opción bastante interesante al alojar los datos de copia de seguridad en una situación remota al propio servidor. No obstante, tendremos que asegurarnos del correcto y continuo funcionamiento de la comunicación de red entre ambos equipos.

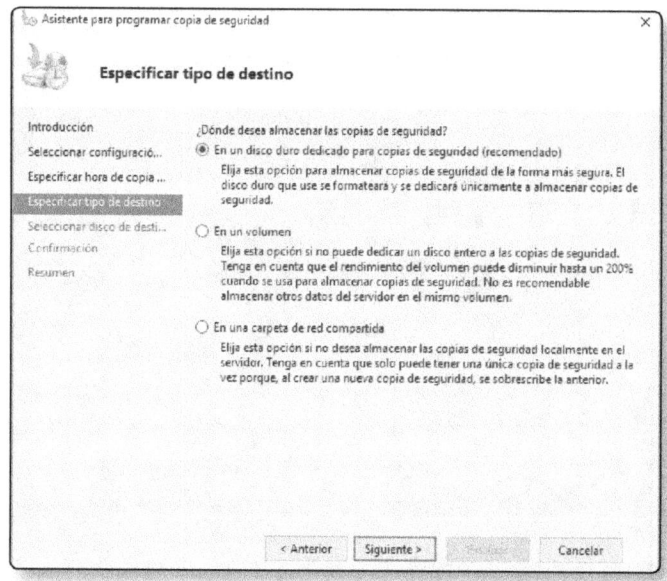

Figura 9.7. Ubicación de la copia de seguridad paso 1

Si no se nos muestra el disco duro destino pulsaremos sobre **Mostrar todos los discos duros disponibles**.

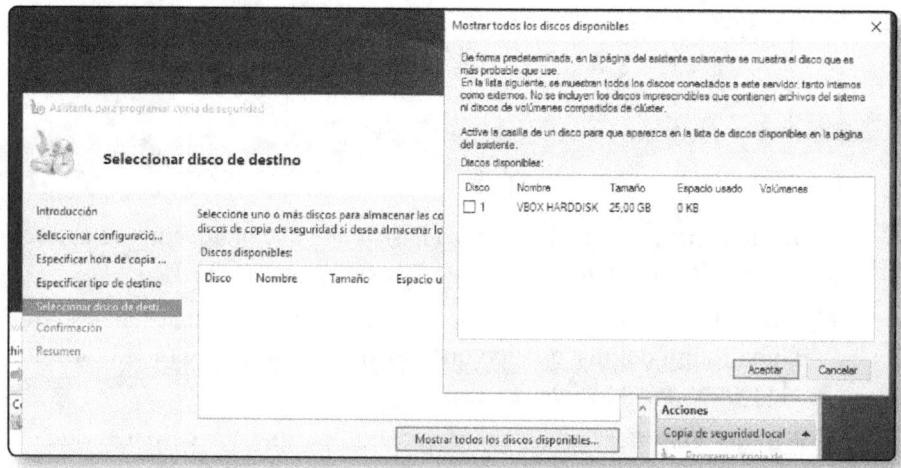

Figura 9.8. Ubicación de la copia de seguridad paso 2

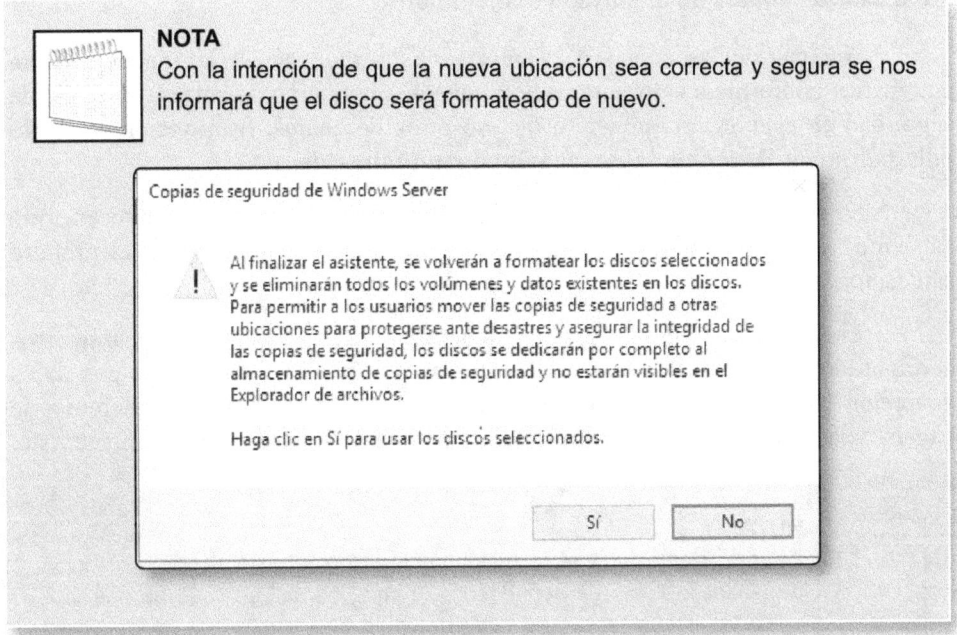

Ya solo queda confirmar todos los cambios y esperar al formateo del dispositivo.

En este momento, en la ventana principal de la aplicación de copias de seguridad de Windows Server, veremos modificado uno de los estados que se presentan en la parte inferior. En este caso se nos informará que la próxima copia de seguridad programada se realizará a la hora indicada.

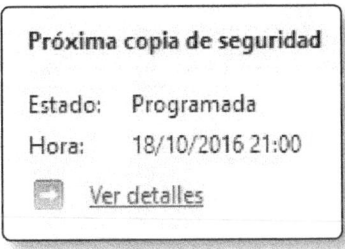

Figura 9.9. Próxima copia de seguridad programada

9.2.2 Lanzar copias de seguridad manualmente

Además de las copias de seguridad o *backup* que se lanzan de manera automática conforme a su programación, tenemos la opción de lanzar una copia de seguridad en el momento concreto que nosotros deseemos. Esta opción se activa pulsando sobre **Hacer copia de seguridad manualmente**.

Se nos abrirá el asistente asociado al proceso en el que, como en todo asistente, se nos solicitarán datos concretos necesarios para concluir el proceso satisfactoriamente.

La primera pregunta nos da la opción de acogernos a los parámetros configurados en la copia de seguridad automática o bien personalizarlos con datos concretos. Estos son los relacionados principalmente con los datos que queremos se hagan copia. Si queremos personalizarlo, el proceso será similar a lo anteriormente visto.

> **NOTA**
> Es conveniente que veamos diariamente el *log* del sistema con la intención de lanzar la copia de seguridad de forma manual en caso de que, por cualquier circunstancia, se haya detenido de manera inesperada en su proceso automatizado.

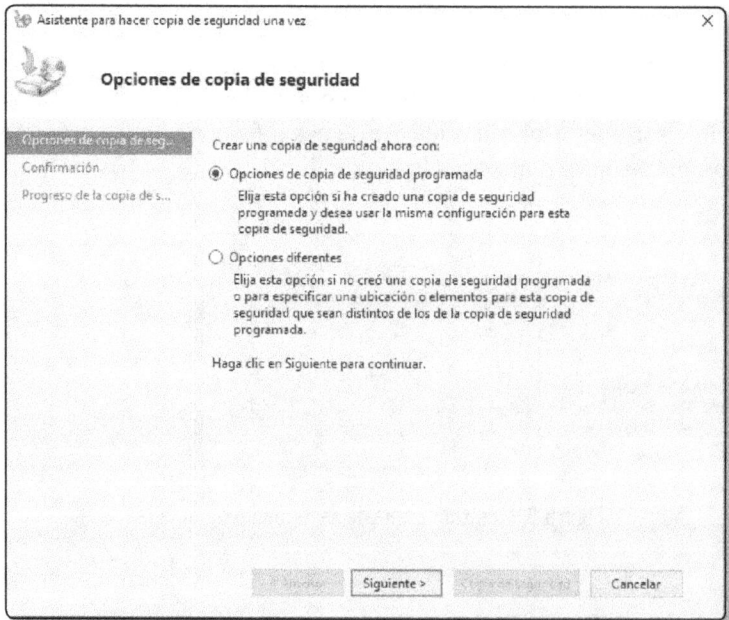

Figura 9.10. Parámetros de copia heredados o personalizados

Tras la confirmación de los cambios a realizar, comenzará el proceso mostrándonos el estado de copia de cada uno de los elementos incluidos en la copia.

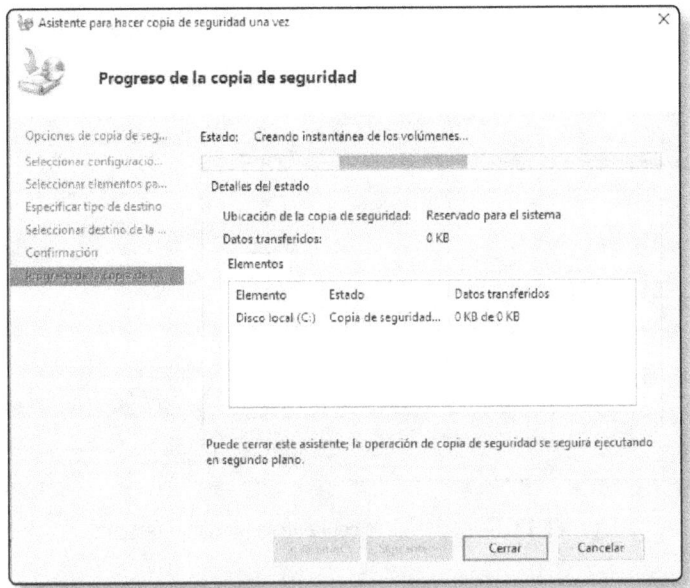

Figura 9.11. Información del estado de la copia de seguridad manual

Por último, podremos ver en la ventana de estado cómo se ha actualizado otro de los apartados que se muestran, concretamente nos referimos al nombrado como **Última copia de seguridad**.

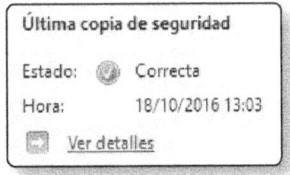

Figura 9.12. Estado de la última copia de seguridad

9.2.3 Restaurar una copia de seguridad

Tanto si tenemos las copias de seguridad almacenadas en el mismo servidor Microsoft Windows Server 2016, como si las tenemos alojadas en una ubicación remota, podremos utilizar este asistente para que tras su selección se proceda a la restauración de los datos del servidor en cuestión. El asistente lo lanzamos pulsando sobre la opción **Recuperar** del menú contextual.

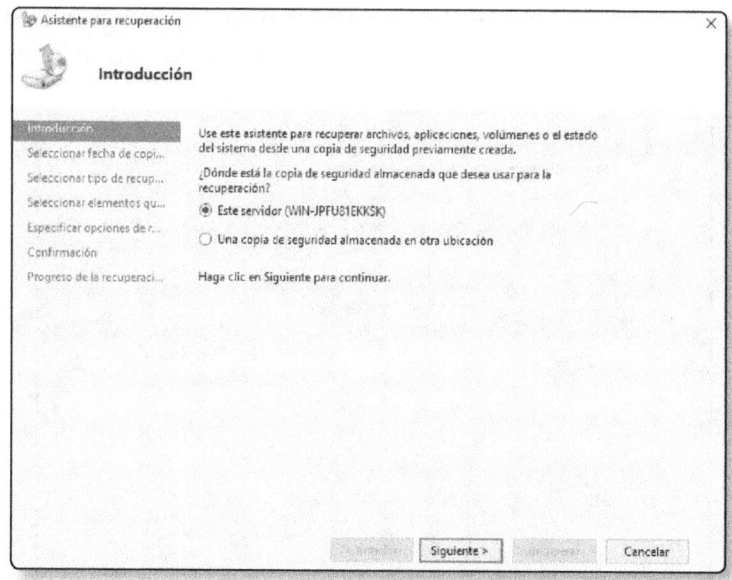

Figura 9.13. Ubicación de la copia de seguridad a restaurar

Si hemos seleccionado la opción de recuperar la copia desde el propio servidor se nos preguntará cuál de entre las disponibles queremos utilizar. No olvidemos que podemos tener varias realizadas en diferentes momentos.

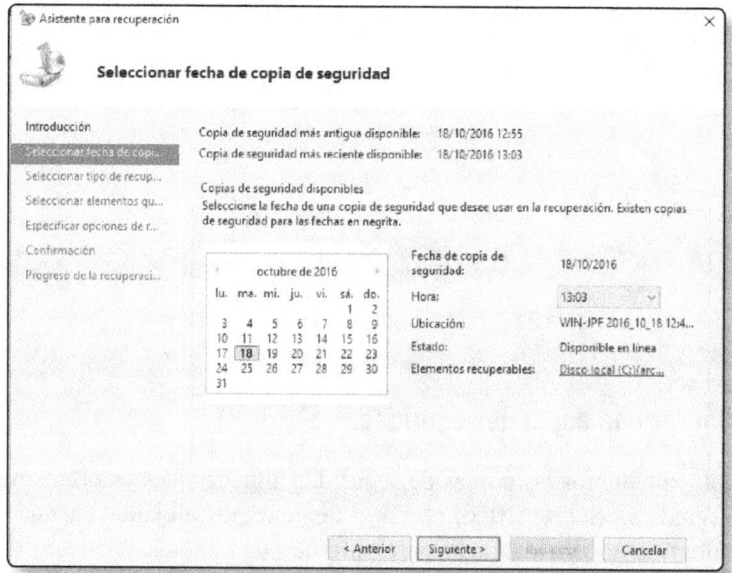

Figura 9.14. Selección de la copia de seguridad a restaurar

Es posible, tal y como hemos visto en los puntos anteriores, que la copia de seguridad contenga diferentes datos. Podremos decidir de entre todos ellos cuáles son los que deseamos recuperar:

- ▼ **Archivos y carpetas**: de los datos albergados podremos seleccionar cuáles son los que queremos que se recuperen eligiendo los diferentes archivos y carpetas de manera concreta.

- ▼ **Volúmenes**: ideal para recuperar todos los datos de manera absoluta.

- ▼ **Aplicaciones**: volveremos al estado concreto de las aplicaciones registradas en el sistema en ese momento.

- ▼ **Estado del sistema**: una restauración limitada al estado del sistema en ese momento.

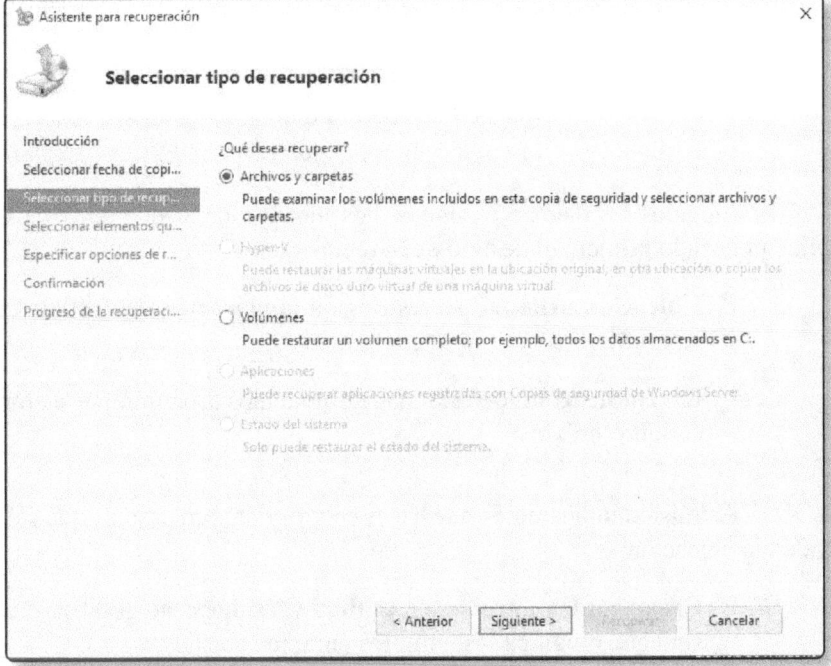

Figura 9.15. ¿Qué recuperar?

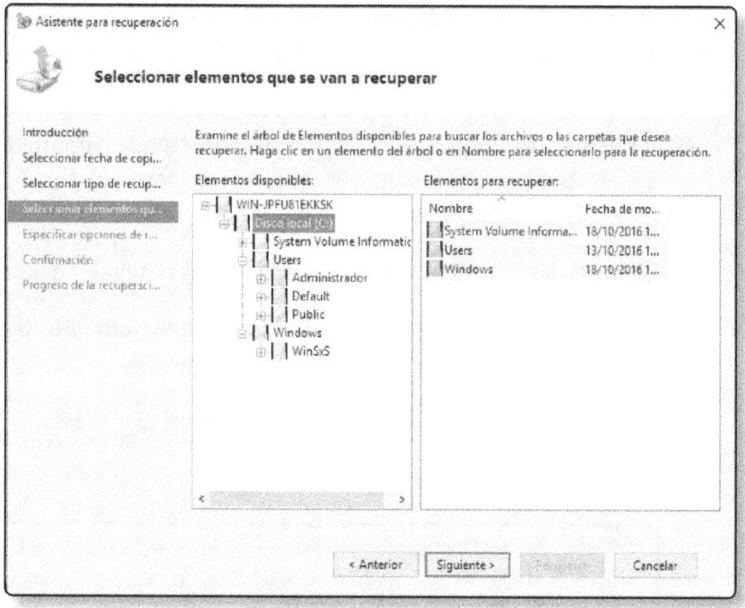

Figura 9.16. Selección de carpetas y archivos a recuperar

Elegidos los datos a recuperar nos tocará indicar qué queremos hacer con ellos indicando primero el destino de la recuperación:

- ▼ **Ubicación original**: se restringe a la ubicación de los datos tal y como se guardaron.

- ▼ **Otra ubicación**: de esta manera podemos asegurar, por ejemplo, que no se sobrescriban.

Asimismo indicaremos qué hacer con los datos en caso de que se encuentren ya en la ubicación:

- ▼ **Crear copias para tener ambas versiones**: no sobrescribe los datos, sino que modifica los nombres para que coexistan.

- ▼ **Sobrescribir las versiones existentes con las recuperadas**: de manera que se haga una regresión al estado anterior del dato.

- ▼ **No recuperar los datos existentes en el destino de recuperación**: ignora los datos que ya existan independientemente de que se hayan modificado o no. Es una buena medida frente a eliminación previa de datos por error.

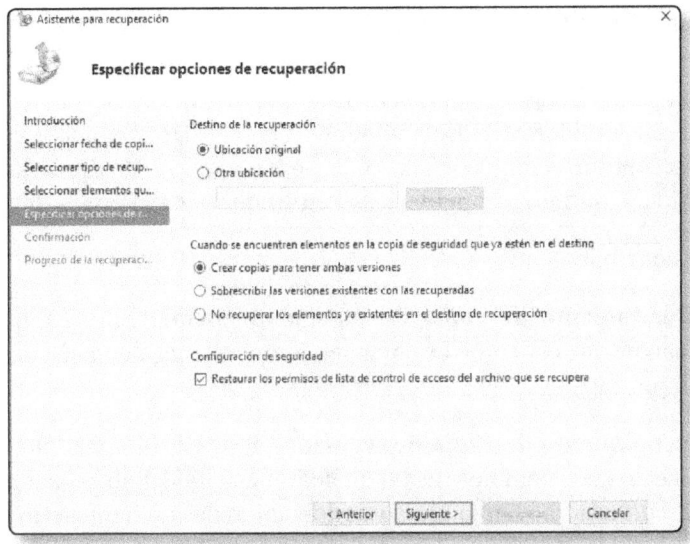

Figura 9.17. Opciones de recuperación

Como última opción se contempla la posibilidad de restaurar igualmente los privilegios asociados a cada uno de los ficheros recuperados.

Confirmaremos los datos a cambiar y esperaremos mientras se nos muestra el estado del proceso.

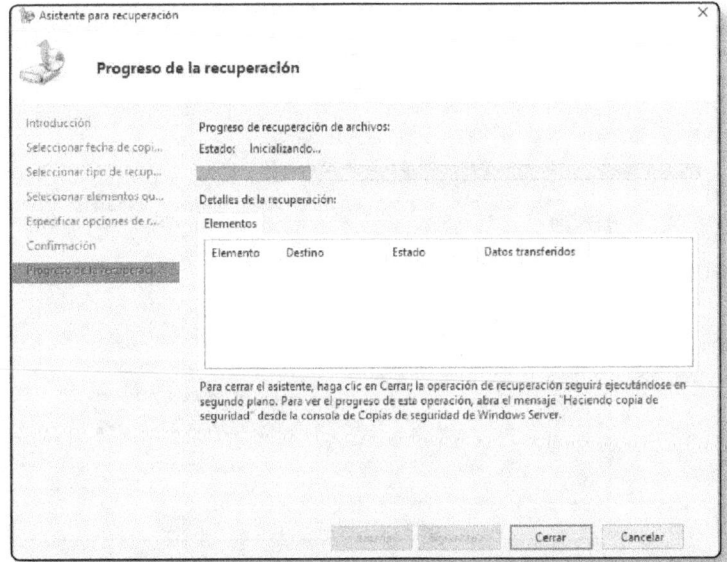

Figura 9.18. Información del estado de la recuperación

9.3 MEJORAR EL RENDIMIENTO DE COPIA

Hasta ahora hemos visto cómo instalar y utilizar la herramienta de copia de seguridad del servidor Microsoft Windows Server 2016. De por sí ya tiene unos parámetros de optimización asociados que podemos cambiar desde la opción del menú contextual **Configurar opciones de rendimiento de la copia de seguridad**.

Estas opciones son:

- ▼ **Rendimiento de copia de seguridad normal**: no modifica nada, de manera que el tiempo de copia será proporcional al tamaño de los ficheros implicados.

- ▼ **Rendimiento de copia de seguridad más rápido**: tendrá en cuenta los ficheros con cambios. Es un procedimiento que agiliza la copia, pero por el contrario aumenta el uso de los volúmenes al someterlo a un mayor flujo de lectura. Si ya de por sí este sistema tiene operaciones de disco de manera intensiva, esto lo hace más lento.

- ▼ **Personalizar**: nos permite personalizar los diferentes volúmenes, con la idea de poder aplicar a cada uno cualquiera de las opciones anteriores.

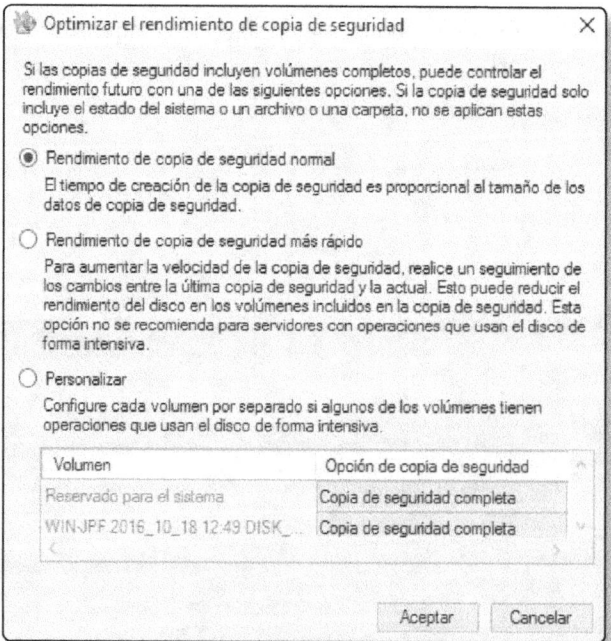

Figura 9.19. Optimización del rendimiento para la copia de seguridad

10

CONECTIVIDAD DESDE MICROSOFT WINDOWS 10

Hasta ahora hemos visto en los capítulos anteriores cómo poner a Microsoft Windows Server 2016 en producción, hemos conectado entre sí diferentes servidores gracias a la herencia entre dominios, pero no hemos trabajado con ellos.

Para trabajar con ellos vamos a ver cómo hacer inicio de sesión desde las máquinas remotas. Concretamente nos vamos a centrar en el actual Microsoft Windows 10.

10.1 REQUISITOS

Los requisitos que vamos a necesitar son:

▼ Tener una conexión física a la red.

▼ Configuración de red estática, con una dirección IP que pertenezca la red definida por Microsoft Windows Server 2016.

▼ Configurar la puerta de enlace o *Gateway* con la dirección del servidor que aloja nuestro directorio activo. Este será el servidor que resuelva la autentificación y por tanto hacia él es hacia donde tenemos que dirigir nuestra consulta y tráfico.

10.2 CONFIGURACIÓN PREVIA

Para conectarnos a Microsoft Windows Server 2016 desde Microsoft Windows 10 lo primero que tenemos que hacer es configurar sus parámetros de red conforme a los requisitos previos indicados en el punto anterior. En nuestro caso vamos a trabajar con IPv4.

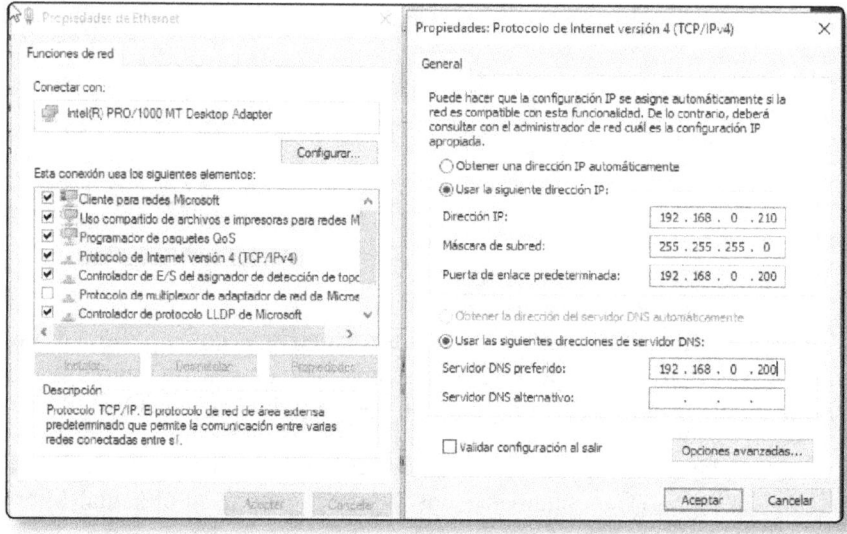

Figura 10.1. Configuración IPv4 en el equipo Microsoft Windows 10

Tras configurar el equipo se nos preguntará cómo queremos tratar a esta red, le indicaremos que el equipo es público y que puede ser detectado por otros equipos de la red, con la intención de que se puedan comunicar sin mayor problema a través del *firewall*.

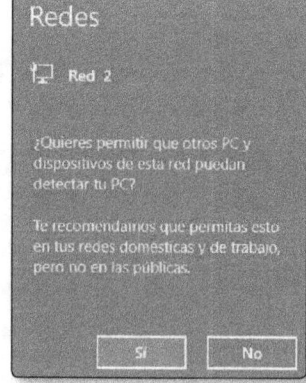

Figura 10.2. Selección del tipo de red configurada

10.3 HACER MIEMBRO DEL DOMINIO A MICROSOFT WINDOWS 10

El siguiente paso es hacer miembro del dominio generado por Microsoft Windows Server 2016 al equipo Microsoft Windows 10. Para ello pulsamos el botón derecho del ratón sobre **Equipo**, dentro el administrador de carpetas, y accedemos a **propiedades**.

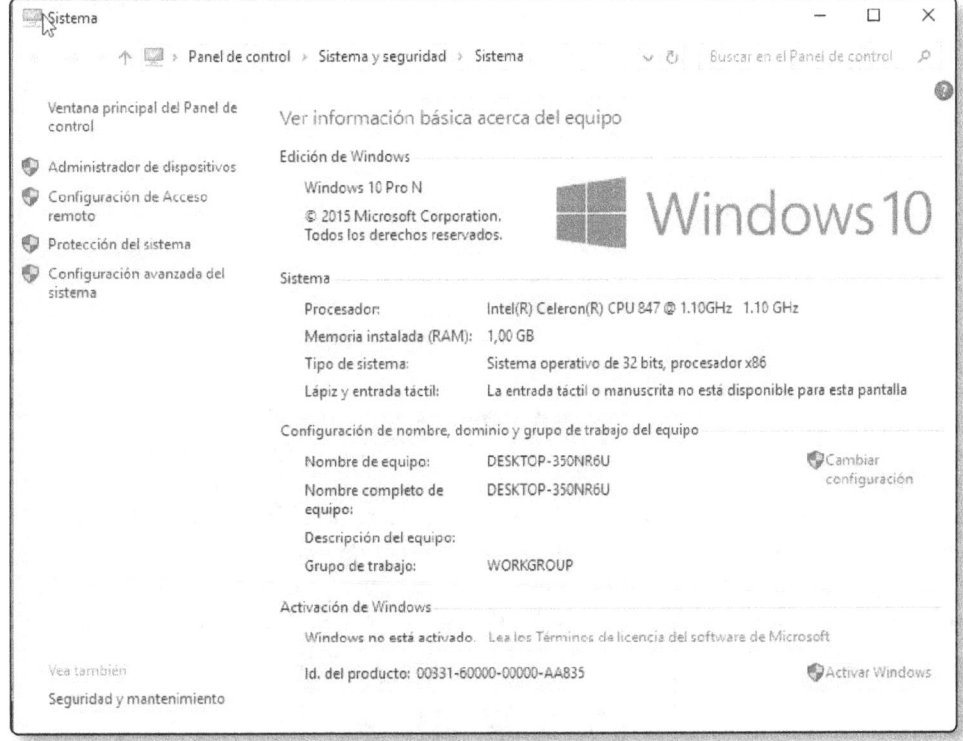

Figura 10.3. Propiedades del equipo Microsoft Windows 10

Cambiaremos la configuración dándole a la opción indicada con el nombre **cambiar configuración** situada bajo el bloque de **Configuración de nombre, dominio y grupo de trabajo del equipo**. En la ventana que se abre iremos a **Nombre de equipo**.

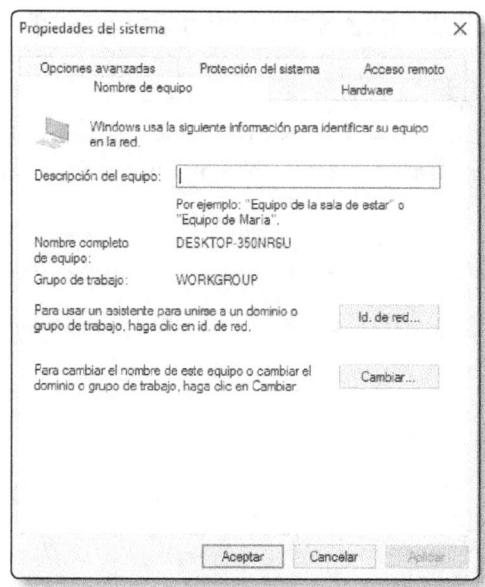

Figura 10.4. Nombre del equipo dentro de la configuración del equipo

De entre las dos opciones que nos aparecen en la parte derecha, la que nos interesa es la que incluye el acceso a **Cambiar**, de manera que lo podamos cambiar manualmente dejando de lado al asistente. Nos proporcionará la opción de unirnos a un dominio en lugar de un grupo de trabajo. Seleccionaremos **Miembro del Dominio** y añadiremos el nombre del mismo. En nuestro caso *windows.dom*. Tras darle a **Aceptar** intentará conectarse, y si es correcto, nos pedirá el nombre de usuario y contraseña del administrador del servidor Microsoft Windows Server 2016 para validar la unión.

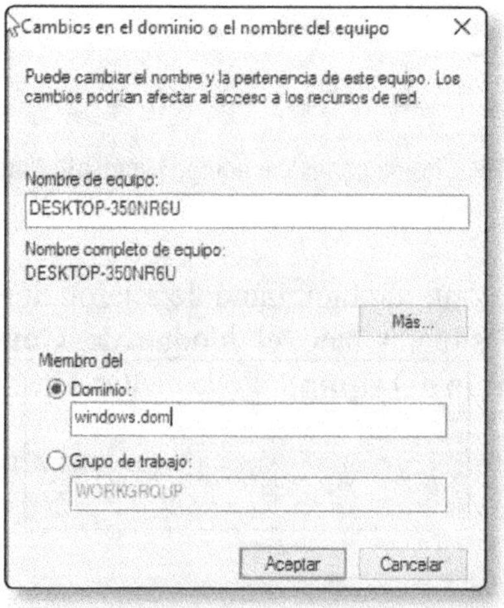

Figura 10.5. Hacer miembro del dominio

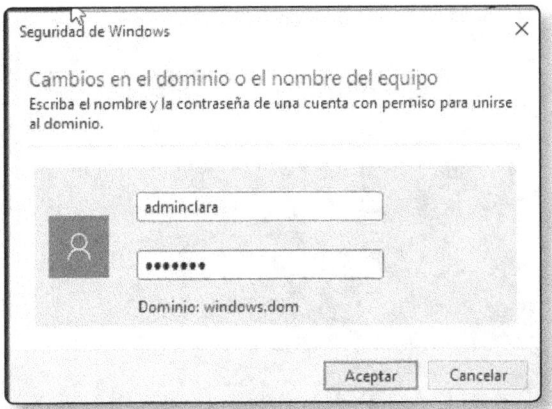

Figura 10.6. Petición datos del administrador para la validación

Se nos indicará si todo ha ido bien mediante una ventana de mensaje que nos dará la bienvenida al dominio indicado. Ya solo nos **quedará reiniciar** el equipo para iniciar sesión con cualquiera de los usuarios registrados en nuestro directorio activo.

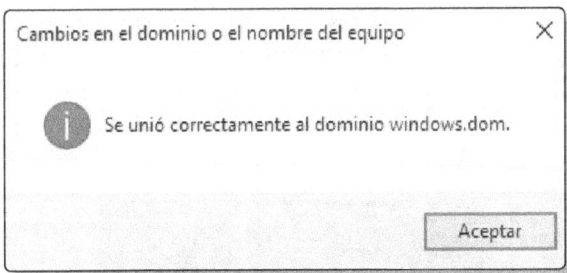

Figura 10.7. Unión correcta

10.4 INICIAR SESIÓN EN MICROSOFT WINDOWS 10 CON USUARIOS DEL DOMINIO MICROSOFT WINDOWS SERVER 2016

El acceso con usuario del dominio al que estamos vinculados en este momento se lleva a cabo desde la ventana de inicio. Lo primero que tendremos que hacer es seleccionar **Otro usuario** en la parte inferior izquierda ya que, de lo contrario, se registrará con los usuarios locales y no con los del dominio.

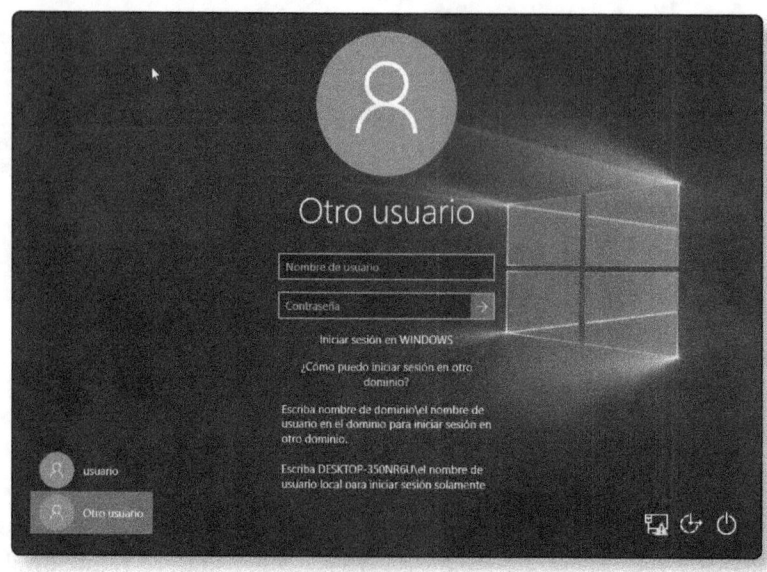

Figura 10.8. Inicio de sesión

Ya solo nos queda indicar la forma de decirle a Microsoft Windows 7 que el usuario con el que se va a iniciar la sesión no está en este equipo local, sino que está en el equipo servidor del dominio. Para ello el nombre de usuario, que previamente debe estar definido en el servidor Microsoft Windows Server 2016, irá precedido del nombre de dominio tal y como queda en la imagen que vemos a continuación quedando como **Windows\clararss**.

Figura 10.9. Petición de credenciales

Figura 10.10. Inicio de sesión con usuario del dominio windows.dom

Si queremos comprobar que todo es correcto podemos ir a la ventana de **Usuarios y equipos de dominio** del servidor Microsoft Windows Server 2016, acceder a la pestaña **Computers** y en ella veremos al equipo que ha iniciado sesión.

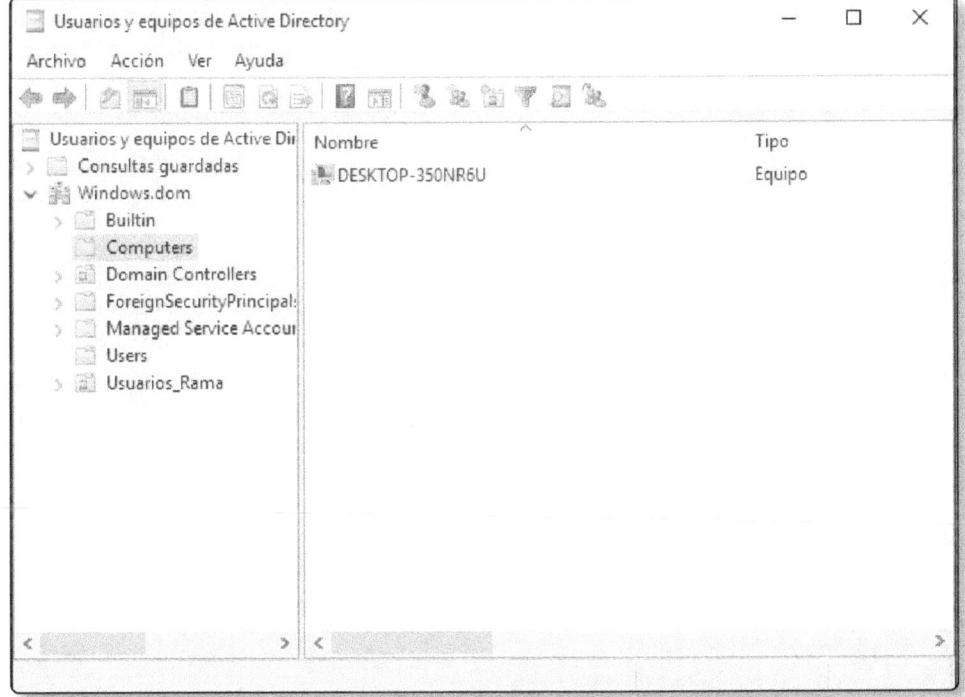

Figura 10.11. Equipos conectados al dominio

11

CONECTIVIDAD DESDE GNU/LINUX

En el capítulo anterior hemos estudiado cómo podemos sacarle partido a nuestro servidor Microsoft Windows Server 2016 con el directorio activo instalado. Para ello hemos conectado un equipo con Microsoft Windows 10 al dominio. Pero, ¿qué pasa si en nuestra empresa tenemos equipos que trabajan con alguna distribución de GNU/Linux, y queremos que se conecten también al dominio para que podamos trabajar con las cuentas allí registradas?

Pues bien, esto es lo que vamos a presentar aquí. Para ello vamos a hacer uso de dos de las distribuciones más utilizadas por los usuarios finales. Estas son Ubuntu y Fedora.

NOTA

Entendemos que la persona que quiera llevar a cabo esta vinculación tendrá conocimientos básicos de configuración de GNU/Linux, y no siendo este un libro dedicado a ello no nos adentraremos en el proceso más allá de lo necesario, dando en algunos casos información de los pasos a llevar a cabo sin indicar el cómo.

11.1 CONECTAR GNU/LINUX UBUNTU A MICROSOFT WINDOWS SERVER 2016

El proceso que aquí se va a presentar puede usarse en cualquier otra distribución de GNU/Linux. La idea, al igual que pasa con Microsoft Windows 10, es que podamos iniciar sesión con los usuarios presentes en el directorio activo.

Por supuesto lo primero que tendremos que hacer al igual que en los otros casos es asegurarnos de tener configurada la red para que nuestro equipo GNU/Linux pertenezca a la red de Microsoft Windows Server 2016, así como haber redirigido la puerta de enlace y el servidor DNS a dicho servidor Microsoft Windows Server 2016.

Partiendo de aquí procedemos.

1. Lo primero que vamos a hacer es instalar la herramienta que nos facilitará la unión al dominio. Esta herramienta es **likewise-open-gui**. Evidentemente aceptaremos que se instalen las dependencias.

NOTA

El paquete indicado no viene recogido en los repositorios instalados por defecto en Ubuntu 16.04, por lo tanto tendremos que incluir el repositorio que se indica en la web de los paquetes de Ubuntu *http://packages.ubuntu.com/precise/i386/likewise-open-gui/download*. También válido para instalaciones de 64 bits.

2. Una vez instalado podemos cambiar la configuración de la red para que el servidor DNS y la puerta de enlace estén dirigidos al servidor Microsoft Windows Server 2016.

3. Antes de dar por terminada la configuración de la red necesitamos modificar el resolutor DNS. En versiones antiguas se hacía editando directamente el fichero **/etc/resolv.conf**. No obstante en las versiones actuales lo haremos editando el fichero **/etc/dhcp/dhclient.conf**. Tendremos que asegurarnos de que NO estén comentadas las líneas marcadas en la imagen y sustituir las IP y nombres de dominio por el propio de Microsoft Windows Server 2016, tal y como se ve a continuación.

```
#send dhcp-client-identifier 1:0:a0:24:ab:fb:9c;
#send dhcp-lease-time 3600;
supersede domain-name "windows.dom";
prepend domain-name-servers 192.168.0.200;
#require subnet-mask, domain-name-servers;
timeout 300;
#retry 60;
```

Figura 11.1. Modificación de dhclient.conf

> *Supersede domain-name "windows1.dom";*
> *Prepend domain-name-servers 192.168.0.200;*

4. Es el momento de reiniciar la red. Si no tenemos claro cómo hacerlo reiniciaremos el equipo sin más. Para ver si todo ha salido bien haremos **ping** a la IP y al nombre del dominio.

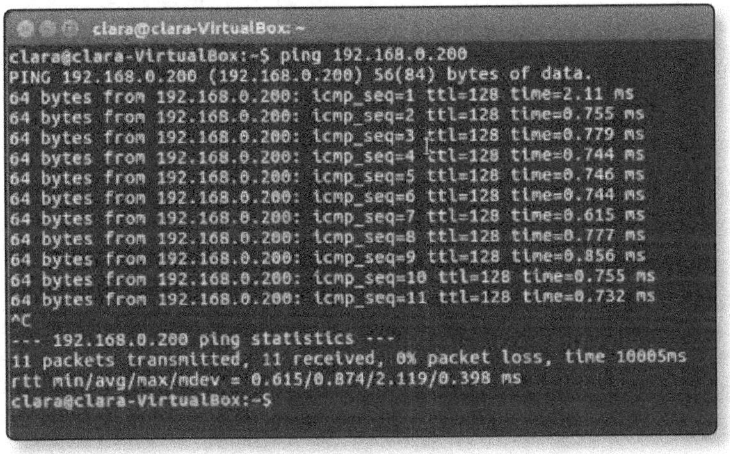

Figura 11.2. Ping

5. Es el momento de unirnos al dominio. En los pasos anteriores serán los lectores los que decidan si utilizar el modo gráfico o el modo consola. En este caso concreto se recomienda encarecidamente utilizar el modo consola para evitar errores. Teclearemos la siguiente orden:

> *Sudo domainjoin-cli join windows.dom clara*

Recuerde el lector que **windows.dom** era el nombre de nuestro dominio y **administrador** el nombre del administrador del sistema. La unión terminará con un mensaje de información indicándonos que el proceso ha finalizado correctamente.

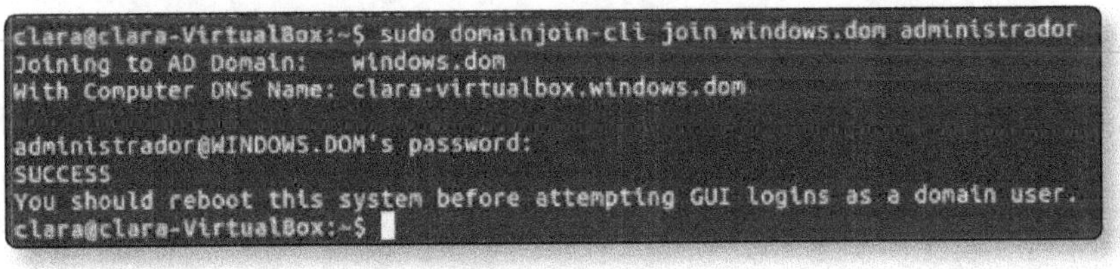

Figura 11.3. Unión al dominio

6. Ubuntu en la actualidad trabaja con el entorno gráfico Unity, el cual en su configuración inicial no nos deja iniciar sesión con otro usuario que no esté registrado en el equipo local. Para solucionar esta restricción editaremos el fichero **/etc/lightdm/lightdm.conf** añadiéndole al final la siguiente línea:

Greeter-show-manual-login = true

NOTA
Si no existiera el fichero indicado se creará con las línea:

[SeatDefaults]
Greeter-show-manual-login = true

7. Llegó el momento de un nuevo reinicio. Esta vez tras modificar las propiedades de Unity veremos que podemos iniciar sesión con otras cuentas. Para acceder con una cuenta del directorio activo teclearemos:

Windows\mar

Siendo **windows** el nombre del dominio al que nos hemos unido y **mar** el nombre del usuario del directorio activo con el que queremos acceder.

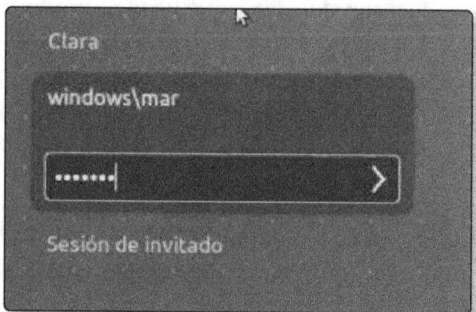

Figura 11.4. Inicio de sesión

NOTA GNU/LINUX
Con otros entornos gráficos diferentes a Unity debemos entrar de manera similar.

11.2 CONECTAR GNU/LINUX FEDORA A MICROSOFT WINDOWS SERVER 2016

Para conectar un equipo con Fedora 24 (última versión publicada durante la redacción de la obra) a Microsoft Windows Server 2016, tendremos que seguir unos pasos diferentes ya que haremos uso de **realm,** que ya viene instalado.

Tras configurar la red, como se indicó en el caso de la configuración de Ubuntu, podremos proceder con la configuración para conectarnos a nuestro dominio Microsoft Windows Server 2016.

1. Lo primero que haremos es instalar los paquetes que **realm** necesita para funcionar correctamente. Para obtener sus nombres lo más fácil es teclear en consola:

Realm discover windows.dom

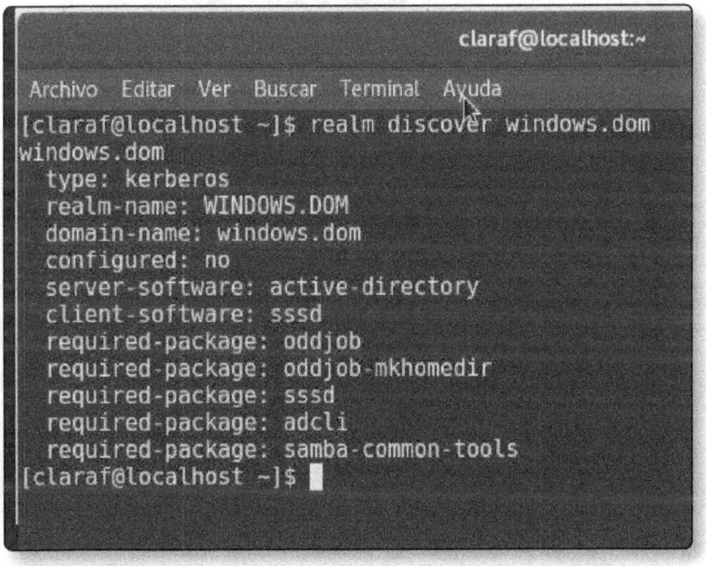

Figura 11.5. Resultado de ejecutar realm discover e instalación

Siendo **windows.dom** el nombre de nuestro dominio Microsoft Windows Server 2016.

2. La instalación de paquetes puede hacerla en el modo que considere, ya sea gráfico o texto.

3. Lo siguiente que haremos para evitarnos problemas es deshabilitar las reglas de seguridad de SELinux. Para esto editaremos el fichero /**etc/selinux/config** y cambiaremos la línea que aparece en la imagen dejándola como se indica.

```
# This file controls the state of SELinux on the system.
# SELINUX= can take one of these three values:
#     enforcing - SELinux security policy is enforced.
#     permissive - SELinux prints warnings instead of enforcing.
#     disabled - No SELinux policy is loaded.
SELINUX=enforcing
# SELINUXTYPE= can take one of these three values:
#     targeted - Targeted processes are protected,
#     minimum - Modification of targeted policy. Only selected processes are protected.
#     mls - Multi Level Security protection.
SELINUXTYPE=disabled
```

Figura 11.6. Deshabilitar las SELinux

SELINUX=disabled

4. Reiniciaremos el sistema y, antes de seguir, comprobaremos que efectivamente podemos hacer **ping** al equipo Microsoft Windows Server 2016 mediante su IP y mediante el nombre del dominio.

```
claraf@localhost:/home/claraf
Archivo Editar Ver Buscar Terminal Ayuda
[root@localhost claraf]# sestatus
SELinux status:                 disabled
[root@localhost claraf]# ping 192.168.0.200
PING 192.168.0.200 (192.168.0.200) 56(84) bytes of data.
64 bytes from 192.168.0.200: icmp_seq=1 ttl=128 time=28.0 ms
64 bytes from 192.168.0.200: icmp_seq=2 ttl=128 time=0.848 ms
64 bytes from 192.168.0.200: icmp_seq=3 ttl=128 time=0.744 ms
64 bytes from 192.168.0.200: icmp_seq=4 ttl=128 time=0.717 ms
^C
--- 192.168.0.200 ping statistics ---
4 packets transmitted, 4 received, 0% packet loss, time 3003ms
rtt min/avg/max/mdev = 0.717/7.595/28.073/11.823 ms
[root@localhost claraf]# ping windows.dom
PING windows.dom (192.168.0.200) 56(84) bytes of data.
64 bytes from gateway (192.168.0.200): icmp_seq=1 ttl=128 time=0.804 ms
64 bytes from gateway (192.168.0.200): icmp_seq=2 ttl=128 time=0.767 ms
64 bytes from gateway (192.168.0.200): icmp_seq=3 ttl=128 time=0.882 ms
64 bytes from gateway (192.168.0.200): icmp_seq=4 ttl=128 time=1.94 ms
64 bytes from gateway (192.168.0.200): icmp_seq=5 ttl=128 time=0.805 ms
64 bytes from gateway (192.168.0.200): icmp_seq=6 ttl=128 time=0.944 ms
64 bytes from gateway (192.168.0.200): icmp_seq=7 ttl=128 time=0.817 ms
64 bytes from gateway (192.168.0.200): icmp_seq=8 ttl=128 time=0.804 ms
^C
--- windows.dom ping statistics ---
8 packets transmitted, 8 received, 0% packet loss, time 12833ms
rtt min/avg/max/mdev = 0.767/0.970/1.940/0.371 ms
[root@localhost claraf]#
```

Figura 11.7. Ping

5. Añadiremos a los usuarios que, estando presentes en el directorio activo de Microsoft Windows Server 2016, queramos que se puedan autentificar en Fedora. Lo primero es acceder a las **configuraciones del sistema**.

El proceso de inclusión de estos usuarios es igual a la inclusión de un usuario cualquier, salvo que en el momento de introducir sus datos tendremos que asegurarnos que marcamos la pestaña **Inicio de sesión corporativo**.

Figura 11.8. Cuentas de usuario

6. Por último, tenemos que asegurarnos de que el nombre de la máquina está unido al dominio. Para ello teclearemos en consola:

Sudo hostnamectl set-hostname –static nombre_maquina.windows.dom

NOTA GNU/LINUX
En algunos casos es posible que tengamos que configurar el fichero **/etc/krb5.conf** el apartado de realm indicando el dominio que usamos.

7. El inicio de sesión siguiente nos mostrará a los usuarios locales e incluirá a los usuarios añadidos por este medio.

NOTA GNU/LINUX
Si el inicio de sesión no lo hace de manera correcta, y por el contrario nos vuelve a lanzar a la ventana de autentificación, es suficiente con que volvamos a añadir al usuario que nos da problemas para que se solucionen los errores.

12

RED VPN (CONEXIÓN A UNA RED VIRTUAL)

Todo lo que hemos tratado hasta ahora está enfocado a una red corporativa local. Pero, ¿qué pasa si nos encontramos que la ampliación de la empresa ha llevado a adquirir una oficina remota? ¿Cómo podemos integrar a los equipos de esta oficina en nuestra red local?

Pues para responder a estas necesidades disponemos de la funcionalidad que nos aporta un el servidor VPN.

12.1 ¿QUÉ ES UNA VPN?

Centrándonos en la definición aportado por la Wikipedia, "Una red privada virtual (RPV), en inglés: Virtual Private Network (VPN), es una tecnología de red de computadoras que permite una extensión segura de la red de área local sobre una red pública o no controlada como Internet."

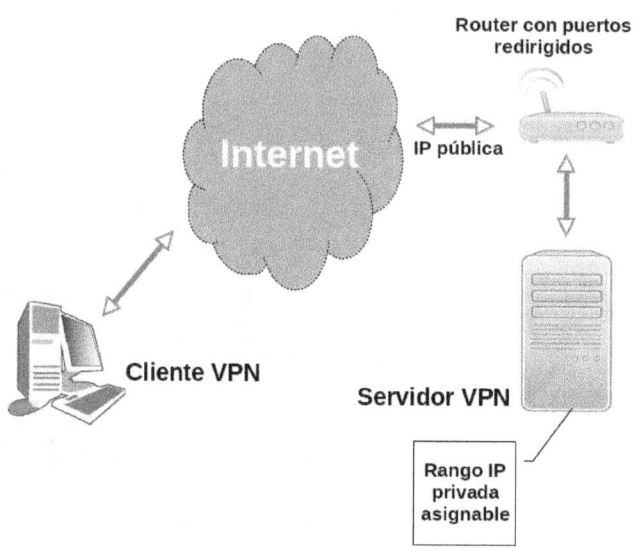

Ilustración 12.1. Esquema de conexión VPN

12.2 RECOMENDACIONES

Las recomendaciones para la correcta inclusión en nuestro dominio por parte de equipos que se conectarán a través de Internet son:

▼ Tener un controlador de directorio activo. Si solo queremos que nuestro equipo remoto pertenezca a nuestra red local, este requisito es prescindible.

▼ Controlar los accesos limitando el uso de nuestro interfaz de red. De esta manera dejaremos solo los protocolos necesarios e imprescindibles para el uso deseado del servidor. Todo ello lo tenemos dentro de las **propiedades** de conexión e nuestro interfaz de red.

▼ Localizar la IP pública de nuestros *routers* y asegurarnos que el puerto del *router* al que se conecta el servidor VPN tiene su puerto TCP/1723 redirigido a él.

▼ Comprobar los *firewalls* y permitir tráfico por los puertos 1723 TCP, 1701 TCP, 500 UDP y 443 TCP

12.3 INTALACIÓN DEL SERVIDOR

La instalación se realizará desde el menú **Administrar** del Administrador del servidor. En este caso la característica a instalar es **Acceso Remoto**, siendo los pasos previos similares a los vistos en la instalación del rol de *Active Directory*.

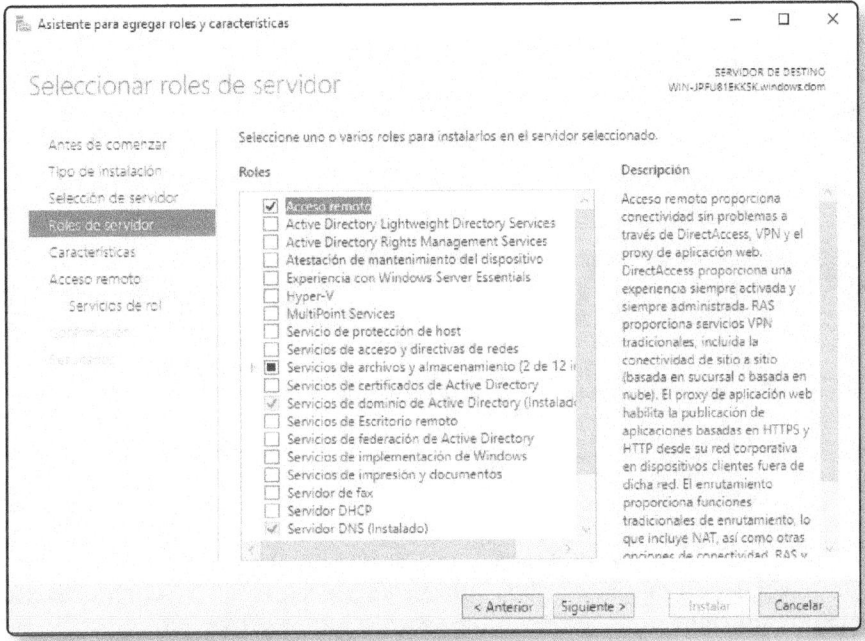

Figura 12.1. Selección del rol de Acceso remoto

En el último paso podemos elegir entre tres servicios de rol diferentes:

▼ **DirectAccess y VPN (RAS)**: nos da la posibilidad de conectar con nuestra red local obteniendo una IP privada local, a través de Internet.

▼ **Enrutamiento**: en este caso se proporciona la compatibilidad con enrutadores NAT (*Network Address Translation* o "traducción de direcciones de red") o LAN que ejecutan BGP (*Border Gateway Protocol*) o RIP (*Routing Information Protocol* o "protocolo de información de encaminamiento").

▼ **Proxy de aplicación web**: la última opción está pensado para habilitar la publicación de aplicaciones basadas en HTTP o HTTPS pudiendo ser accedidas desde fuera de nuestra red corporativa.

Basándonos en el procedimiento práctico planteado, seleccionaremos **DirecAccess y VPN (RAS)**, aceptando sus dependencias. En este caso se necesitarán entre otras dependencias el **Servidor web IIS**.

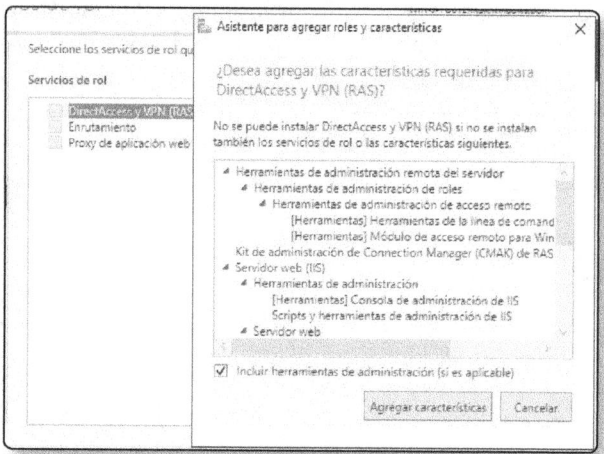

Figura 12.2. Selección de servicios de rol

Por lo demás, lo dejaremos como está e iniciaremos la instalación del servidor seleccionado.

Terminada la instalación se nos presentará un cuadro resumen, como siempre, en el que en este caso se nos informa de la posibilidad de **Abrir el asistente para la introducción**.

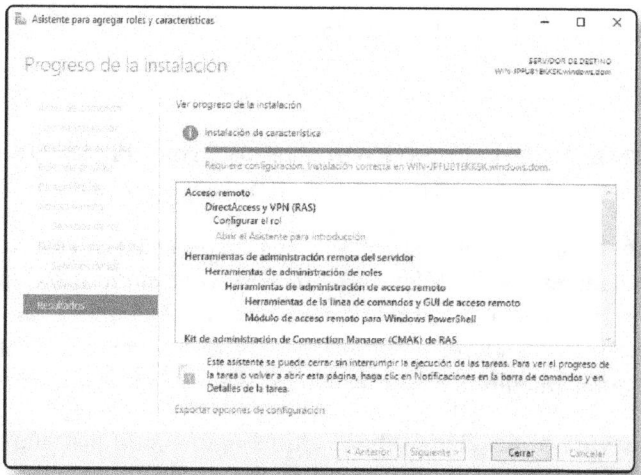

Figura 12.3. Resumen de la instalación

12.4 CONFIGURACIÓN

Cuando hayamos lanzado el **Asistente para la introducción** tras la instalación de nuestro servidor VPN, comenzaremos con el proceso de configuración.

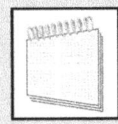

NOTA
Cuando hayamos terminado el proceso de configuración previo podremos acceder a las herramientas a través de **Herramientas Administrativas > Administrador de Acceso Remoto**.

Las tres opciones de configuración inicial que se nos presentan son:

- ▼ **Implementar DirectAccess y VPN**: combina las dos siguientes.
- ▼ **Implementar solo DirectAccess**: solo válido para que se conecten equipos clientes compatibles con DirectAccess.
- ▼ **Implementar solo VPN**: se configurará mediante una consola de enrutamiento y acceso remoto. Es una opción válida para equipos que sean compatibles, o no, con DirectAccess.

Para una mayor compatibilidad vamos a elegir la **última opción** con lo que se nos abrirá la ventana de **Enrutamiento y acceso remoto**. Para configurar el acceso VPN seleccionaremos el servidor de la lista y sobre el nombre del servidor pulsaremos el botón derecho del ratón y seleccionaremos **Configurar y habilitar enrutamiento y acceso remoto**.

El asistente que se nos presenta, lo primero que nos preguntará es qué combinación de servicios deseamos para nuestro servidor VPN. Seleccionaremos **Configuración personalizada**.

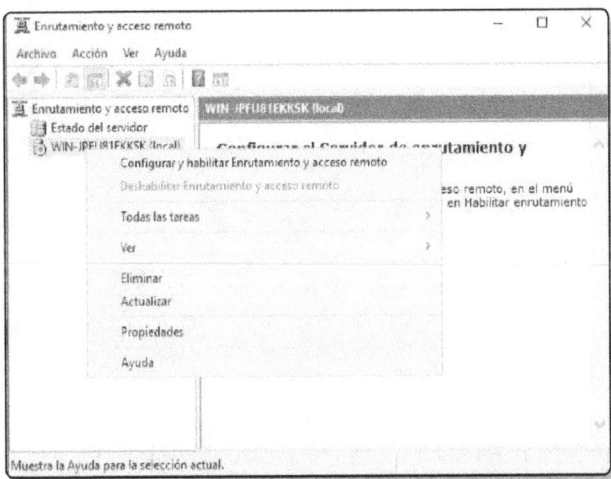

Figura 12.4. Enrutamiento y acceso remoto

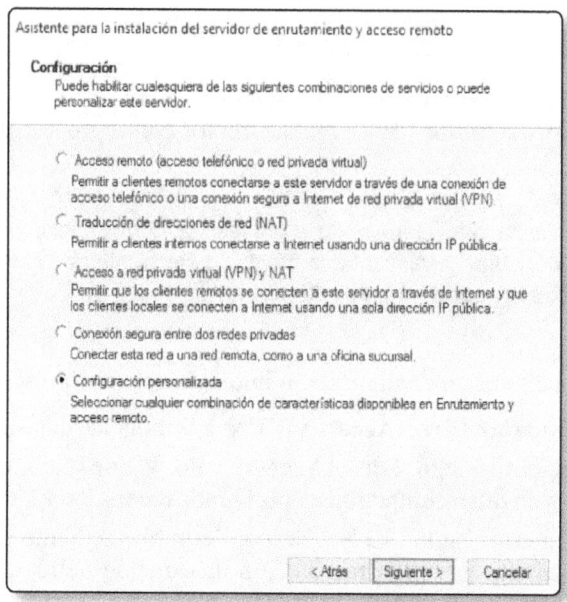

Figura 12.5. Combinaciones de servicios

Teniendo en cuenta que lo que queremos inicialmente es permitir **acceso a VPN**, seleccionaremos esta opción de entre los servicios ofertados.

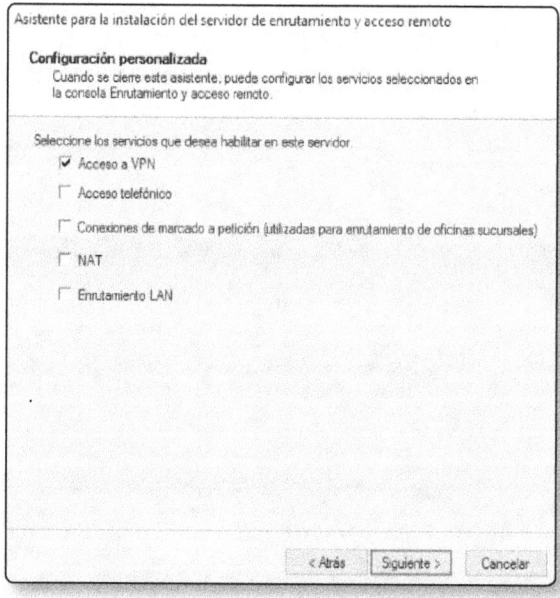

Figura 12.6. Selección de servicios

Ya solo nos queda **finalizar** el asistente y permitir que se **inicie el servicio**.

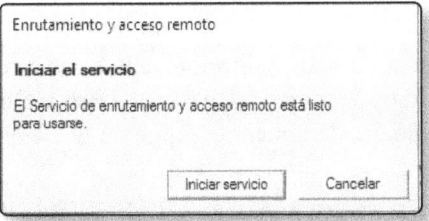

Figura 12.7. Petición de inicio del servicio

12.5 POSINSTALACIÓN

Cuando el servicio esté activo solo nos quedará configurar la cuenta del usuario que queremos que tenga el permiso de acceder a la VPN. Para ello abriremos las **Propiedades** del mismo y nos iremos a la pestaña **Marcado** y seleccionaremos **Permitir acceso** dentro de los **Permisos de acceso a redes**.

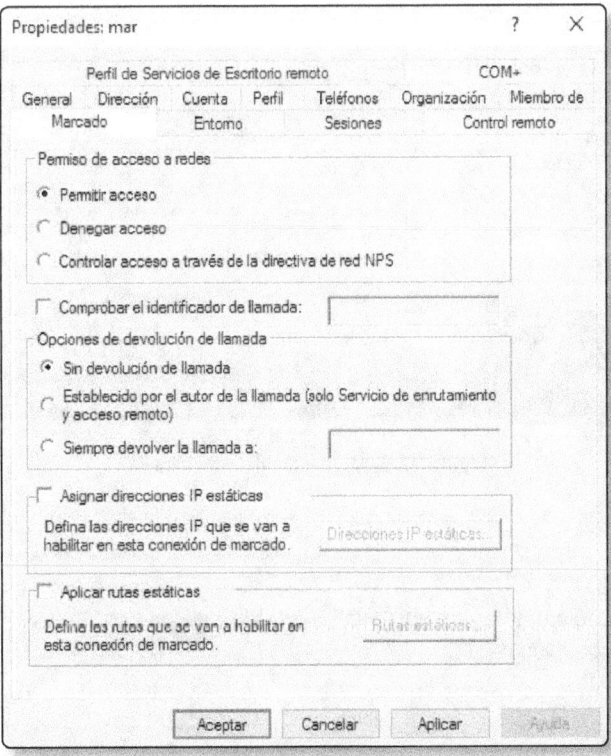

Figura 12.8. Modificación propiedades del usuario

Por último, indicaremos el rango de IP asignables por nuestro servidor a los equipos que accedan, de manera que estos obtengan una IP privada dentro del rango de la red local a la que están accediendo, y haciendo así que estos equipos sean locales en relación a su uso. Seleccionaremos las **propiedades** del servidor activo. Dentro de la ventana abriremos la pestaña **IPv4 y Conjunto de direcciones estáticas > Agregar**. Solo queda indicar el rango de IP a asignar.

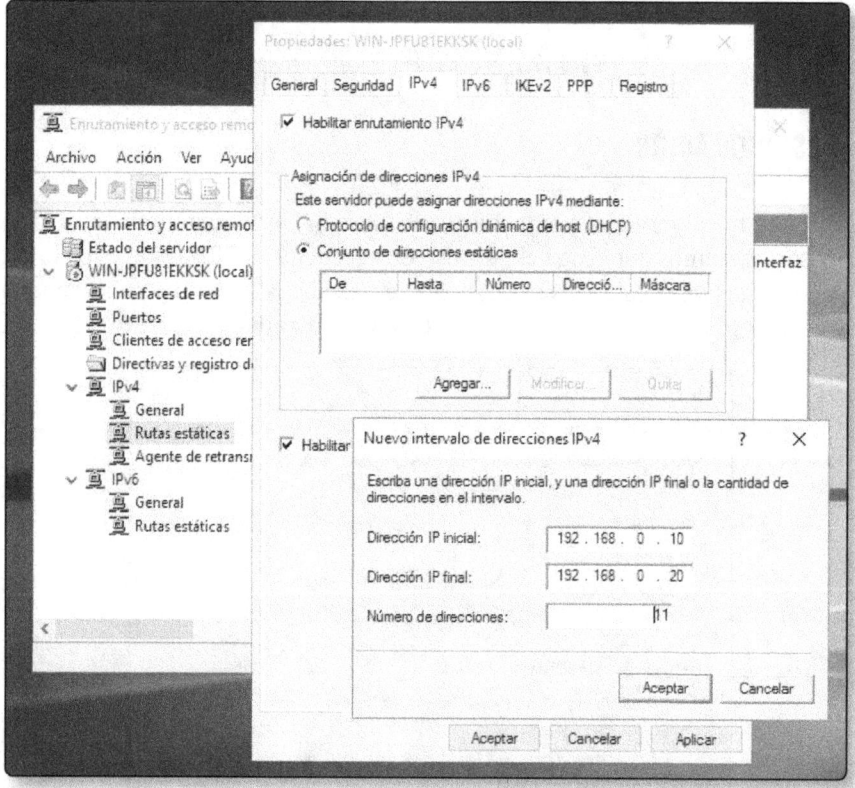

Figura 12.9. Asignación del rango de IP

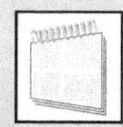

NOTA
Si dejamos la opción DHCP, será el servidor DHCP el encargado de la asignación de IP.

12.6 UNIR A UN EQUIPO CON WINDOWS 10 A LA VPN

Para unirnos a nuestra red virtual y obtener una IP privada asignada por este servidor accederemos al menú de la derecha accesible desde el icono de notificaciones. Como veremos, hay un icono que pone **VPN**. Pulsaremos sobre él.

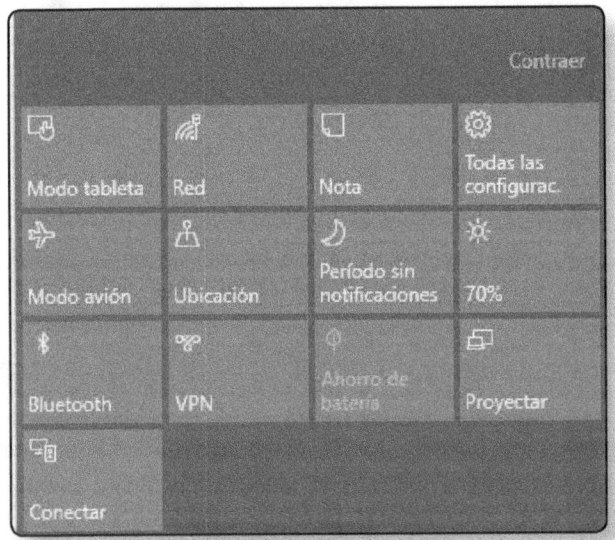

Figura 12.10. Selección de configuración VPN

La ventana de configuración nos da la opción de **Agregar una conexión VPN**.

Figura 12.11. Agregar una conexión VPN

Ya solo queda añadir los datos de nuestro servidor y el usuario que hemos definido para conectarnos.

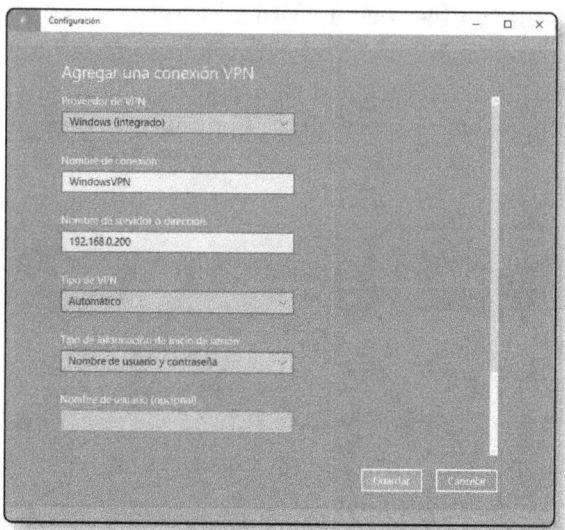

Figura 12.12. Configuración de la conexión VPN

NOTA

En la dirección IP del servidor debemos tener en cuenta si queremos conectarnos a un servidor que está dentro de la misma red o, por el contrario, nos vamos a conectar a un servidor remoto a través de Internet. De conectarnos a un servidor remoto pondremos su IP pública y nos aseguraremos de tener redirigidos los puertos del *router* a nuestro servidor.

Cuando tengamos definida nuestra nueva conexión VPN tendremos la posibilidad de **conectar** pulsando sobre el enlace.

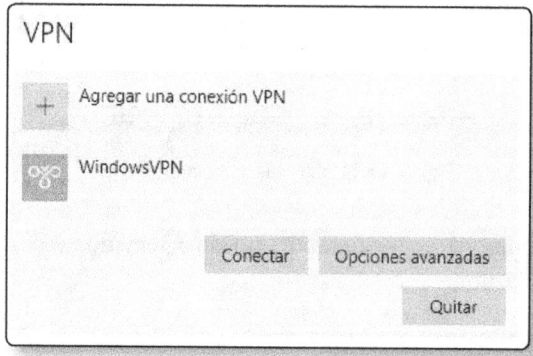

Figura 12.13. Conexión VPN disponible

Solo queda conectarse insertando el nombre de usuario dentro del servidor y su contraseña.

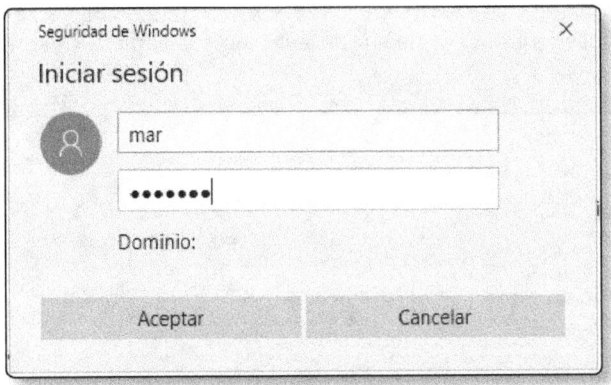

Figura 12.14. Solicitud de credenciales

Finalmente, y para comprobar su éxito, podemos ver cómo la conexión VPN tiene asociada una IP dentro del rango puesto en la configuración del servidor.

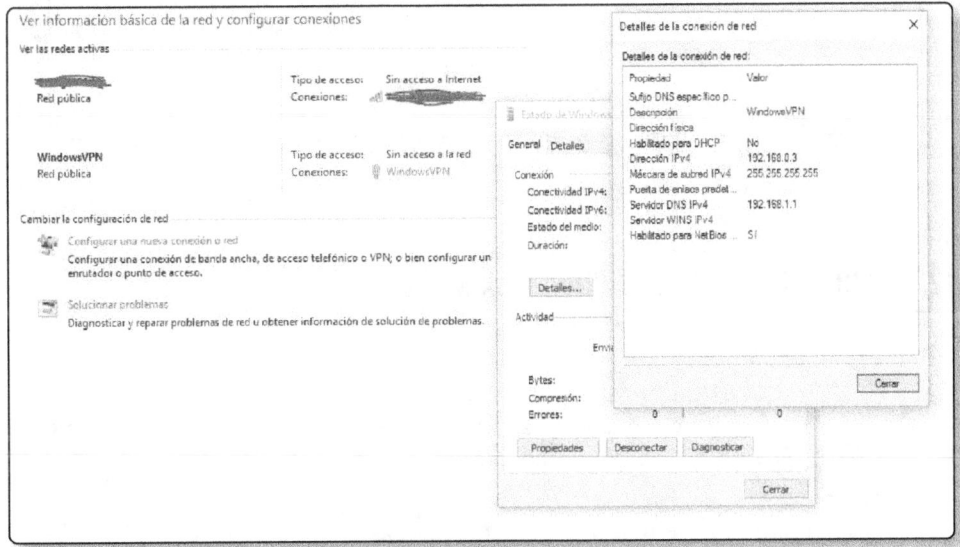

Figura 12.15. Comprobación de la asignación de IP

> **NOTA**
> Podemos confirmar que la conexión es correcta en nuestro servidor Microsoft Windows Server 2016 a través de la consola **Enrutamiento y acceso remoto** y, dentro de esta, en el apartado **Clientes de acceso remoto**.

![Captura de la consola Enrutamiento y acceso remoto mostrando Clientes de acceso remoto]

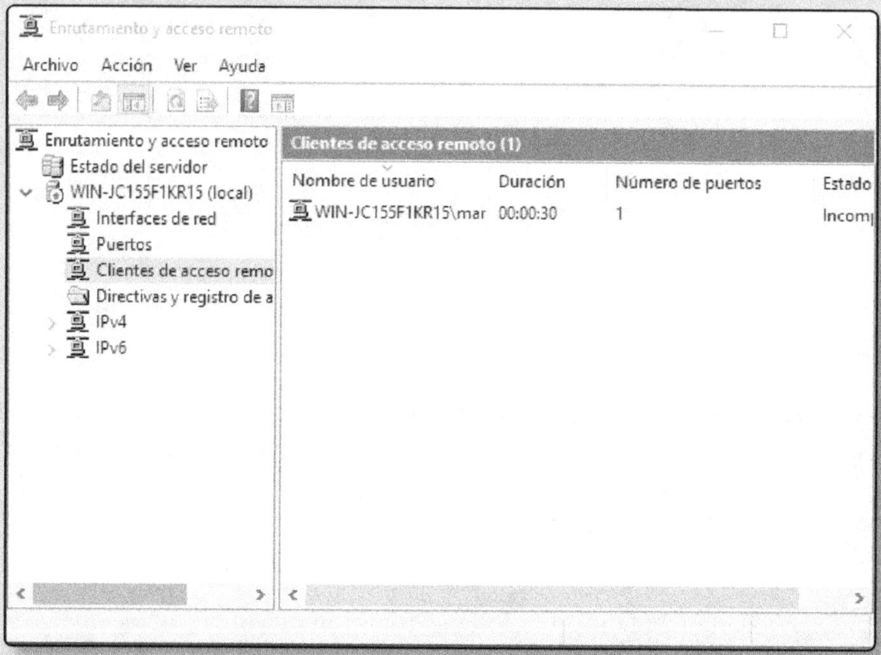

12.7 UNIR A UN EQUIPO CON GNU/LINUX A LA VPN

> **NOTA GNU/LINUX**
> Lo primero que haremos es asegurarnos de tener instalado el paquete **network-manager-pptp-gnome**.

Hemos tomado como base la distribución GNU/Linux Ubuntu, aunque podríamos utilizar cualquiera que utilice el gestor de redes **network-manager**. En el icono de redes seleccionaremos **Conexiones VPN>Configurar VPN…**

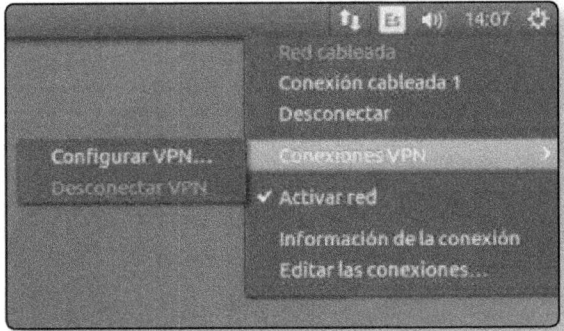

Figura 12.16. Acceso a la configuración de acceso VPN

En las opciones que se nos presentan pulsaremos **Añadir** y elegiremos el **protocolo de túnel punto a punto (pptp)** al ser este el protocolo compatible con las conexiones VPN de Microsoft.

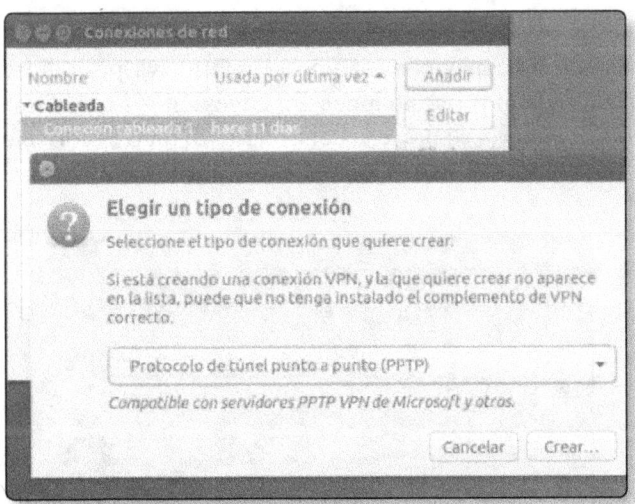

Figura 12.17. Selección del tipo de conexión

Como en el caso de Microsoft Windows 10, tendremos que configurar los datos de conexión.

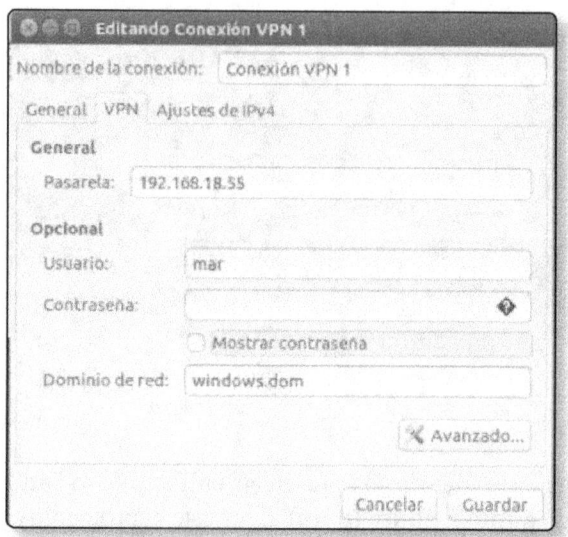

Figura 12.18. Datos de la conexión

En el listado de conexiones aparecerá una nueva posibilidad de conexión con el nombre que le hemos puesto a nuestra conexión. Al pulsar sobre ella se nos pedirá que introduzcamos la contraseña del usuario. Si todo es correcto ya estaremos conectados.

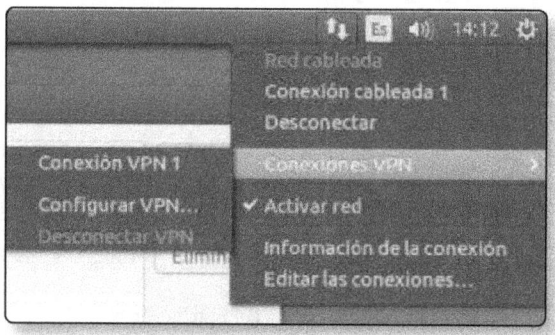

Figura 12.19. Selección de la conexión VPN configurada

NOTA GNU/LINUX
Antes de darlo por terminado nos aseguraremos que en las propiedades avanzadas de nuestra conexión VPN tengamos desmarcado el método de autentificación **EAP** y **Permitir cifrado de estado completo**, así como tener marcado el **Uso cifrado punto a punto (MPPE)**.

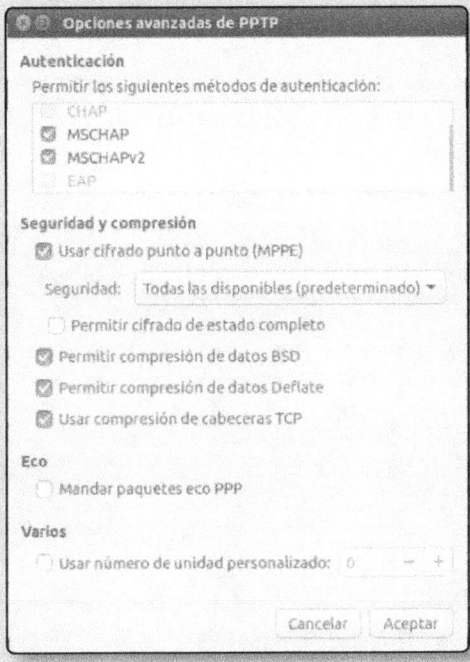

13

SERVIDOR WEB IIS (INTERNET INFORMATION SERVICES)

Otra de las funcionalidades que nos ofrece Microsoft Windows Server 2016 es la posibilidad de montar un servidor web.

13.1 ¿QUÉ ES UN SERVIDOR WEB?

Un servidor web es un *software* instalado en el equipo con todas las condiciones necesarias para servir las páginas web que le sean solicitadas por un navegador, asegurando que se muestren y representen todos los elementos necesarios para su correcto funcionamiento y visualización.

Con la instalación del servidor web es posible disponer en nuestro equipo de un servidor que nos posibilitará entre otras tareas:

- ▼ El uso de *Virtual Host*, podremos alojar múltiples sitios web en un mismo servidor y acceder a ellos incluso en modo local.

- ▼ Podremos ver páginas web programadas en lenguaje servidores tales como ASP .Net o PHP.

- ▼ Posibilita la salvaguarda en caché todas las páginas cargadas con anterioridad, lo que mejorará el rendimiento de nuestra navegación.

- ▼ Trabajar con *scripts* CGI y FastCGI.

▼ Hacer uso de la autenticación HTTP, permitiendo restringir recursos a determinados usuarios o grupos.

▼ Dar soporte para PERL, SSI2 (*Server Side Includes*) y SSL3 (*Secure Sockets Layer*).

13.2 INSTALACIÓN

En este caso instalaremos el rol **Servidor web (IIS)** y todas las características dependientes asociadas. Por lo demás el proceso de instalación, en este caso, no tiene mayor complejidad.

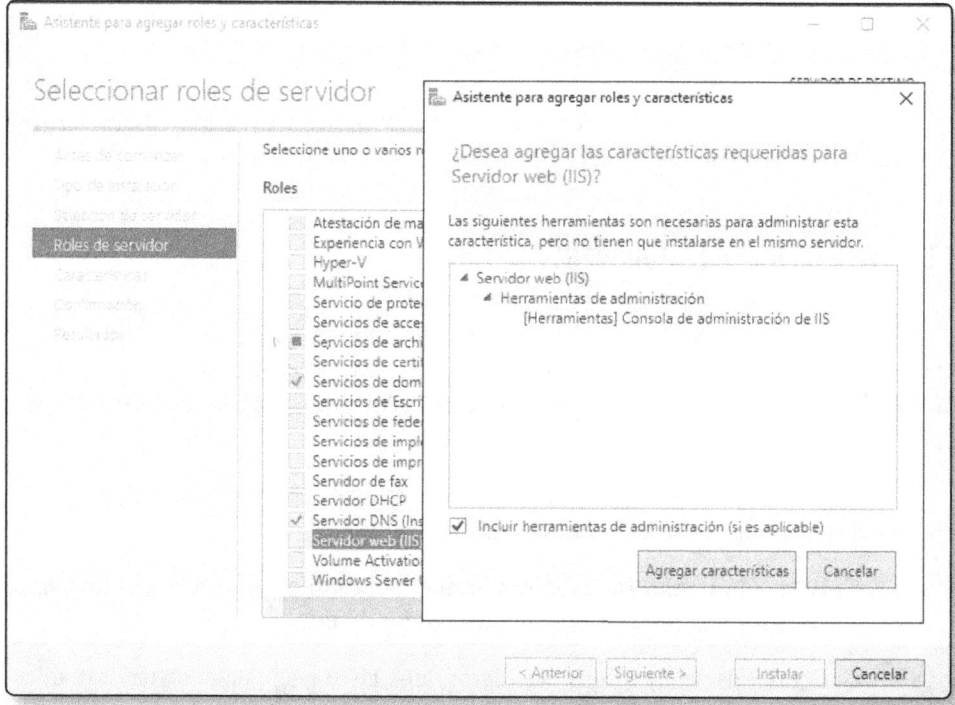

Figura 13.1. Selección de rol servidor web

Para comprobar que la instalación ha sido exitosa abriremos un navegador web y teclearemos la dirección *http://localhost*. Si todo ha sido correcto veremos la página de presentación de nuestro servidor web IIS.

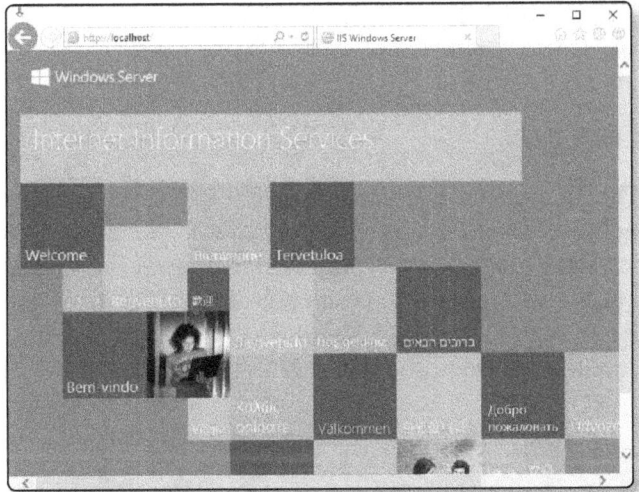

Figura 13.2. Explorer con la portada del servidor web

13.3 INICIO Y PARADA DEL SERVIDOR

Si en algún momento queremos parar el servidor web o bien se nos ha parado y queremos volver a ponerlo en modo productivo, accederemos a la herramienta **Administrador de Internet Information Services (IIS)** situada en las herramientas administrativas o en el panel administrador del servidor. Dentro de esta herramienta de administración seleccionaremos el nombre del servidor y en las herramientas de la derecha podremos pulsar **Detener, Reiniciar** o **Iniciar**.

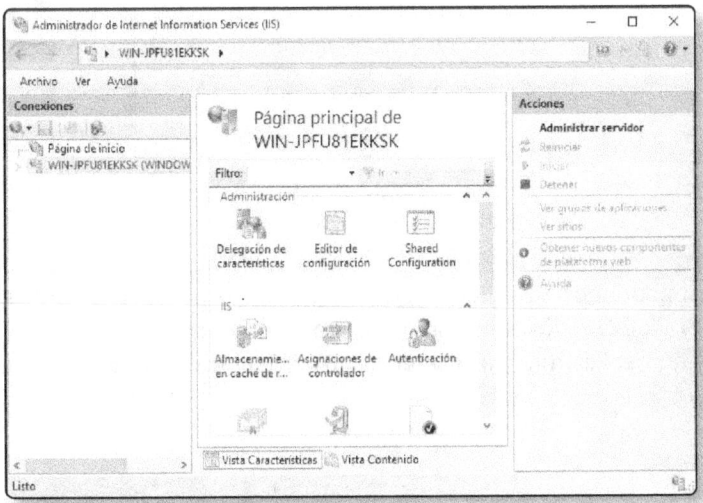

Figura 13.3. Opciones del servidor web

13.4 DIRECTIVAS BÁSICAS DE CONFIGURACIÓN

13.4.1 Puerto de escucha

Para HTTP el puerto de acceso común es el 80. Esto lo podemos modificar, así como evitar el acceso a otros puertos no deseados. Para esta limitación de puertos, es esencial la instalación de un buen cortafuego o *firewall*. En caso de simplemente querer cambiar el puerto de acceso a nuestro servidor web lo que haremos será pulsar clic derecho del ratón y seleccionar **Modificar enlaces** en la **administración de Internet Information Services**, sobre el sitio web concreto.

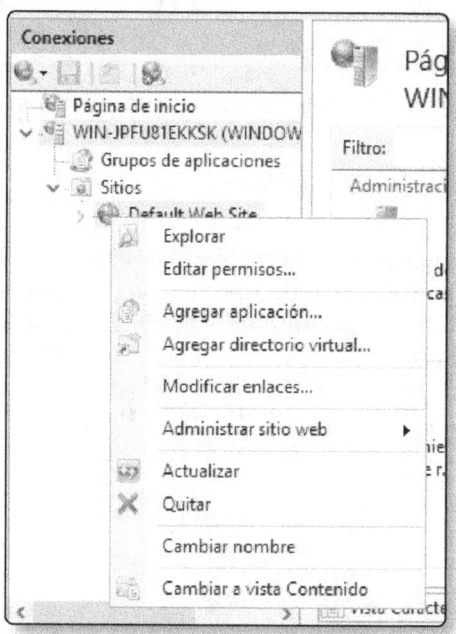

Figura 13.4. Opciones del sitio web

Aquí podremos sustituir un puerto por otro dándole a **Modificar** el puerto asignado por defecto. Si queremos comprobar que el cambio ha sido correcto teclearemos otra vez la dirección anterior pero accediendo al puerto indicado *http://localhost:70*.

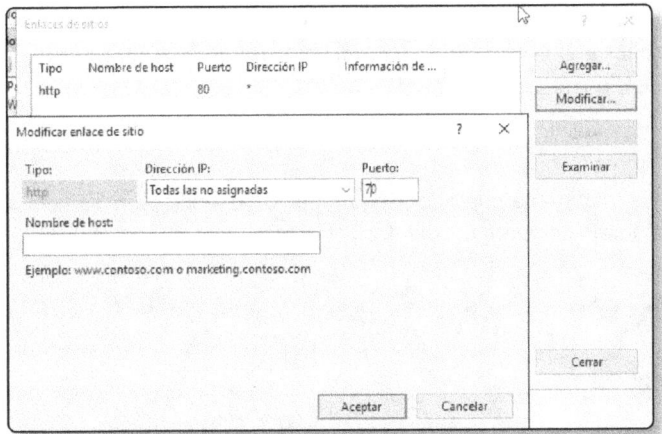

Figura 13.5. Configuración del puerto

13.5 PARÁMETROS BÁSICOS DE CONFIGURACIÓN

13.5.1 Alojamiento virtualizado (*virtual hosting*)

Cuando tengamos alojado un sitio en nuestro servidor web, podremos hacer que de manera virtual acceda a un determinado directorio situado en una ubicación diferente a la original de sitio. Para ello, abriremos la **herramienta de administración de IIS** y situándonos sobre el sitio web concreto al que queremos añadir la carpeta virtual, pulsaremos clic derecho del ratón y seleccionaremos **Agregar directorio virtual**. Podemos ver este acceso en la imagen 13.4.

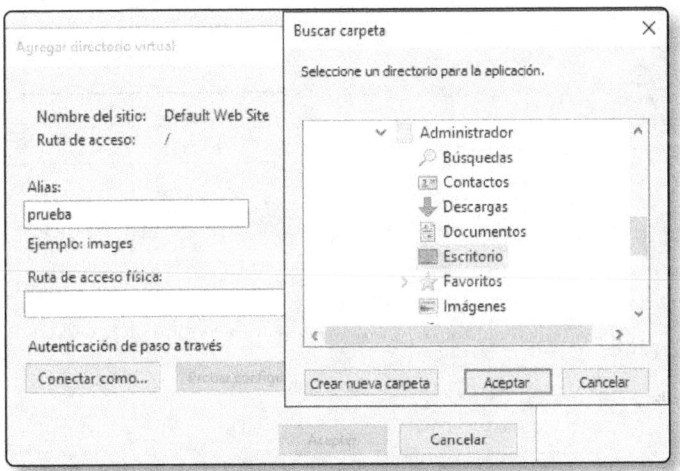

Figura 13.6. Agregar directorio virtual

Solo quedará ponerle nombre y seleccionar la ubicación. Una vez creado podremos acceder a él como *http://localhost/prueba/*. Siendo **prueba** el nombre del ejemplo visto en la imagen.

NOTA
Es importante que nos aseguremos de que los permisos de accesos a la carpeta compartida sean los correctos.

13.5.2 Logging

Cuando hablamos de *logging,* no tenemos que confundirlo con el termino *login*, ya que mientras que uno es hacer uso de la recopilación de información de manera continuada mediante registros *logs*, el otro es un modelo de acceso con restricciones de palabras de paso.

Por lo tanto, en nuestro caso, lo que tenemos que ver es cómo podemos habilitar o deshabilitar dicho servicio de *logging* con la intención de poder hacer uso de la información registrada en momentos posteriores.

En el **Administrador de Internet Information Services**, seleccionaremos la opción de registro de la pantalla principal del dominio sobre el que queremos que se realice el proceso de *logging*. Aquí dentro pulsaremos en la parte derecha la opción de **Habilitar** o **Deshabilitar** dependiendo de cuál sea el caso.

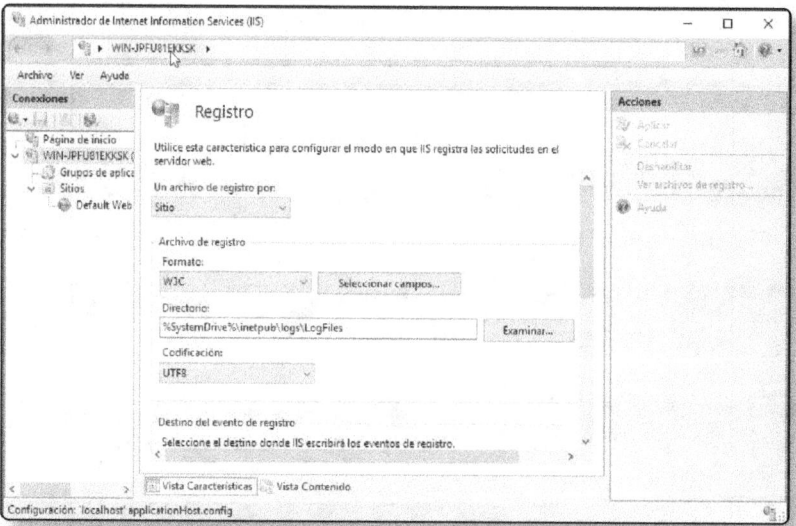

Figura 13.7. Selección de los registros

Por defecto, el *logging*, se habilita solo tras la instalación del dominio.

13.6 LISTADO DE DIRECTORIOS

La estructura de directorios tras la instalación del servidor web IIS (*Internet Information Services*) es, partiendo del directorio raíz:

- **\Inetpub**: directorio que se crea en la raíz de la unidad C:\, o donde se halla instalado el servidor, y que contendrá en su interior la páginas web alojadas.

- **\Windows\system32\Inetsrv**: ubicación de los ejecutables del servidor web IIS, las librerías dll y sus ficheros de configuración.

14

MICROSOFT WINDOWS POWERSHELL

Microsoft Windows Powershell es una consola avanzada que nos aporta la posibilidad de generar *scripts* con la intención de automatizar tareas. Esta consola nos ha aportado un avance importante en la administración de Microsoft Windows Server 2016 ya que a diferencia del procesamiento por lotes utilizado antes de la aparición de Microsoft Powershell poseemos un amplio control de seguridad, así como un catálogo extenso de cmdlets o comandos propios.

14.1 INTRODUCCIÓN A MICROSOFT WINDOWS POWERSHELL

Antes de adentrarnos en el uso de Microsoft Windows Powershell es importante que conozcamos ciertos conceptos iniciales.

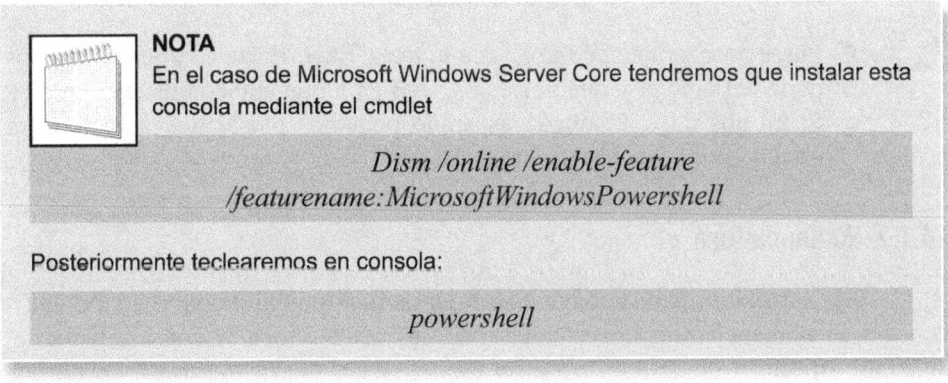

NOTA
En el caso de Microsoft Windows Server Core tendremos que instalar esta consola mediante el cmdlet

Dism /online /enable-feature /featurename:MicrosoftWindowsPowershell

Posteriormente teclearemos en consola:

powershell

Cuando abramos la consola de Microsoft Windows Powershell, sabremos que estamos trabajando con ella gracias al símbolo de sistema o *prompt*. Podemos observar que este empieza con **PS**, iniciales de PowerShell.

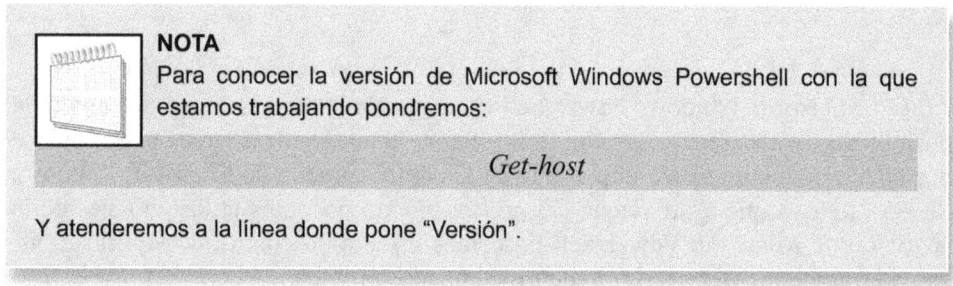

Figura 14.1. Consola de Microsoft Windows Powershell

> **NOTA**
> Para conocer la versión de Microsoft Windows Powershell con la que estamos trabajando pondremos:
>
> *Get-host*
>
> Y atenderemos a la línea donde pone "Versión".

14.1.1 Detalles

Lo primero que debemos tener en cuenta es que Microsoft Windows Powershell:

- ▶ **No es sensitivo a las mayúsculas**. Es decir, podemos escribir sus cmdlets en mayúsculas y en minúsculas sin que afecte a su funcionamiento.

- ▶ Posee autocompletado gracias a la tecla **TAB**. Basta con que pongamos parte del cmdlet y que pulsemos TAB para que autocomplete el cmdlet. Si no nos da el resultado esperado podemos pulsar nuevamente e irá rotando por su cuadro de cmdlets.

14.1.2 Nomenclatura

Por otro lado, para trabajar con Microsoft Windows Powershell debemos conocer su nomenclatura. Los cmdlets que nos proporciona la consola tienen el siguiente aspecto:

Get-Disk –number 0

Donde:

▼ **Get-Disk** es el nombre del cmdlet.
▼ **-number** es el parámetro asociado al cmdlet.
▼ **0** es el valor que le asignamos al parámetro.

Aunque esta es la nomenclatura de las instrucciones de Microsoft Windows Powershell, es común que nos encontremos alias o seudónimos asociados a ellas, con la intención de hacerle más fácil la tarea al administrador. Un ejemplo es el caso de **Get-ChildItem** que se puede utilizar acudiendo a los alias o seudónimos **dir** o **ls** (este último caso es el modo nativo de sacar el listado de ficheros de una carpeta en UNIX o GNU/Linux).

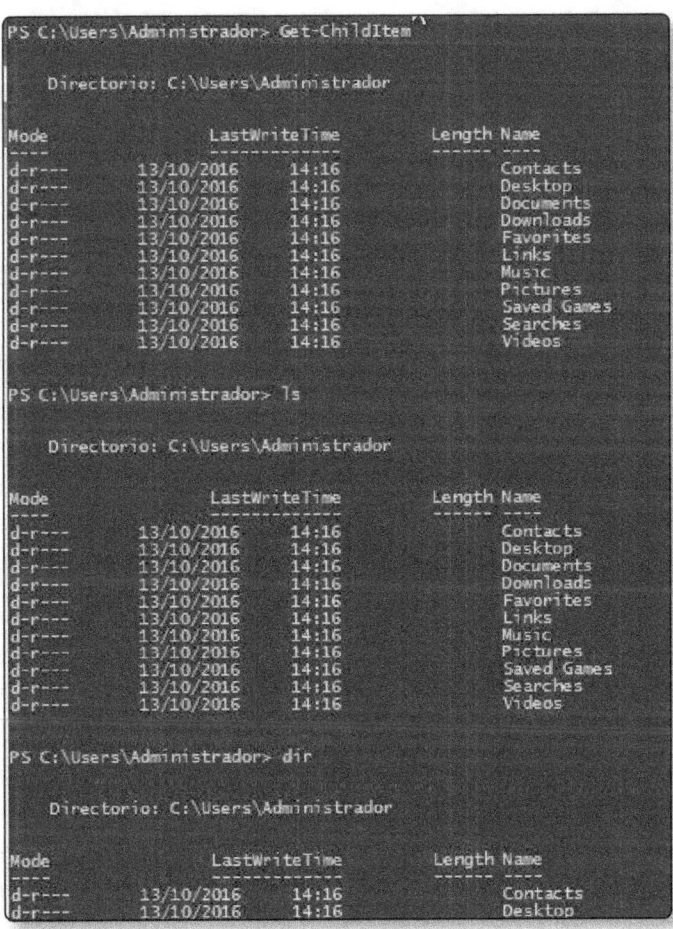

Figura 14.2. Salida del cmdlet Get-ChildItem y sus alias ls y dir

14.2 LA AYUDA DE MICROSOFT POWERSHELL

Una de las características más importantes es la inclusión de una ayuda extensa y muy útil, tanto para usuarios que se están enfrentando por primera vez al uso de esta consola, como para usuarios avanzados. Para obtener esta ayuda el cmdlet principal es:

Get-help

Si tecleamos este cmdlet sin más, obtendremos la ayuda asociada a su funcionamiento. Es decir, se nos informará de cómo funciona la ayuda en Microsoft Windows Powershell.

NOTA
Se recomienda actualizar la ayuda de Microsoft Windows Powershell con el cmdlet:

Update-help

14.2.1 Ayuda asociada a un cmdlet

Para obtener la ayuda asociada a un cmdlet concreto teclearemos:

Get-help comando

NOTA
Es importante para que funcione bien que actualicemos las ayudas en inglés:

Update-help –Uiculture "en-US"

Donde **comando** será el cmdlet concreto sobre el que queremos obtener ayuda. Como ejemplo se muestra la salida para el cmdlet **Get-ChildItem**.

Get-help Get-ChildItem

Si queremos obtener una parte concreta de la ayuda como los ejemplos asociados, teclearemos:

Get-help Get-ChildItem -examples

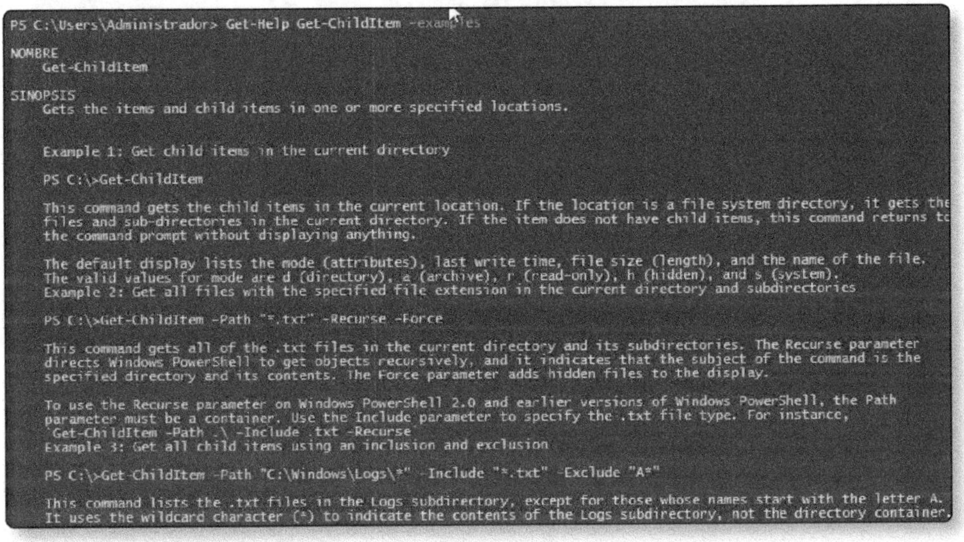

Figura 12.3. Salida del cmdlet Get-Help Get-ChildItem -examples

14.2.2 Ayuda modular

Hemos visto cómo se puede obtener la ayuda asociada a un cmdlet. Pero no es la única ayuda que podemos obtener. Si queremos ayuda más general la podemos obtener gracias a:

*Get-help About**

Figura 14.4. Salida del cmdlet Get-Help About*

Obtendremos la lista de módulos sobre la que podemos tener ayuda. Solo queda centrarse en uno y concretar la búsqueda. En el ejemplo mostramos la ayuda asociada al módulo **About_Aliases**

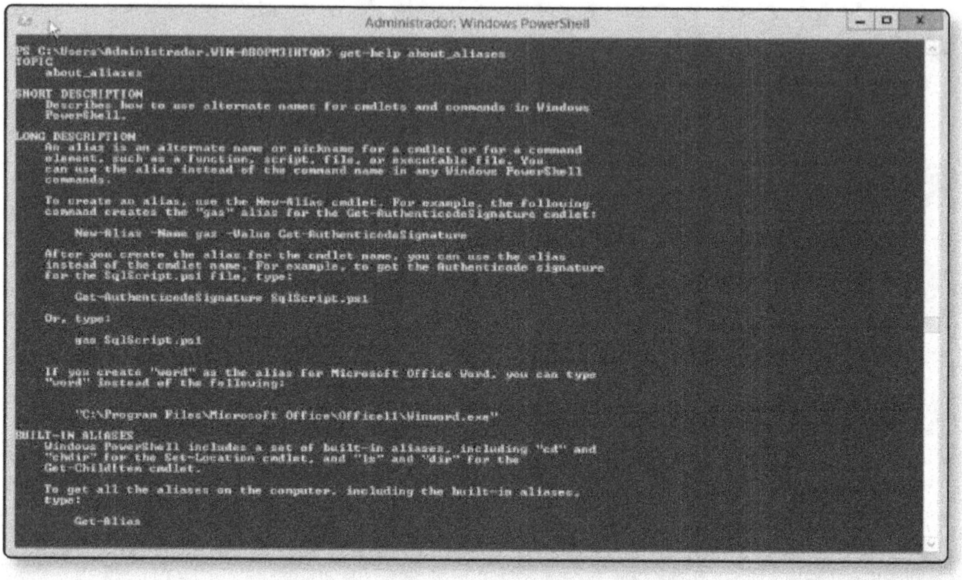

Figura 14.5. Salida del cmdlet Get-Help About_Aliases

14.3 LISTAR LOS CMDLETS

Si no tenemos claro qué cmdlet debemos utilizar, podemos empezar por listarlos todos. Para ello tenemos a:

Get-Command

El problema de este cmdlet es que nos aporta todo lo que Microsoft Windows Powershell nos ofrece y esto hace que sea difícil saber o localizar lo que queremos. Es posible concretar estos resultados gracias al parámetro, precedido de un guión, **–CommandType** que restringiría los resultados a un tipo. Por ejemplo, si solo queremos ver los cmdlets asociados a consola podemos hacerlo con:

Get-Command –CommandType cmdlet

```
PS C:\Users\Administrador> Get-Command

CommandType     Name                                               Version      Source
-----------     ----                                               -------      ------
Alias           Add-ProvisionedAppxPackage                         3.0          Dism
Alias           Add-WindowsFeature                                 2.0.0.0      ServerManager
Alias           Apply-WindowsUnattend                              3.0          Dism
Alias           Disable-PhysicalDiskIndication                     2.0.0.0      Storage
Alias           Disable-StorageDiagnosticLog                       2.0.0.0      Storage
Alias           Enable-PhysicalDiskIndication                      2.0.0.0      Storage
Alias           Enable-StorageDiagnosticLog                        2.0.0.0      Storage
Alias           Expand-IscsiVirtualDisk                            2.0.0.0      IscsiTarget
Alias           Export-DnsServerTrustAnchor                        2.0.0.0      DnsServer
Alias           Flush-Volume                                       2.0.0.0      Storage
Alias           Get-DiskSNV                                        2.0.0.0      Storage
Alias           Get-DnsServerRRL                                   2.0.0.0      DnsServer
Alias           Get-GPPermissions                                  1.0.0.0      GroupPolicy
Alias           Get-PhysicalDiskSNV                                2.0.0.0      Storage
Alias           Get-ProvisionedAppxPackage                         3.0          Dism
Alias           Get-StorageEnclosureSNV                            2.0.0.0      Storage
Alias           Initialize-Volume                                  2.0.0.0      Storage
Alias           Move-SmbClient                                     2.0.0.0      SmbWitness
Alias           Remove-ProvisionedAppxPackage                      3.0          Dism
Alias           Remove-WindowsFeature                              2.0.0.0      ServerManager
Alias           Set-DnsServerRRL                                   2.0.0.0      DnsServer
Alias           Set-GPPermissions                                  1.0.0.0      GroupPolicy
Alias           Write-FileSystemCache                              2.0.0.0      Storage
Function        A:
Function        Add-BCDataCacheExtension                           1.0.0.0      BranchCache
Function        Add-DnsClientNrptRule                              1.0.0.0      DnsClient
Function        Add-DnsServerClientSubnet                          2.0.0.0      DnsServer
Function        Add-DnsServerConditionalForwarderZone              2.0.0.0      DnsServer
Function        Add-DnsServerDirectoryPartition                    2.0.0.0      DnsServer
Function        Add-DnsServerForwarder                             2.0.0.0      DnsServer
Function        Add-DnsServerPrimaryZone                           2.0.0.0      DnsServer
Function        Add-DnsServerQueryResolutionPolicy                 2.0.0.0      DnsServer
Function        Add-DnsServerRecursionScope                        2.0.0.0      DnsServer
Function        Add-DnsServerResourceRecord                        2.0.0.0      DnsServer
Function        Add-DnsServerResourceRecordA                       2.0.0.0      DnsServer
```

Figura 14.6: Salida del cmdlet Get-Command

Para concretar más aún podemos hacerlo con el parámetro **–Verb** que indica que lo que le asociemos será el comienzo del cmdlet a buscar. Concretamente es la primera parte del cmdlet hasta llegar al guión (-)

Get-Command –Verb get

El ejemplo de esta manera nos mostrará todos los cmdlets que antes del guión contengan **get**.

14.4 ALIAS

Los cmdlets de Microsoft Powershell son largos. Además, si a esto le sumamos los parámetros y otras opciones, nos encontramos con cadenas muy extensas de teclear. Si queremos podemos simplificar la extensión del cmdlet tecleado generando un alias o seudónimo del cmdlet en sí.

Antes de generar un nuevo alias o seudónimo vamos a visualizar la lista de los ya creados. El cmdlet que nos proporcionará dicha lista es:

Get-Alias

```
PS C:\Users\Administrador> Get-Alias

CommandType     Name                                               Version    Source
-----------     ----                                               -------    ------
Alias           % -> ForEach-Object
Alias           ? -> Where-Object
Alias           ac -> Add-Content
Alias           asnp -> Add-PSSnapin
Alias           cat -> Get-Content
Alias           cd -> Set-Location
Alias           CFS -> ConvertFrom-String                          3.1.0.0    Microsoft.PowerShell.Utility
Alias           chdir -> Set-Location
Alias           clc -> Clear-Content
Alias           clear -> Clear-Host
Alias           clhy -> Clear-History
Alias           cli -> Clear-Item
Alias           clp -> Clear-ItemProperty
Alias           cls -> Clear-Host
Alias           clv -> Clear-Variable
Alias           cnsn -> Connect-PSSession
Alias           compare -> Compare-Object
Alias           copy -> Copy-Item
Alias           cp -> Copy-Item
Alias           cpi -> Copy-Item
Alias           cpp -> Copy-ItemProperty
Alias           curl -> Invoke-WebRequest
Alias           cvpa -> Convert-Path
Alias           dbp -> Disable-PSBreakpoint
Alias           del -> Remove-Item
Alias           diff -> Compare-Object
Alias           dir -> Get-ChildItem
Alias           dnsn -> Disconnect-PSSession
Alias           ebp -> Enable-PSBreakpoint
Alias           echo -> Write-Output
Alias           epal -> Export-Alias
Alias           epcsv -> Export-Csv
Alias           epsn -> Export-PSSession
Alias           erase -> Remove-Item
Alias           etsn -> Enter-PSSession
```

Figura 14.7. Salida del cmdlet Get-Alias

Para generar un nuevo alias tecleamos:

Set-Alias mar Get-Command

A partir de este momento cuando tecleemos **mar** y pulsemos la tecla **Enter**, lo que realmente estaremos diciendo es que se ejecute **Get-Command**.

Si queremos, podemos complicar el alias o seudónimo con parámetros u otras opciones. Para ello es necesarios que primero se cree una función con el cmdlet completo de la manera:

Function Fmar{Get-Command –CommandType cmdlet }

Ya podríamos llamar directamente a la función tecleando su nombre en consola, o bien crear un alias o seudónimo asociado a su nombre.

Set-Alias mar Fmar

14.5 TRABAJAR CON EL REGISTRO

Sabemos que podemos trabajar con el registro de Microsoft Windows gracias la herramienta gráfica **regedit.exe**. No obstante, y gracias a Microsoft Windows Powershell, también podremos trabajar con él desde consola de una manera fácil y directa. Simplemente tecleando:

Cd HKCU:

Con el cmdlet anterior accederá al registro del usuario activo. Si tecleamos **dir**, **ls** o **get-childItem** obtendremos el árbol asociado.

NOTA
Para acceder a otra raíz, como por ejemplo a las de la máquina local, lo haremos mediante sus iniciales **HKLM:**. No olvidar los dos puntos al final.

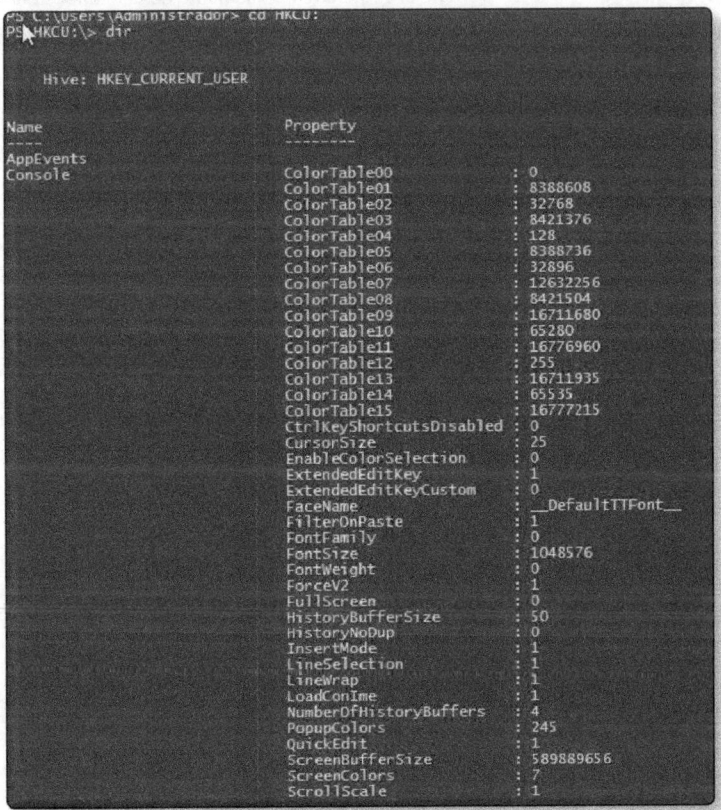

Figura 14.8. Registro HKCU

14.6 RESUMEN DE CMDLETS

Algunos de los cmdlets que podemos encontrar son:

Cmdlet	Descripción
Clear-host	Limpiar pantalla
Export-Alias	Exporta información sobre los alias definidos
Format-Custom	Usa una vista personalizada
Format-List	Aplica a la salida el formato de una lista
Format-Table.	Aplica a la salida el formato de una tabla
Format-Wide	Formato de una tabla ancha
Get-Acl	Obtiene el descriptor de seguridad de un recurso
Get-Alias	Obtiene los alias de la sesión actual
Get-Command	Obtiene información básica de los cmdlets
Get-Content	Obtiene el contenido del elemento de una ubicación
Get-ChildItem	Obtiene el listado de elementos contenidos en una ubicación
Get-Date	Obtiene la fecha y hora actuales
Get-ExecutionPolicy	Obtiene la directiva de ejecución actual del *shell*
Get-Help	Muestra información acerca de cmdlets y conceptos generales
Get-History	Obtiene una lista de los comandos usados
Get-Host	Información del *host*
Get-ItemProperty	Recupera las propiedades de un elemento específico
Get-Location	Obtiene información sobre la ubicación de trabajo
Get-Process	Obtiene los procesos que se están ejecutando en ese momento
Get-Service	Obtiene los servicios del equipo local
Get-Variable	Obtiene las variables de la consola actual
Import-Alias	Importa una lista de alias desde un archivo
New-Alias	Crea un nuevo alias
Out-File	Envía la salida a un archivo
Out-Printer	Envía la salida-a-una-impresora.
Read-Host	Lee una línea de entrada desde la consola
Restart-Service	Detiene e inicia un servicio
Resume-Service	Reanuda un servicio
Set-Acl	Cambia el descriptor de seguridad de un recurso
Set-Alias	Crea o cambia un alias
Set-Date	Cambia la hora del sistema
Set-ExecutionPolicy	Establece una directiva de seguridad

Set-Location	Establece una nueva ubicación de trabajo
Start-Service	Inicia un servicio
Stop-Process	Detiene el proceso
Stop-Service	Detiene un servicio
Suspend-Service	Suspende un servicio
Write-Error	Escribe un objeto en la canalización de errores
Write-Host	Escribe un mensaje de salida
Write-Progress	Muestra una barra de progreso
Write-Warning	Escribe un mensaje de advertencia

Tabla 14.1. Resumen de algunos cmdlets

14.7 RESUMEN DE ALIAS DE LOS CMLEDS

Algunos de los alias presentes son:

Cmdlet	Alias
Clear-host	cls
Get-Content	type
Get-ChildItem	Ls o dir
Get-Help	man
Get-History	ghy
Get-Location	pwd
Get-Process	ps
Out-Printer	Lp
Set-Location	Cd o chdir
Stop-Process	kill

Tabla 14.2. Resumen de algunos alias

15

MICROSOFT WINDOWS POWERSHELL. SCRIPTING

Tal y como se dijo en la introducción del capítulo anterior, una de las fuerzas de Microsoft Windows Powershell es la automatización de tareas mediante el *scripting*. El proceso de *scripting* se lleva a cabo de una manera sencilla. Conociendo los cmdlets a utilizar, así como las diferentes estructuras de control que nos ofrece, no tendremos más que generar un fichero con el contenido a ejecutar y después lo ejecutaremos mediante la llamada simple al nombre de este fichero creado.

Pero no obstante vayamos por partes.

NOTA
Antes de ejecutar cualquier *script* es importante que limpiemos la ventana con la intención de no confundirnos con datos e información no valida. Este comando lo podemos usar tantas veces como queramos dentro o fuera del *script*.

Clear-Host

Su alias es **cls**.

15.1 ENTORNO DE TRABAJO

Para generar el fichero con el *script* podemos utilizar dos herramientas:

▼ **Block de notas o Notepad**: editor de textos. En el momento de guardar seleccionaremos **Tipo de archivo** como ***.*** y en nombre podremos el nombre del fichero con la extensión deseada. En nuestro caso **ps1**. De no hacerlo así nos añadirá de manera automática la extensión **txt**.

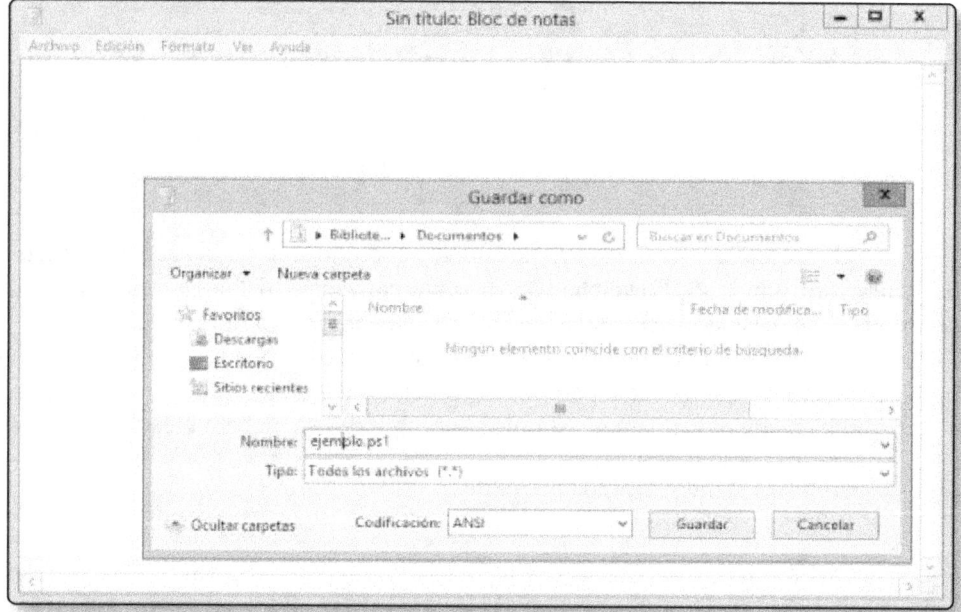

Figura 15.1. Block de notas o Notepad

▼ **Powershell-ISE**: presente en Microsoft Windows Server 2016 con modo gráfico. En Microsoft Windows Server Core tendremos que usar el modo anterior. Powershell-ISE es un editor gráfico de Microsoft Windows Powershell. En él podremos crear código y ejecutarlo directamente sin pasar por consola. Para ejecutarlo lo podemos hacer desde consola tecleando **Powershell-ise** o desde el **menú de inicio**.

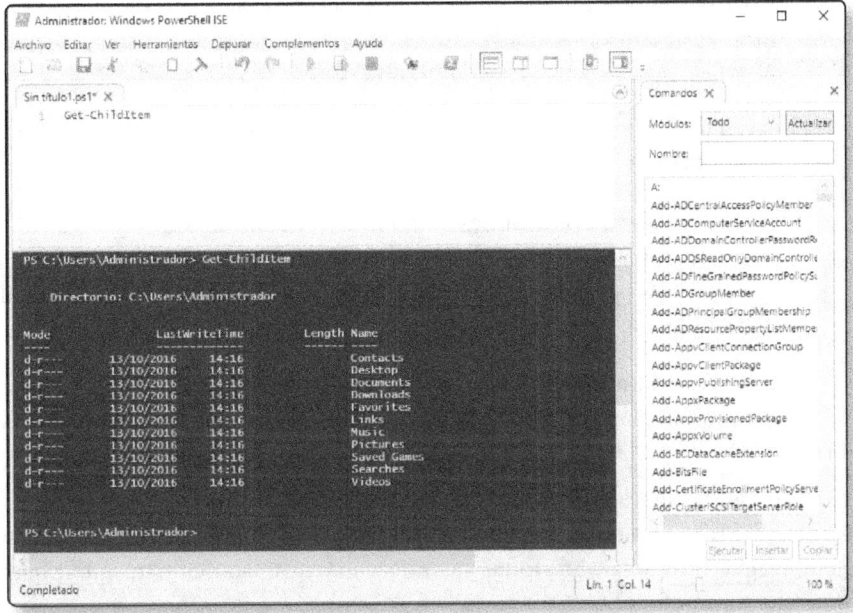

Figura 15.2. Powershell-ISE

15.1.1 PowerShell-ISE

Entrando a describir brevemente el entorno de desarrollo Microsoft Windows PowerShell-ISE tenemos las siguientes áreas:

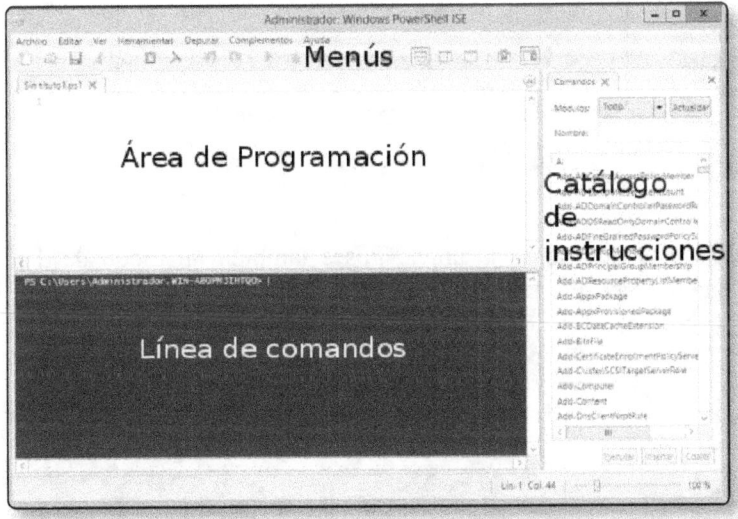

Figura 15.3. Apartados del entorno Powershell-ISE

- ▼ **Menús**: acceso a las acciones propias del entorno. Entre otras nos permite limpiar la consola virtual (icono con forma de limpia cristales) o ejecutar el *script* (icono con forma de *play* **verde**).

- ▼ **Área de programación**: donde insertaremos los cmdlets y las estructuras de control de nuestro *script*.

- ▼ **Catálogo de instrucciones**: podremos encontrar todas y cada una de los diferentes cmdlets presentes en Microsoft Windows Powershell. Además nos presenta una pestaña desde la que podremos ver los cmdlets agrupados por tareas comunes.

- ▼ **Línea de comandos**: muestra la salida resultante de la ejecución del *script*. Además podemos teclear cmdlets de manera directa en ella.

Una de las características que más interesante hace a este entorno de desarrollo simple es la muestra de alternativas frente a lo tecleado. Así, si tecleamos por ejemplo **get-** nos mostrará todas las alternativas presentes para que podamos elegir su autocompletado.

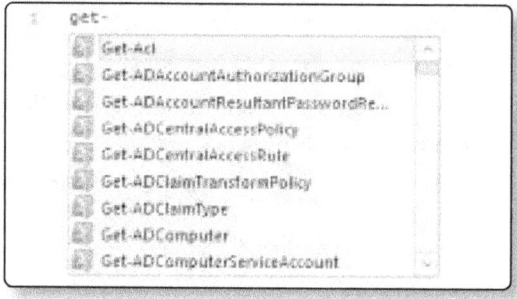

Figura 15.4. Autocompletado de cmdlets

Claro está que no es la única. Posee también un modo de depuración o *debbuger* que nos permite la ejecución del *script* paso a paso mediante la inserción de puntos de control.

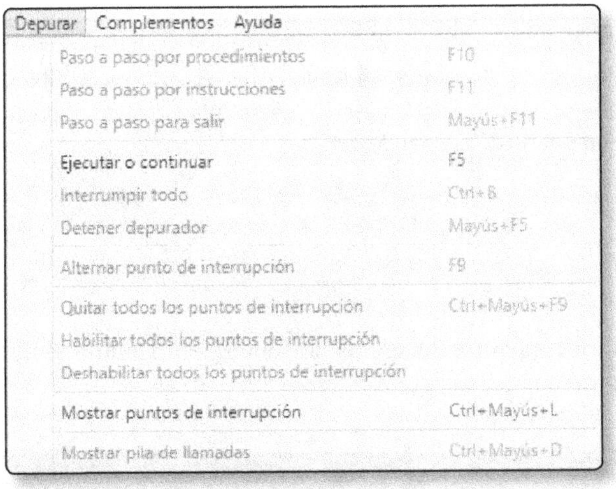

Figura 15.5. Menú Depurar

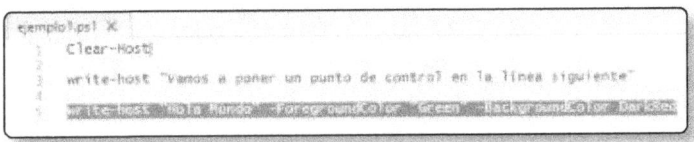

Figura 15.6. Punto de control insertado en el script

15.2 NUESTRO PRIMER *SCRIPT*

Para generar el primer *script* vamos a utilizar cualquiera de los medios presentes en el punto anterior y vamos a escribir:

Write-host "Hola Mundo"

Posteriormente lo vamos a guardar con el nombre **ejemplo1.ps1**. Para ejecutarlo tendremos que poner la ruta o bien ir a la ubicación donde lo hemos guardado. Es importante que si lo ejecutamos desde la ubicación donde lo hemos guardado lo antecedamos de **.** (punto), de la manera:

./ejemplo1.ps1

> **NOTA**
> Si elegimos ejecutarlo mediante el uso de la ruta de ubicación completa debemos tener en cuenta que si esta ruta contiene espacio tenemos que anteponerle **&,** quedando así:
>
> *& "C:\carpeta con espacios\ejemplo1.ps1"*

Bien, si todo es correcto se nos presentará en pantalla el mensaje que se ve en la imagen siguiente:

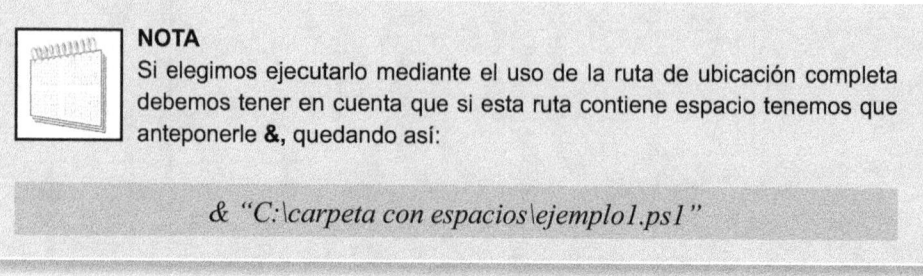

Figura 15.7. Ejecución de ./ejemplo1.ps1

15.2.1 Políticas de ejecución

Lo más probable es que si ha intentado ejecutar el *script* anterior sin leer este punto le responda al intento de ejecución con un mensaje de error que indique que la política de seguridad le impide ejecutarlo.

Microsoft Windows Powershell nos aporta una seguridad mejorada en relación al proceso de automatización, que soluciona los problemas presentados por las viejas consolas *batch*. De esta manera asegura el sistema frente a ejecuciones de *scripts* malintencionados.

Para ver la seguridad que tenemos presente en el sistema en un momento determinado teclearemos:

Get-ExecutionPolicy

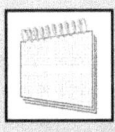

NOTA

En las versiones anteriores lo más normal es que nos indique que la política que tenemos asignada es **Restricted**, salvo que haya sido modificada.
En Microsoft Windows Server 2016 la política de seguridad asignada por defecto es **RemoteSigned**.

```
PS C:\Users\Administrador\Documents> Get-ExecutionPolicy
RemoteSigned

PS C:\Users\Administrador\Documents>
```

Figura 15.8. Ejecución del cmdlet Get-ExecutionPolicy

Las diferentes políticas que podemos tener asignadas son:

▼ **Restricted**: evita la ejecución de cualquier *script*.

▼ **AllSigned**: permite ejecutar todos los *scripts* que vengan firmados digitalmente.

▼ **RemoteSigned**: es la que se asigna por defecto, permite ejecutar todos los *scripts* que vengan firmados digitalmente, así como los escritos por el usuario y descargados desde Internet aunque no estén firmados, siempre que en el caso de Internet estén desbloqueados.

▼ **Unrestricted**: permite ejecutar *scripts* aunque no estén firmados. No obstante nos lanzará mensajes de advertencia.

▼ **Bypass**: igual que el anterior pero sin mensajes de advertencia.

Conociendo las diferentes políticas de ejecución, solo queda asignarlas. Para cambiar la política activa lo haremos con el comando:

Set-ExecutionPolicy Politica

Donde **Política** será seleccionada de la lista anterior. De esta manera si hemos asignado una política correcta no tendremos problemas en la ejecución de los *scripts*. Es común que ante un cambio de política nos avise y pida confirmación.

15.3 REGLAS

Ya sabemos lo esencial para que un *script* funcione correctamente. Ahora toca detallar el contenido. Lo primero que tenemos que saber es que en su interior podremos escribir cualquier cmdlet visto o no. Además de esto podremos usar:

- **Variables**: que alojan valores de manera temporal.
- **Flujos condicionales**: con la intención de tomar un camino u otro a lo largo de ejecución según se cumpla una u otra condición.
- **Flujos repetitivos**: para repetir una acción un número determinado de veces.
- **Funciones**: descritas brevemente en el capítulo anterior.

15.3.1 Variables

Las variables son contenedores que almacenarán información con la intención de reutilizarla mediante una llamada al nombre de la misma. Su descripción se lleva a cabo anteponiéndole el símbolo **$** al nombre.

En el ejemplo primero visto antes, podemos almacenar la cadena "Hola Mundo" dentro de una variable llamada **$cadena** y posteriormente imprimir el contenido de esta gracias al comando **Write-host** y la referencia a la variable.

El código podría quedar como sigue:

```
$cadena="Hola Mundo"
Write-host $cadena
```

El resultado de la ejecución sería igual al visto en la imagen 15.7. Como puede ver la variable viene precedida del símbolo **$**. Podemos ponerle el nombre que queramos siempre que respetemos las siguientes reglas:

- El nombre tiene que empezar por una letra.
- No puede contener espacios.
- Siempre debe empezar con el símbolo **$**.

15.3.2 Flujos condicionales

El flujo condicional utiliza la palabra **IF**. De manera que realiza preguntas como "Si la variable es igual a cinco entonces haz una cosa, sino haz otra". ¿Y cómo se plantea esto en código?

If ($cadena –eq "Hola Mundo"){
Write-host "Ha dicho HOLA MUNDO"
}else{
Write-host "NO ha dicho HOLA MUNDO"
}

De esta manera si la variable **$cadena** tiene almacenada el valor "Hola Mundo" nos contestará con un mensaje que diga "Ha dicho HOLA MUNDO" en cualquier otro caso nos contestará con "NO ha dicho HOLA MUNDO".

Podemos ampliar nuestra condición con otras preguntas **IF**. La estructura completa quedaría como:

If (condición){
Ejecutar lo que queramos
}elseif (condición){
Ejecutar lo que queramos
}else{
Ejecutar lo que queramos
}

Además podemos poner una sentencia **IF** dentro de otra.

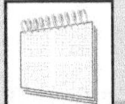

NOTA
Si tenemos muchas condiciones que evaluar se aconseja utilizar esta otra estructura condicional:

Switch ($cadena){
1{ Ejecutar lo que queramos}
"contenido"{ Ejecutar lo que queramos}
3{ Ejecutar lo que queramos}
default{ Ejecutar lo que queramos}
}

En este caso se contemplarán cuatro posibles soluciones: que la variable $cadena contenga el valor 1 o 3, la cadena "contenido" o cualquier otro. Y ejecutará lo que contiene entre las llaves. Podemos poner más valores expresando entre llaves lo que tiene que ejecutarse en caso de que exista coincidencia con ella.

15.3.2.1 LISTADO DE COMPARADORES

Hemos visto cómo comparar para buscar coincidencia con el contenido de una variable, pero existen otros tipos de comparación:

▼ **-lt** *(less than)*: menor que.

▼ **-le** *(less sor equal)*: menor o igual.

▼ **-gt** (greater *than*): mayor que.

▼ **-eq** *(equal)*: igual.

▼ **-ne** *(not equal)*: diferente.

▼ **-like**: busca coincidencias. Por ejemplo: **like "*ara"** mostraría entre otros el resultado **Clara** si estuviera presente.

▼ **-notlike**: muestra todos los que no coincidan.

▼ **-match, -nomatch, -contains, -nocontains, -in, -notin, -replace**.

15.3.3 Flujos repetitivos

Sabemos contestar a una condición y que nuestro *script* tome una u otra dirección. Pero ¿qué pasa si queremos que una acción se repita un número determinado de veces? Para ello tenemos la sentencia **FOR**.

> *For ($a=1; $a –le 5; $a++){*
> *Write-host "HOLA MUNDO"*
> *}*

En el caso anterior escribirá en pantalla cinco veces la frase "HOLA MUNDO". Si estudiamos la sentencia paso a paso dice:

▼ **$a=1**: inicializamos la variable con el valor 1.

▼ **$a –le 5**: indica que se ejecutará mientras la variable **$a** sea menor o igual que 5.

▼ **$a++**: cada vez que se realice lo que viene entre las llaves se incrementará en 1 el valor de la variable **$a**.

De esta manera podemos repetir una ejecución tantas veces como la condición indique. Pero qué pasa si lo que quiero es repetirlo conforme al contenido de una lista. Por ejemplo, supongamos que queremos hacer un **dir (get-childitem)** que nos anteponga la frase **"el fichero se llama..."** tal y como vemos en la imagen.

```
El fichero se llama ... PerfLogs
El fichero se llama ... Program Files
El fichero se llama ... Program Files (x86)
El fichero se llama ... Users
El fichero se llama ... Windows
```

Figura 15.9. Salida esperada

Pues bien, para ello tenemos:

Foreach ($a in Get-ChiIItem "C:\"){
Write-host "El fichero se llama ... $a"
}

Foreach ejecutará lo que contenga entre llaves para cada uno de los resultados de la instrucción **Get-ChildItem "C:\"**. Paso a paso tenemos:

▼ **$a in Get-ChiIItem "C:\"**: se almacena en la variable **$a** el resultado de ejecutar **Get-ChildItem** a la ruta **C:**.

▼ **Write-host "El fichero se llama ... $a"**: escribe la salida sustituyendo **$a** por su calor en cada caso.

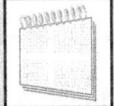

NOTA
Al igual que con la sentencia condicional **IF** tenemos otra opción de uso de la sentencia repetitiva **FOR**. Esta es "Hacer (acción) mientras (condición)". Se realizará la acción mientras se cumpla la condición :

$a=1
Do {write-host "Hola $a"; $a++}
While ($a –lt 10)

Como puede ver aquí la condición va al final y la acción al principio. No obstante se identifican, igualmente, mediante paréntesis y llaves. Otra opción es:

$a=1
Do {write-host "Hola $a"; $a++}
Until ($a –lt 10)

Que realizará la acción hasta que se cumpla la condición.
Por último, observar que la variable se actualiza como parte de las acciones y no como parte de la condición.

15.4 ENTRADA Y SALIDA

Todo lo que hemos visto hasta ahora no nos sirve de nada si no aprendemos a obtener datos y a guardarlos. Piense el lector que lo interesantes es hacer un *script* que de forma automatizada me aporte soluciones conforme las entradas concretas.

15.4.1 Entrada de datos

Como se puede ver en el código del punto 15.3.3 asociado al flujo repetitivo **FOREACH**, una de las maneras de obtener datos de entrada es mediante la ejecución de algún comando concreto, pero no es la única. Existen otras.

La principal es la que aporta al usuario que ejecute el *script* la posibilidad de añadir el dato durante la ejecución. Para ello haremos uso de:

$a = Read-Host "¿Cómo te llamas?"

Esta simple línea hará que se muestre una cadena de texto "¿Cómo te llamas?" y el contenido que le asignemos será almacenado en la variable **$a**.

15.4.2 Entrada desde fichero de texto

Si queremos leer el contenido de un fichero para trabajar con él lo haremos gracias al cmdlet:

$a = Get-Content fichero

Fichero puede ser una ruta con el nombre de fichero al final. Aquí se almacenará el contenido del fichero en la variable **$a**. Si queremos acceder a una línea concreta del fichero lo haremos mediante:

$a[número de línea]

La primera línea empieza por el número 0 y no por el 1. Para acceder a la última de manera directa lo podemos hacer con la posición -1.

15.4.3 Entrada desde la llamada del *script*

Al igual que con los cmdlets podemos usar parámetros con nuestro *script*. Para ello pasaremos junto al nombre del *script* el contenido de los parámetros tal y como se ve en la instrucción siguiente:

> ./ejemplo1.ps1 parametro1

Para recuperar su valor desde dentro del *script* lo haremos a través de la variable **$args** y la posición de la variable teniendo en cuenta que la primera será posicionada con **0**. Por lo tanto quedaría:

> Write-host $args[0]

La instrucción anterior imprimirá por pantalla el valor del parámetro primero.

Si queremos saber cuántos parámetros se han pasado teclearemos:

> $args.count

15.4.4 Salida de datos

Para imprimir datos en pantalla utilizaremos el cmdlet que hemos venido usando desde el principio en los ejemplos:

> Write-Host "Hola que tal"

Si queremos podemos colorear la salida con los parámetros **foregroundcolor** y **backgroundcolor** de la manera:

> Write-Host "Hola que tal" –foregroundcolor "Green"-backgroundcolor "red"

En este caso nos aparecerá el texto en verde sobre fondo rojo.

15.4.5 Salida de datos a fichero

Puede que queramos almacenar algo de la salida en un fichero de texto. Para ello tenemos un carácter especial:

> Get-ChildItem > "fichero"

Como siempre *fichero* puede venir con su ruta. La salida del comando **Get-ChildItem** se escribirá en el fichero indicado.

>
> **NOTA**
> Existen varios modos de redirección:
> - El carácter **>** redirige la salida hacia donde se indique. Borra y crea el nuevo fichero si existe.
> - Los caracteres **2>** redirigen la salida de los mensajes de error hacia donde se indique.
> - El carácter **>>** añade la información al final del fichero indicado. Crea el fichero si no existe.

15.5 COMENTARIOS

Cuando tengamos muchas líneas de código o cuando vayamos al guardar el *script* es muy habitual que nos interese añadirle comentarios, bien asociados al código o simplemente de gestión de versión. Los comentarios en el caso de Microsoft Windows PowerShell se escriben precedidos del carácter #.

> *#Esto es un comentario y no se ejecutará nada.*

15.6 OTROS ELEMENTOS

En este punto que vamos a utilizar como cajón de sastre vamos a aportar alguna información más:

▸ Para realizar operaciones aritméticas entre variables lo haremos como lo hacemos directamente con los números o variables.

> *$a=$b + $c.*

▸ Si queremos ejecutar un *script* y que el contenido de las variables sea global, es decir, que pueda ser utilizado por otros *scripts*, lo haremos ejecutando el fichero del *script* antecediéndoles un punto de la siguiente forma:

> *. ./ejemplo.ps1.*

▸ Podemos ejecutar los *script* desde fuera de Microsoft Windows Powershell, para ello (**-noexit** hace que una vez finalizada la ejecución no salga de la consola de Microsoft Windows PowerShell):

> *Powershell –noexit ".\ejemplo1"*

16

MICROSOFT WINDOWS POWERSHELL. GESTIÓN DE PAQUETES

Algo que identificaba a GNU/Linux frente a Microsoft Windows es la gestión de paquetes que el primero hacía y que en el segundo no terminaba de arrancar.

Esta gestión de paquetes permite al usuario que lo usa poder administrar los paquetes instalados o a instalar de manera que no tengamos que ir a la web propia del *software* a instalar, sino que se pueda hacer esto desde el propio sistema operativo y, en el caso de Microsoft Windows Powershell, desde una serie de comandos.

Pues este es el asunto que vamos a tratar y que a día de hoy ya es una realidad en nuestro sistema operativo Microsoft Windows Server 2016.

16.1 INTRODUCCIÓN

La gestión de paquetes que Microsoft ha propuesto para Microsoft Windows Powershell es la opción destinada a usuarios técnicos.

Si ya ha trabajado con los sistemas operativos actuales de Microsoft recordará la introducción de **Windows Store** Pero, si ya tenemos este gestor gráfico que nos permite acercarnos a la gestión de paquetes independientemente del nivel de administración que tengamos, ¿por qué introducir este nuevo concepto para consola? Pues la respuesta la entenderemos mejor si comparamos con GNU/Linux y sus gestores **apt-get**, **yum** o similares.

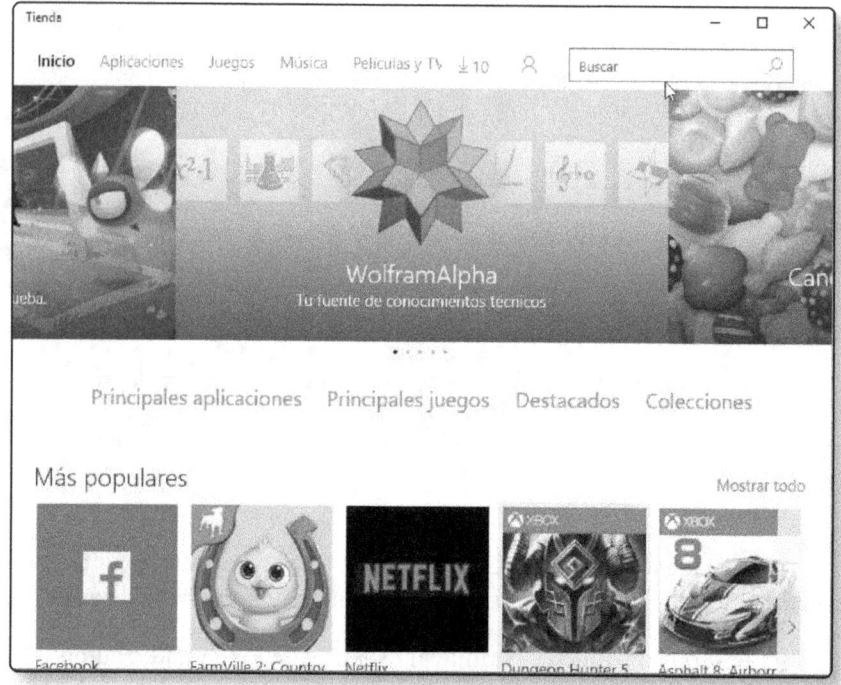

Figura 16.1. Windows Store

La verdadera mejora es la posibilidad de que cualquiera pueda ser proveedor de paquetes para Microsoft Windows Server 2016 con la simple introducción de los datos que como proveedor se nos distribuyan. Esto hace que sea mucho más abierto frente a distribuidores de *software* independiente.

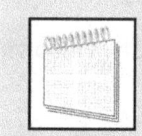
NOTA
Este gestor de paquetes está basado en el gestor de paquetes **NuGet** para Visual Studio.

Para ver el listado de cmdlets que podemos utilizar teclearemos:

Get-Command –Module PackageManagement

Con lo que obtendremos el listado de cmdlets asociado al módulo de gestor de paquetes.

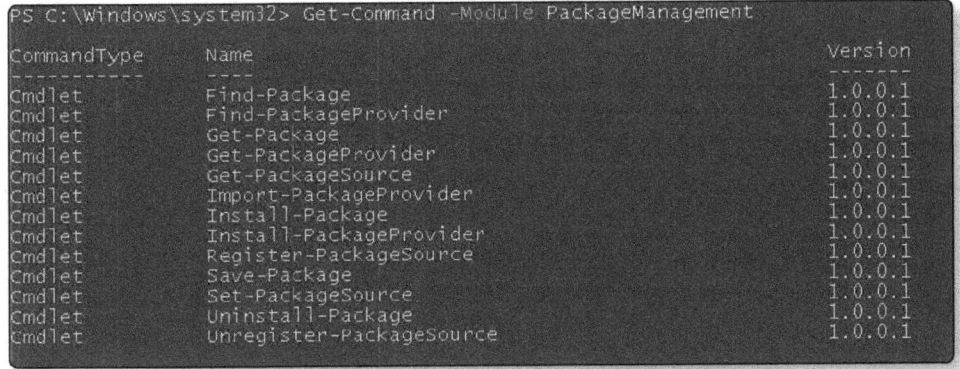

Figura 16.2. Listado de cmdlets del módulo PackageManagement

Las funcionalidades de cada uno de los cmdlets listados son:

Cmdlets del módulo PackageManagement	
Cmdlet	Descripción
Find-Package	Localizar si un paquete con un determinado nombre puede ser instalado a través de este gestor
Find-PackageProvider	Buscar proveedores de paquetes con un determinado nombre
Get-Package	Obtener listado de paquetes instalados
Get-PackageProvider	Obtener listado de proveedores
Get-PackageSource	Obtención de paquetes fuente
Import-PackageProvider	Agregar proveedor a la lista existente
Install-Package	Instalador de paquetes
Install-PackageProvider	Instalador de proveedores de paquetes
Register-PackageSource	Agregar un nuevo origen de *software* a un determinado proveedor de paquetes
Save-Package	Gurda los paquetes en el equipo local sin instalarlos
Set-PackageSource	Cambia la información de un origen de paquetes existente
Uninstall-Package	Desinstalar un determinado paquete
Unregister-PackageResource	Eliminar un origen de *software*

Tabla 16.1. Cmdlets del módulo PackageManagement

16.2 TRABAJAR CON PAQUETES

Para trabajar con paquetes vamos a tratar un ejemplo completo de búsqueda, instalación y desinstalación. Todo ello lo vamos a llevar a cabo con la última versión del navegador web **Chrome** de la empresa Google.

> **NOTA**
> La primera vez que hagamos una acción sobre el gestor de paquetes se nos podría preguntar si queremos descargar e instalar **Nuget**, cosa que, evidentemente, se recomienda encarecidamente.

```
El proveedor 'nuget v2.8.5.207' no está instalado.
nuget se puede descargar manualmente en
https://oneget.org/Microsoft.PackageManagement.NuGetProvider-2.8.5.207.dll e instalarse.
¿Desea que PackageManagement descargue e instale automáticamente 'nuget' ahora?
[S] Sí  [N] No  [U] Suspender  [?] Ayuda (el valor predeterminado es "S"):
```

16.2.1 Buscar paquetes

Antes de instalar un determinado paquete es habitual que procedamos a su búsqueda. Hay muchos casos en los que no sabremos su nombre completo, pero sí parte. Para solucionar este problema habitual haremos uso de caracteres comodín.

Como hemos, dicho en nuestro caso vamos a instalar la última versión **Chrome** de Google. Para que no tengamos problemas instalaremos el paquete asociado que nos proporcionará los recursos necesarios para instalarlo. Por lo tanto, teclearemos:

Find-Package –Name *chrome*

A lo que se nos mostrará una salida con todo nombre de paquete coincidente.

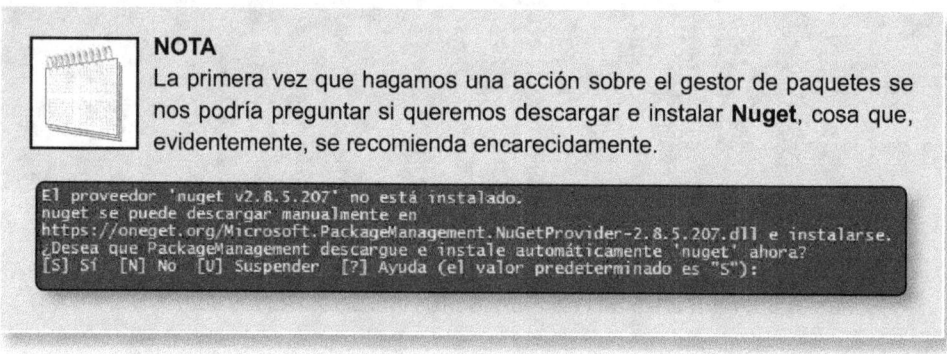

Figura 16.3. Resultado de la búsqueda de paquetes

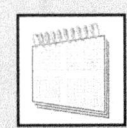

NOTA
Podemos obtener un listado completo de paquetes disponibles eliminado el parámetro de –**Name** y dejando solo el cmdlet **Find-Package**.

16.2.2 Instalar paquetes

Ya tenemos el paquete localizado, así que es el momento de instalarlo. El trámite es sencillo, pasa por usar el cmdlet destinado a tal fin con el nombre del paquete asociado de la manera:

Install-Package –Name xchrome

Tras la ejecución de este cmdlet se nos pedirá confirmación de la instalación del paquete solicitado indicándonos desde qué proveedor se va a obtener.

Figura 16.4. Instalación de paquetes

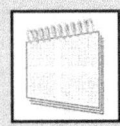

NOTA
No olvidemos que para trabajar con elementos como la gestión de paquetes tendremos que abrir la consola con privilegios de administración.

El proceso de instalación será notificado en la parte superior de la consola de Microsoft Windows Powershell.

Figura 16.5. Estado de la instalación de paquetes

Finalizado el proceso se nos mostrará un resumen de los paquetes instalados.

NOTA
Teniendo en cuenta el momento inicial de uso en que nos encontramos, puede ser que algunos paquetes no se instalen correctamente, o que el *script* de instalación en el momento de proceder a su uso no esté correctamente actualizado.

16.2.3 Eliminar paquetes instalados

Eliminar un paquete instalado es mucho más sencillo. Basta con usar el cmdlet contrario asociado al nombre de paquete que previamente habremos localizado.

Uninstall-Package –Name xchrome

NOTA
Para obtener más información del proceso podremos utilizar el parámetro **–Verbose** en cualquiera de los casos.

16.2.4 Listar los paquetes instalados

Como vimos en la tabla anterior el cmdlet, para listar los paquetes instalados en nuestro sistema utilizamos:

Get-Package

Figura 16.6. Listado de paquetes instalados

16.3 TRABAJAR CON LOS PROVEEDORES

No olvidemos que el gestor de paquetes de Microsoft Windows Powershell funciona gracias a una lista de proveedores desde donde descargar el *software* a instalar.

Es importante que tengamos estos proveedores bien actualizados y que podamos incluir nuevos o eliminar los que hayan quedado fuera de servicio o desactualizados.

16.3.1 Listar los proveedores disponibles

Lo primero que tenemos que hacer para entender el concepto de los proveedores es listar los que tenemos en el momento concreto.

Get-PackageProvider

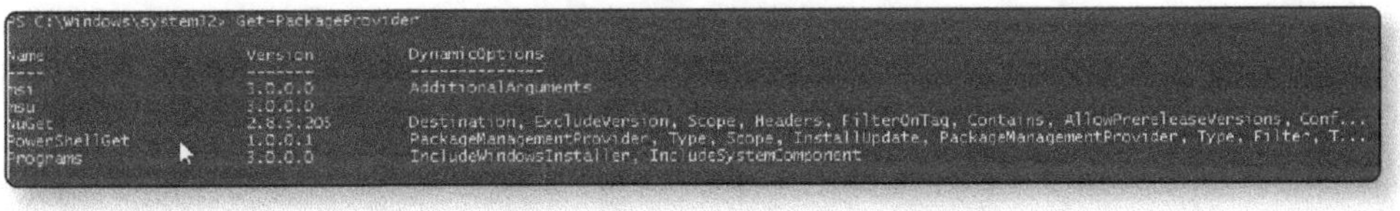

Figura 16.7. Listado de proveedores instalados

Este listado puede ser más completo si en lugar de usar la acción **Get** usamos la acción **Find**.

Find-PackageProvider

De esta manera veremos el listado de proveedores.

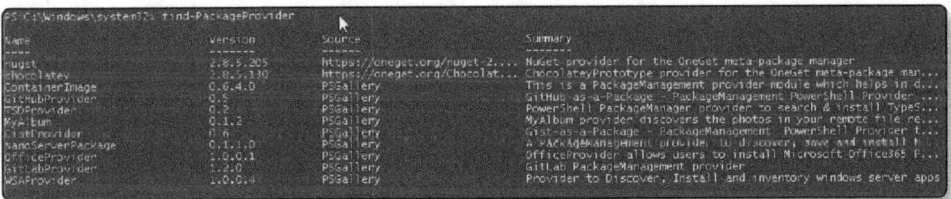

Figura 16.8. Búsqueda de proveedores

En el campo **Source** se puede observar si alguno de ellos es parte de una fuente común, como en el caso de la fuente **PSGalery**.

16.3.2 Instalar proveedores

Obtenido el listado del proveedor o proveedores a instalar, seguiremos la estructura del cmdlet siguiente de la forma:

Install-PackageProvider –Name Nombre_a_instalar -Verbose

17

MICROSOFT WINDOWS SERVER CORE. PARTE 1

Como hemos podido ver en los capítulos iniciales, Microsoft Windows Server 2016 nos aporta dos formas de instalación: una con entorno gráfico que ha sido la detallada y explicada a lo largo de la obra, y otra en modo consola.

Este capítulo pretende hacer un repaso de lo visto hasta el momento pero aplicando en este caso solamente las operaciones de consola. Existen programas de terceros que nos ayudan a realizar el proceso de manera gráfica. No obstante, es fácil obtener la conclusión de que no tiene gran sentido el instalar un modo sin entorno gráfico y después introducírselo mediante un programa externo. En este caso casi sería mejor instalar el modo gráfico proporcionado por Microsoft desde la instalación del sistema operativo.

17.1 INSTALACIÓN Y DESCRIPCIÓN

El proceso de instalación no varía de lo visto en el modo gráfico. Cuando acaba el entorno gráfico de instalación de realizar las tareas previas y se reinicia el sistema para acabar definitivamente el proceso, se nos presentará una ventana de consola solicitando introducir la contraseña de administrador.

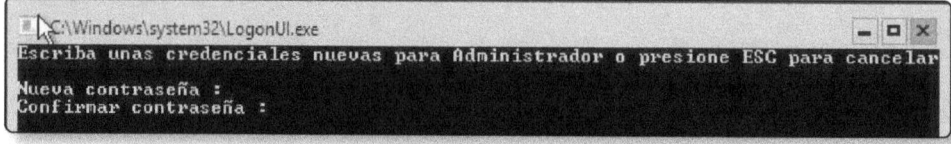

Figura 17.1. Petición de la configuración contraseña de administrador

Finalmente se nos mostrará una consola de texto con la que tendremos que pelear para conseguir las acciones y resultados deseados.

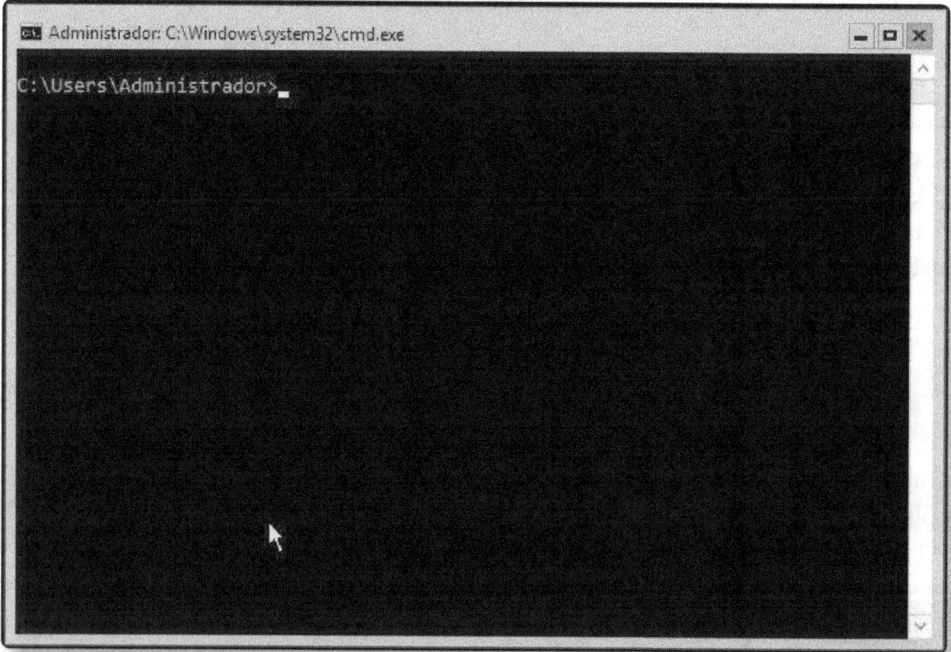

Figura 17.2. Consola de Microsoft Windows Server Core 2016

NOTA
En Microsoft Windows Server 2016 el inicio del sistema será totalmente mediante consola. El proceso será el mismo, pulsando **Ctrl + Alt + Supr** e introduciendo la contraseña del administrador.

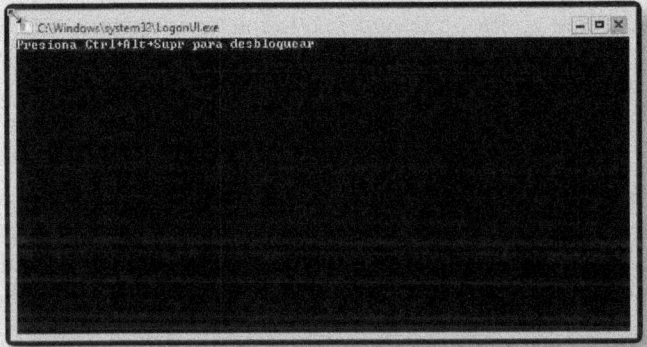

Para apagar el servidor pulsaremos igualmente **Ctrl + Alt + Supr** y se nos mostrarán igualmente las opciones de apagado y acceso al **administrador de tareas** entre otras.

17.1.1 Ayuda

Para que se nos muestre la ayuda en la consola de cualquiera de los comandos descritos en el capítulo o de otros no listados, podemos hacerlo mediante el uso de la sintaxis expuesta:

Comando /?

No olvidemos que los comandos pueden tener subcomandos y por tanto las ayudas serán diferentes.

17.2 PROMOVER EL DOMINIO Y UNIÓN DE EQUIPOS

Debemos cumplir con los requisitos necesarios para la promoción del dominio que estamos configurando planteados en el capítulo 4. Los más importantes en este caso son los relacionados con la configuración de la red, pues inicialmente la adquisición de una dirección IP viene dada a través de DHCP.

17.2.1 Configurar la red

Sabiendo que la asignación inicial es mediante DHCP, tenemos que cambiar este modo a IP estática y asignarle nosotros la dirección. Igualmente deberemos asignarle una **puerta de enlace** o *Gateway* y una **dirección de servidor DNS**.

Lo primero que tenemos que hacer es ver si nuestro sistema cuenta con un dispositivo físico para conexión de redes, o lo que es lo mismo, una tarjeta de red. Para obtener el listado de dispositivos o *interfaces* teclearemos el siguiente comando:

Netsh interface ipv4 show interfaces

De esta manera le estamos indicando que queremos que nos muestre todas las tarjetas o *interfaces* que trabajen en IPv4. Si efectivamente tenemos una tarjeta de red instalada, tal y como se indica en los requisitos previos a la instalación del sistema operativo, se nos mostrará una salida similar a la que vemos en la imagen.

```
C:\Users\Administrador>netsh interface ipv4 show interfaces

Ind     Mét         MTU      Estado            Nombre
---     ---         ---      ------            ------
 1       75    4294967295    connected         Loopback Pseudo-Interface 1
 2       25          1500    connected         Ethernet
```

Figura 17.3. Listado de interfaces IPv4

Como se puede ver nos muestra dos resultados. El que nos interesa en este caso es el segundo, pues el primero hace referencia al *loopback*. Por lo tanto nos quedaremos con su **índice** asociado. En este caso **2**. Para asignarle una IP estática a este dispositivo se tecleará:

Netsh interface ipv4 set address name=2 source=static address= 192.168.0.199 gateway=192.168.0.1

Si traducimos lo anterior, lo que estamos haciendo con cada uno de los parámetros es:

▼ **Name=índice**: indica a que tarjeta de red o *interfaz* le voy a asignar la configuración. Lo referencio mediante el índice asociado en el resultado de la búsqueda anterior.

- **Source=static**: cambio la configuración de DHCP a IP estática.

- **Address=dirección_IP**: asigna de manera estática la **dirección_IP** indicada.

- **Gateway=puerta_de_enlace**: puerta de enlace para, por ejemplo, salir a Internet.

Si todo ha ido correcto nos tocará configurar el servidor DNS. El comando en este caso es similar:

Netsh interface ipv4 add dnsserver name=2 address=192.168.0.1 index=1

Los parámetros asociados en este caso son similares a los del comando anterior. El único nuevo es **index=1** que indica que el servidor DNS definido será el primario. Para definir el secundario pondremos ***index=2***.

NOTA
También podemos ver la lista de los servidores DNS con el comando:

Netsh ipv4 show dnsserver

Ya tenemos configurada la red de nuestro servidor, solo nos queda comprobarlo. Una de las opciones es mediante un **ping**, pero esto nos dará una respuesta correcta si nuestra configuración es a través de DHCP y tenemos IP asignada. Lo mejor es ver toda la configuración asociada a las tarjetas o interfaces de red.

Ipconfig /all

Con el comando anterior veremos si la asignación estática ha sido correcta. Observar las líneas que se han recuadrado en la imagen. Podemos ver que tiene la IP, puerta de enlace y servidor DNS indicados en la configuración previa. Además podemos ver también que se ha deshabilitado la asignación DHCP.

![Figura 17.4 - Resultado de ipconfig /all]

Figura 17.4. Resultado de ipconfig /all

17.2.2 Promoción del dominio

> **NOTA**
> Todo el trabajo con *Active Directory* lo vamos a desarrollar a través de la consola de Microsoft Windows Powershell desde donde podremos hacer uso del módulo **ADDSDeployment** y sus *cmdlets* asociados. Para abrir la consola teclearemos:
>
> *powershell*
>
> Una vez abierta la consola tendremos que instalar las características que nos permitirán trabajar con el módulo indicado. Para ello haremos uso de cmdlet:
>
> *Install-WindowsFeature -Name AD-Domain-Services -IncludeManagementTools*

Con la configuración de red completa y nuestra consola Microsoft Windows Powershell activa junto las características instaladas, es el momento de promover el dominio. Para ello teclearemos:

Install-ADDSForest

El comando anterior se puede llevar a cabo escribiendo cada uno de los parámetros asociados, pero de la manera indicada será Microsoft Windows Server el que nos preguntará por cada uno de los parámetros necesarios para la promoción del dominio.

Además de los parámetros expuestos, se pueden utilizar muchos más. Para obtener esta información, previa actualización de la ayuda de Microsoft Windows Powershell, teclearemos:

Get-Help Install-ADDSForest

Si hemos introducido una configuración correcta comenzará el proceso y reiniciará el sistema al terminar.

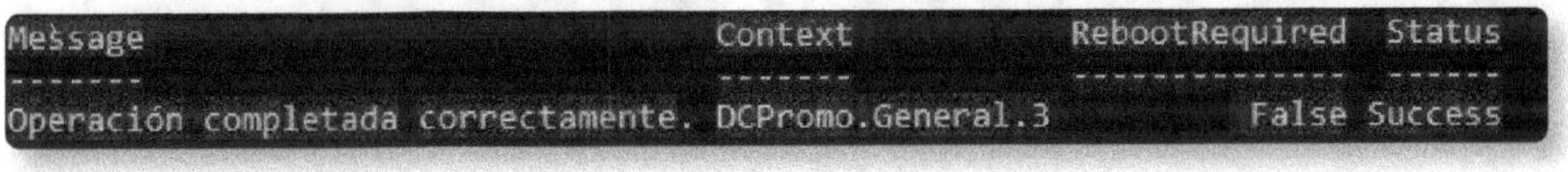

Figura 17.5. Información previa al reinicio tras acabar la promoción de dominio

Tras el reinicio podremos observar que el inicio de sesión se realizará en el nuevo dominio.

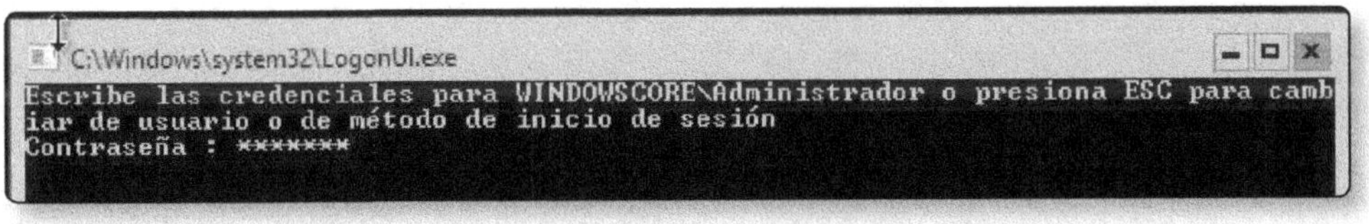

Figura 17.6. Inicio de sesión en el dominio windowsCore

Por último podemos ver la configuración actual del sistema operativo Microsoft Windows Server 2016 mediante el comando:

Systeminfo

La línea que nos interesa es la nombrada como **dominio**, como podemos ver, aparece asociado el nuevo nombre de dominio **windowsCore.dom**.

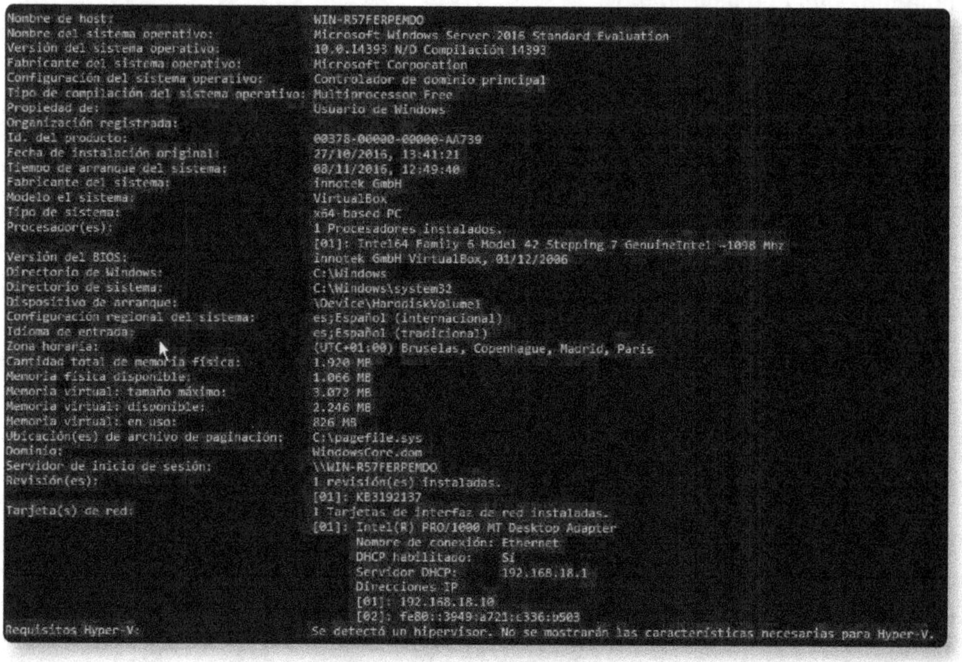

Figura 17.7. Información del sistema

17.2.3 Unir los equipos terminales a nuestro dominio

Para hacer miembro del dominio a cualquier otro equipo terminal seguiremos con el proceso indicado en los capítulos 10 y 11 dependiendo de si estos equipos son Microsoft Windows o GNU/Linux.

17.3 GESTIÓN DE USUARIOS Y GRUPOS

Al igual que pasa con el punto anterior, podemos gestionar y administrar las diferentes cuentas de usuario desde la consola que nos proporciona Microsoft Windows Server Core.

17.3.1 Gestión de usuarios

Lo primero que no podemos olvidar es que en este momento ya pertenecemos al dominio **WindowsCore.dom** y, por tanto, lo suyo es que los usuarios que creemos a partir de este momento sean usuarios de este dominio y no locales.

Para crear un usuario usaremos el siguiente comando:

Net user clara * /add

En este caso, tras pulsar la tecla **Enter**, se nos pedirá que insertemos la contraseña del usuario que hemos llamado **clara**. Si por el contrario queremos eliminar la cuenta acabaremos con **/del** en lugar de **/add**.

Para comprobar la creación del usuario lo haremos mediante el mismo comando sin datos añadidos. Es decir:

Net user

Por último, podemos ver los detalles de la cuenta que hemos creado añadiéndole el nombre del usuario solamente. Entre otra información veremos a qué grupos pertenece y nos aseguraremos de que pertenezca a **usuarios de dominio**.

Net user clara

En la imagen siguiente podemos ver el resultado de los tres comandos descritos.

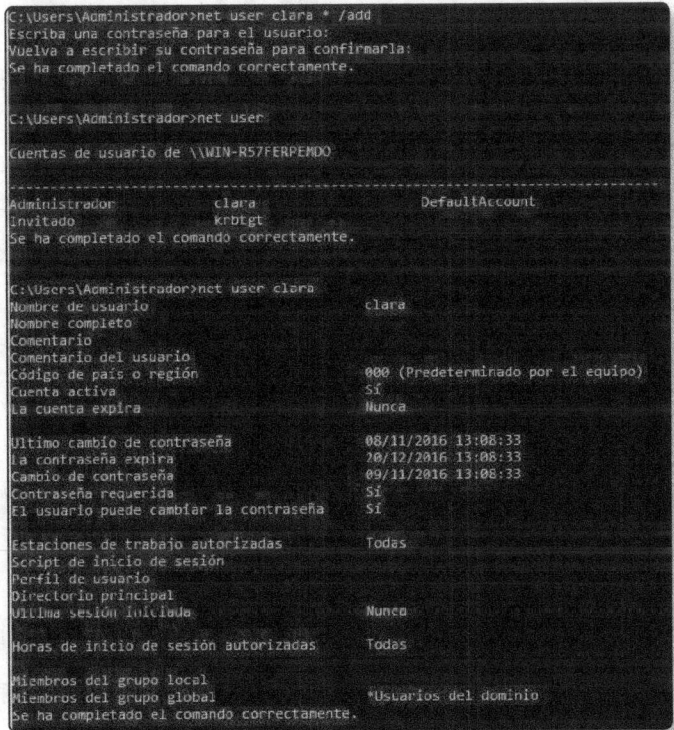

Figura 17.8. Resultado de la creación y consultas de la cuenta de Clara

17.3.2 Gestión de grupos

Al igual que pasa con los usuarios, podemos administrar los grupos desde la consola. Igualmente podremos añadir o eliminar usuarios de determinados grupos.

Lo primero que tenemos que hacer es distinguir entre grupos locales y los relacionados con el dominio. Para el primero hablaremos de **localgroup**, mientras que para el segundo se habla de **group**. Los comandos para listar los diferentes grupos presentes en el sistema son:

Net localgroup

Net group

Como podemos ver en la imagen los grupos listados son diferentes:

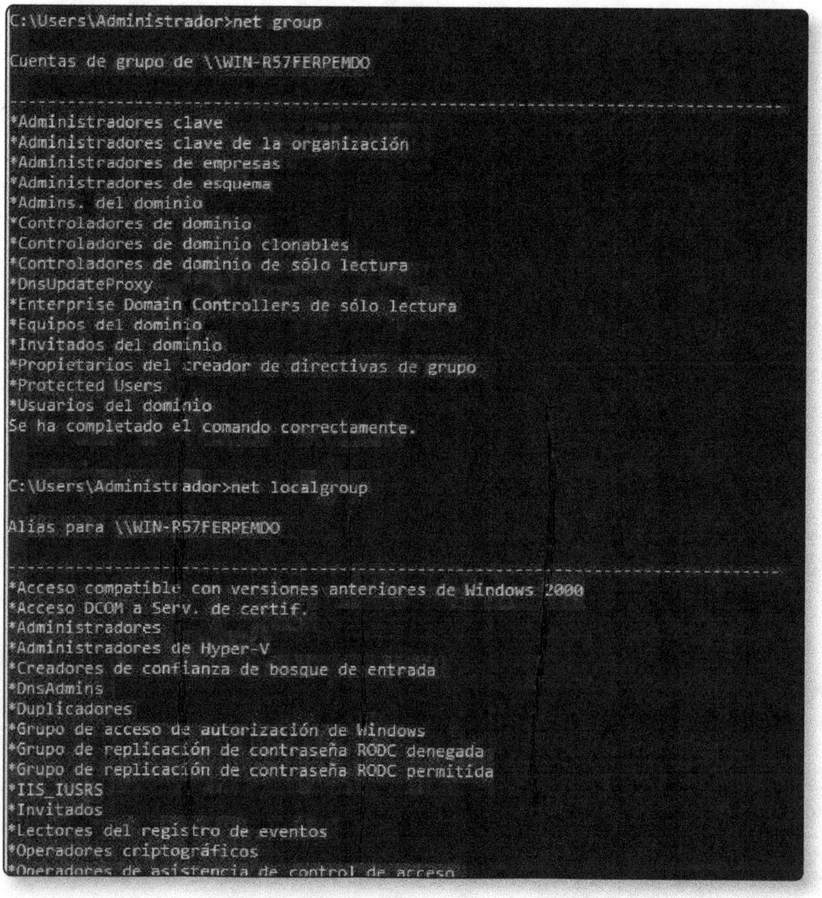

Figura 17.9. Grupos creados en el sistema

Para crear un grupo nuevo utilizaremos un comando similar al anteriormente visto con relación a los usuarios.

Net group nuevo_grupo /add

Siendo **nuevo_grupo** el nombre que le queramos asignar al nuevo grupo. Y al igual que pasa con los usuarios pudiendo utilizar **/del** en lugar de **/add** si queremos eliminarlo y no crearlo.

Igualmente, para añadir un usuario al grupo creado o a cualquiera de los existentes, pondríamos:

Net group nuevo_grupo /add clara

Lo que estamos haciendo en el comando anterior es añadir el usuario **clara** al grupo **nuevo_grupo**.

No olvidemos que si las operaciones las queremos asociar a los grupos locales y no a los de dominio, lo que tendremos que hacer es sustituir **group** por **localgroup**.

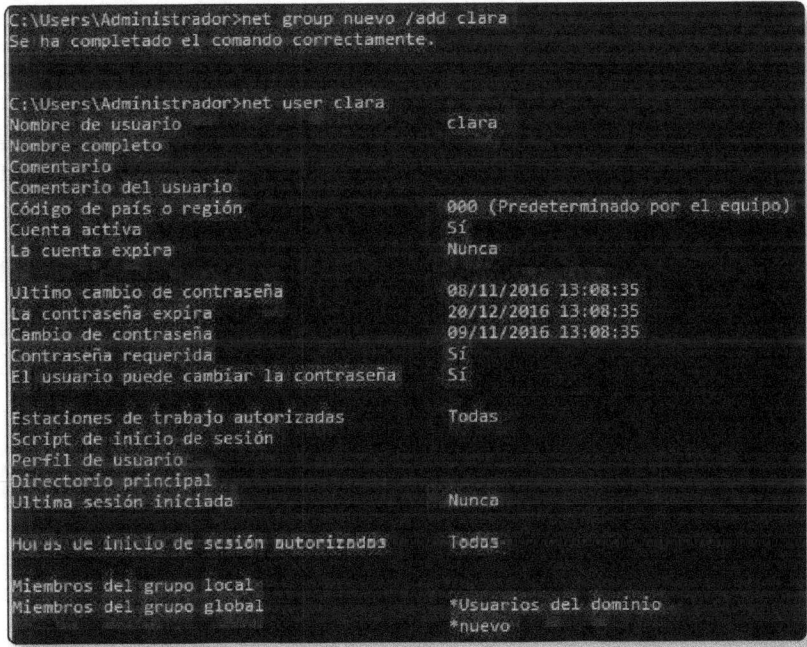

Figura 17.10. Creación del grupo y adhesión del usuario

La imagen anterior muestra el resultado exitoso de añadir el usuario **clara** al grupo de dominio **nuevo_grupo**, así como las comprobaciones.

17.3.3 Perfiles de usuario

Como en el caso de uso de Microsoft Windows Server 2016 en modo gráfico, lo primero que tendremos que hacer es crear una carpeta de perfiles en la ubicación que deseemos. Para ello utilizaremos el comando **mkdir**. Para desplazarnos a una ruta concreta podemos usar el comando **cd**.

Mkdir perfiles

Creada la carpeta y sabiendo que el acceso a ella se realizará mediante la red, es necesario que la compartamos con los privilegios de uso totales para el usuario o grupo de usuarios deseado.

Net share perfiles="C:\perfiles" /grant:clara,FULL

En el ejemplo anterior hemos creado el recurso compartido llamado **perfiles** que apunta a la ruta absoluta **C:\pefiles**. Además, hemos indicado que el usuario **clara** creado anteriormente tendrá acceso completo a la misma. En la imagen se muestra además el estado de los recursos compartidos antes y después de la creación del nuevo recurso llamado **perfiles**.

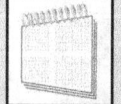

NOTA

Para comprobar si hemos realizado bien los pasos hasta aquí, podemos intentar acceder a través de la red a esta carpeta. Cuando se nos pidan los datos de usuario usaremos los del usuario o alguno de los usuarios del grupo al que le hayamos dado privilegios. Es importante que comprobemos que se pueden crear carpetas en dicha ubicación de manera remota.

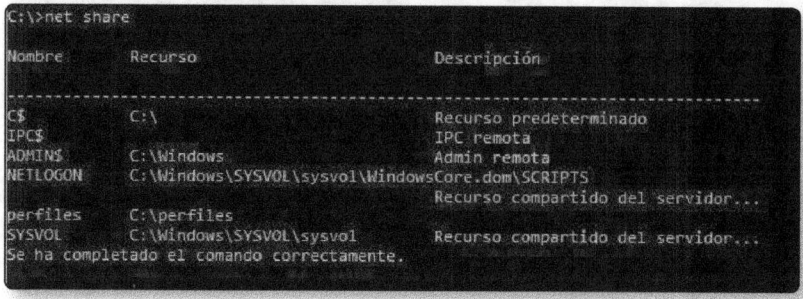

Figura 17.11. Creación del recurso compartido

Hasta aquí todo correcto. La asignación del perfil móvil para el usuario **clara** se realiza con el comando:

Dsmod user identificador -profile "\\IP_del_servidor\perfiles\clara"

Donde **IP_del_servidor** se tendrá que modificar por la IP asignada al mismo e **identificador** es el identificador de usuario de dominio que obtenemos al poner el comando:

Dsquery user

Fíjese en la línea donde aparece el usuario al que le queremos añadir el perfil y copiarlo completo. Para comprobar el perfil asignado teclearemos:

Dsget user identificador -profile

Como siempre en la imagen pude ver la secuencia completa del proceso.

Figura 17.12. Asignación del perfil móvil

Ya solo queda comprobar el correcto funcionamiento accediendo con el usuario indicado desde un equipo remoto al que se haya hecho miembro del dominio.

18

MICROSOFT WINDOWS SERVER CORE. PARTE 2

En Microsoft Windows Server Core se pueden hacer infinidad de cosas. No por carecer de entorno gráfico deja de tener potencia en relación a la administración. Esto ya lo hemos podido comprobar en el capítulo anterior. No obstante, aún nos quedan algunas cosas por ver y examinar.

18.1 ALMACENAMIENTO

En el capítulo anterior hemos visto de pasada cómo se trabaja con el almacenamiento compartido. Aquí entraremos en detalle con el mismo, además de gestionar las cuotas de almacenamiento de los diferentes usuarios en estos recursos compartidos.

18.1.1 Compartir carpetas

El comando principal para la compartición es:

Net share

Al igual que pasa en el modo gráfico, lo primero que tendremos que hacer es tener creada la carpeta que queremos compartir.

El funcionamiento de **net share** es sencillo. Trabajaremos con la siguiente sintaxis:

Net share nombre_compartido="ruta_del_recurso" /grant:usuario,FULL

Donde:

- **Nombre_compartido**: será el nombre con el que se verá la carpeta compartida por parte de los usuarios a los que se le ha dado acceso a la misma.

- **Ruta_del_recurso**: ubicación del recurso con ruta absoluta (ejemplo: C:\nombre).

- **/grant:usuario,FULL**: dar privilegios de lectura y escritura al usuario determinado. Si no ponemos nada se compartirá a todos con privilegios de lectura.

Puede ver un ejemplo de los mensajes de salida en la imagen 17.11 del capítulo anterior.

Con estos sencillos pasos ya tenemos nuestro recurso compartido. Pero si pensamos en cómo se compartía de manera gráfica, recordaremos que existían muchos más tipos de privilegios asignables. Bien, para trabajar con ellos usaremos el comando:

icacls

Este comando nos permite trabajar con privilegios avanzados de compartición. Lo primero que vamos a hacer es ver el estado del recurso compartido con:

Icacls recurso

Si ya hemos estudiado qué privilegios queremos asignar, usaremos la siguiente sintaxis para hacerlo:

Icacls recurso /grant "usuario_o_grupo":(F)

Donde de izquierda a derecha tenemos:

- **Recurso**: ubicación y nombre del recurso compartido al que queremos asignarle privilegios.

- **Usuario_o_grupo**: usuario o grupo de usuarios al que le queremos añadir esos privilegios.

▶ **(F)**: un tipo de privilegio concreto. Podemos asignar dos tipos de derechos:

- Derechos simples:

    N → sin acceso

    F → acceso total

    M → acceso de modificación

    RX → lectura y ejecución

    R → acceso de solo lectura

    W → acceso de solo escritura

    D → acceso de eliminación

- Derechos específicos: para ver estos segundos teclearemos en consola **icacls**.

Un ejemplo de aplicación de privilegios podría quedar como sigue en el comando siguiente:

Icacls c:\perfiles /grant "usuarios del dominio":(F)

Con él estamos aplicando privilegios totales al grupo de usuarios perteneciente a **usuarios del dominio**. Y concretamente asociado al recurso que previamente hemos compartido situado en **C:\perfiles**.

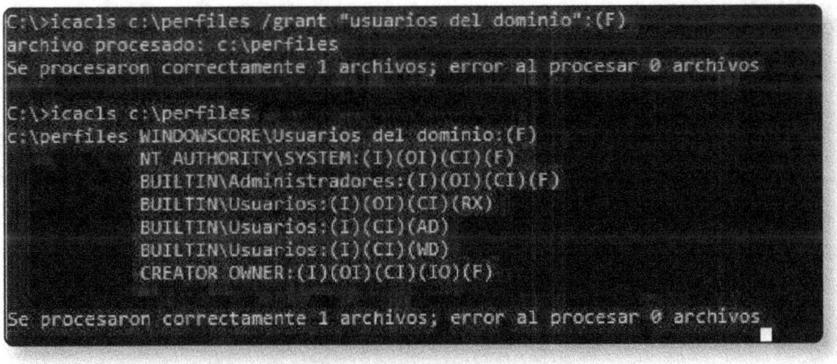

Figura 18.1. Asignación de privilegios avanzados

En la imagen anterior podemos ver los resultados de la ejecución. Si queremos eliminar privilegios, el camino más rápido que podemos seguir es con la ejecución de lo siguiente:

Icacls c:\perfiles /remove "usuarios del dominio"

Asociado al caso anterior, lo que estamos haciendo es eliminar al grupo **usuarios del dominio** de la lista de privilegios de **C:\perfiles**.

```
C:\>icacls c:\perfiles
c:\perfiles WINDOWSCORE\Usuarios del dominio:(F)
            NT AUTHORITY\SYSTEM:(I)(OI)(CI)(F)
            BUILTIN\Administradores:(I)(OI)(CI)(F)
            BUILTIN\Usuarios:(I)(OI)(CI)(RX)
            BUILTIN\Usuarios:(I)(CI)(AD)
            BUILTIN\Usuarios:(I)(CI)(WD)
            CREATOR OWNER:(I)(OI)(CI)(IO)(F)

Se procesaron correctamente 1 archivos; error al procesar 0 archivos

C:\>icacls c:\perfiles /remove "usuarios del dominio"
archivo procesado: c:\perfiles
Se procesaron correctamente 1 archivos; error al procesar 0 archivos

C:\>icacls c:\perfiles
c:\perfiles NT AUTHORITY\SYSTEM:(I)(OI)(CI)(F)
            BUILTIN\Administradores:(I)(OI)(CI)(F)
            BUILTIN\Usuarios:(I)(OI)(CI)(RX)
            BUILTIN\Usuarios:(I)(CI)(AD)
            BUILTIN\Usuarios:(I)(CI)(WD)
            CREATOR OWNER:(I)(OI)(CI)(IO)(F)

Se procesaron correctamente 1 archivos; error al procesar 0 archivos
```

Figura 18.2. Eliminación de privilegios

18.1.2 Cuotas

La gestión de cuotas la podemos gestionar gracias a:

fsutil

Este comando nos permite la ejecución de utilidades asociadas al sistema de ficheros (en nuestro caso el uso de cuotas). Al igual que en el modo gráfico, lo primero que tendremos para poder trabajar con él es activarlo:

Fsutil quota enforce c:

Nosotros hemos activado el sistema de cuotas para la unidad **C:**. Para asignarle una cuota de por ejemplo **2Mb** al usuario **clara** actuaremos de la siguiente manera:

Fsutil quota modify c: 2097152 4194304 clara

Donde el primer valor (*2097152*) establece el límite de aviso y la segunda (*4194304*) nos indica el límite con el que se bloquea el acceso a más información. En ambos casos las medidas vienen dadas en *bytes*.

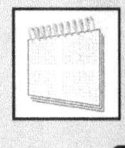

NOTA
Podemos obtener el listado de las funciones de **fsutil** o **fsutil quota** tecleándolos sin parámetros asociados.

18.2 COPIA DE SEGURIDAD (*BACKUP*)

Para poder programar y lanzar copias de seguridad de manera directa lo primero que tendremos que hacer es instalar el componente mediante:

Dism /online /enable-feature /featurename:WindowsServerBackup

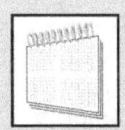

NOTA
El comando **dism** es el sustituto de **ocsetup** en versiones anteriores.

De esta manera se instalará el complemento para copias de seguridad.

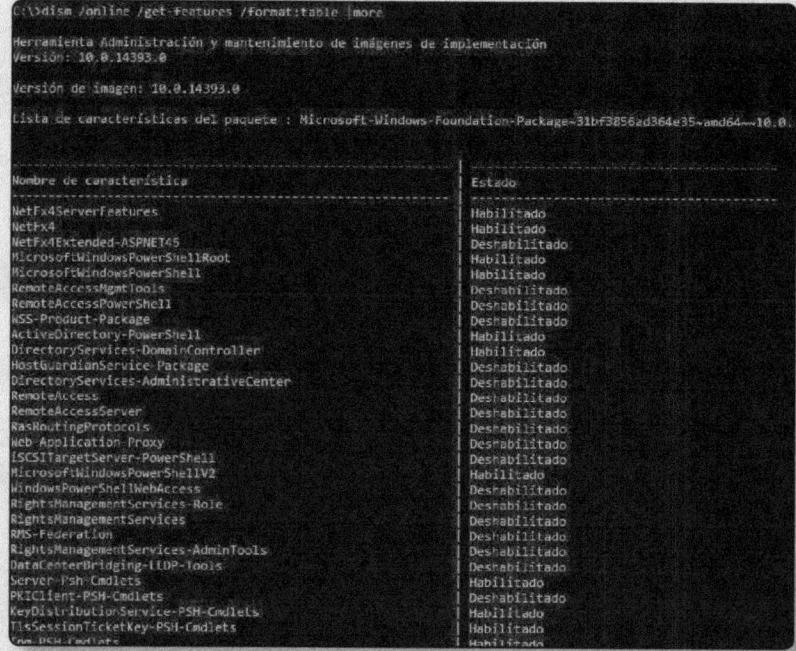

Figura 18.3. Instalación WindowsServerBackup

NOTA
La lista completa de componentes y la información sobre si esta activo o no la podemos obtener gracias a:

Dism /online /get-features /format:table |more

Algunas de las posibles son:
- BitLocker Drive Encryption → **BitLocker**Telnet client → **TelnetClient**
- Windows PowerShell → **MicrosoftWindowsPowerShell**
- Windows PowerShell Server Manager cmdlets → **ServerManager-PSH-Cmdlets**
- IIS Management Service → **IIS-ManagementSe**rvice

18.2.1 Instalación de un nuevo disco

Si no tenemos instalado un disco independiente para crear las copias de seguridad y lo queremos instalar ahora, seguiremos los siguientes pasos:

1. Haber montado el disco de manera física.

2. En consola, ejecutar la herramienta de manipulación de discos.

diskpart

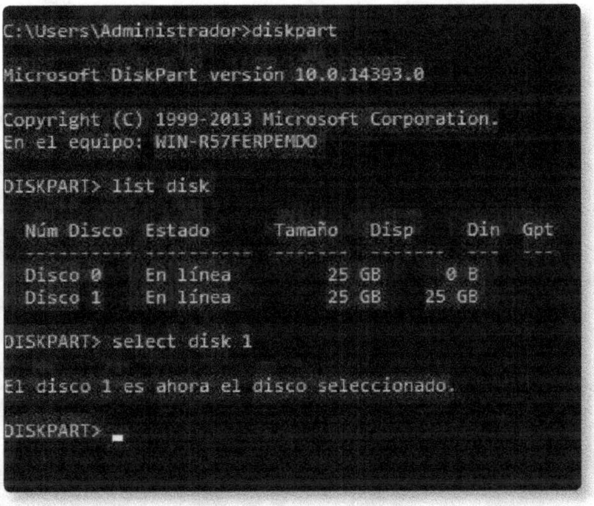

Figura 18.4. Diskpart

3. Seleccionar el disco duro de entre los listados.

List disk
Select disk 1

4. Crear partición.

Create partition primary

5. Formatearla.

format

6. Activarla.

> Select partition 1
> active

7. Asignarle letra de unidad.

> assign

8. Listar el resultado.

> List volume

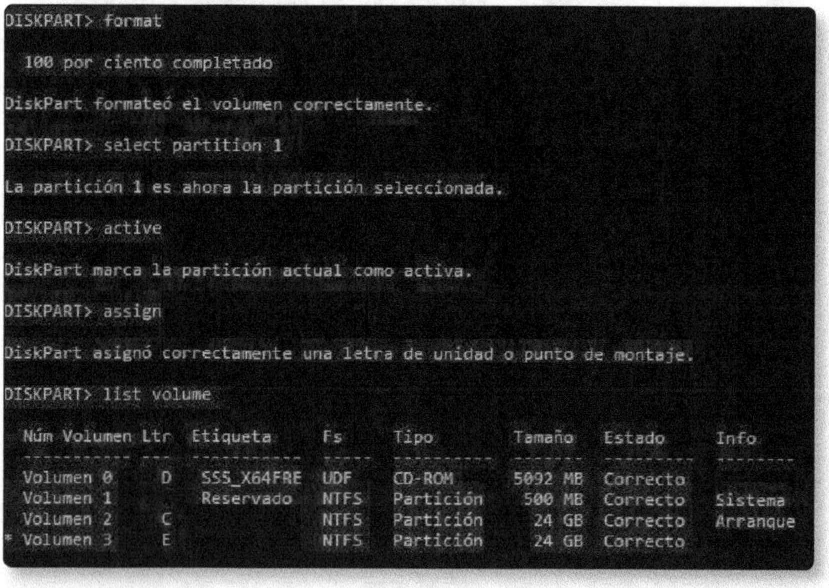

Figura 18.5. Formateo, activación, asignación de unidad y listado de volúmenes

18.2.2 Programar la copia de seguridad

En la imagen 18.4 hemos podido ver la letra que se le ha asignado a la unidad. En nuestro caso la **E:**. A partir de aquí programaremos la copia de seguridad con el siguiente comando:

> *Wbadmin enable backup –include:c: -schedule:22:30 –addtarget:{id_disco}*

De esta manera estamos indicando que queremos programar una copia de seguridad con:

- ▼ **-include:c:**, indica que queremos que se incluya en la copia de seguridad.

- ▼ **-schedule:22:30**, cuando queremos que se ejecute esta copia de seguridad.

- ▼ **-addtarget:{id_disco}**, donde se realizará la copia. Para obtener este identificador podemos ejecutar:

Wbadmin get disks

```
C:\Users\Administrador>wbadmin get disks
wbadmin 1.0: Herramienta de línea de comandos de copia de seguridad
(C) Copyright 2013 Microsoft Corporation. Todos los derechos reservados.

Nombre de disco: VBOX HARDDISK
Número de disco: 0
Identificador de disco: {b00d9c4f-0000-0000-0000-000000000000}
Espacio total: 25.00 GB
Espacio usado: 9.82 GB
Volúmenes: <no montado>[Reservado para el sistema],C:[]

Nombre de disco: VBOX HARDDISK
Número de disco: 1
Identificador de disco: {07ff13cb-0000-0000-0000-000000000000}
Espacio total: 25.00 GB
Espacio usado: 72.00 MB
Volúmenes: E:[]

C:\Users\Administrador>wbadmin enable backup -include:C: -schedule:22:30 -addtarget:{07ff13cb-0000
-0000-0000-000000000000}
wbadmin 1.0: Herramienta de línea de comandos de copia de seguridad
(C) Copyright 2013 Microsoft Corporation. Todos los derechos reservados.

Recuperando información del volumen y el componente...
Configuración de copia de seguridad programada:

Reconstrucción completa: No incluido
Copia de seguridad del estado del sistema: No incluido
Volúmenes en la copia de seguridad: (C:)
Componentes en la copia de seguridad:(null)
Archivos excluidos: Ninguno
Configuración avanzada: Opción de copia de seguridad de VSS (copia)
Ubicación para almacenar la copia de seguridad: VBOX HARDDISK
Horas del día a las que ejecutar la copia de seguridad: 22:30

¿Desea habilitar las copias de seguridad programadas con esta configuración?
[S] Sí [N] No s

¿Desea formatear y usar VBOX HARDDISK (que incluye los volúmenes E:) como ubicación para
almacenar las copias de seguridad programadas?
[S] Sí [N] No s
```

Figura 18.6. Programación copia de seguridad

Observaremos que, al igual que en el modo gráfico, nos pide formatear la unidad.

18.2.3 Lanzar la copia de seguridad

Para lanzar una copia de seguridad utilizaremos:

Wbadmin start backup

En el caso planteado se lanzará una copia de seguridad cuyos parámetros se copiarán de la copia de seguridad programada. No obstante podemos personalizarlos a nuestro gusto.

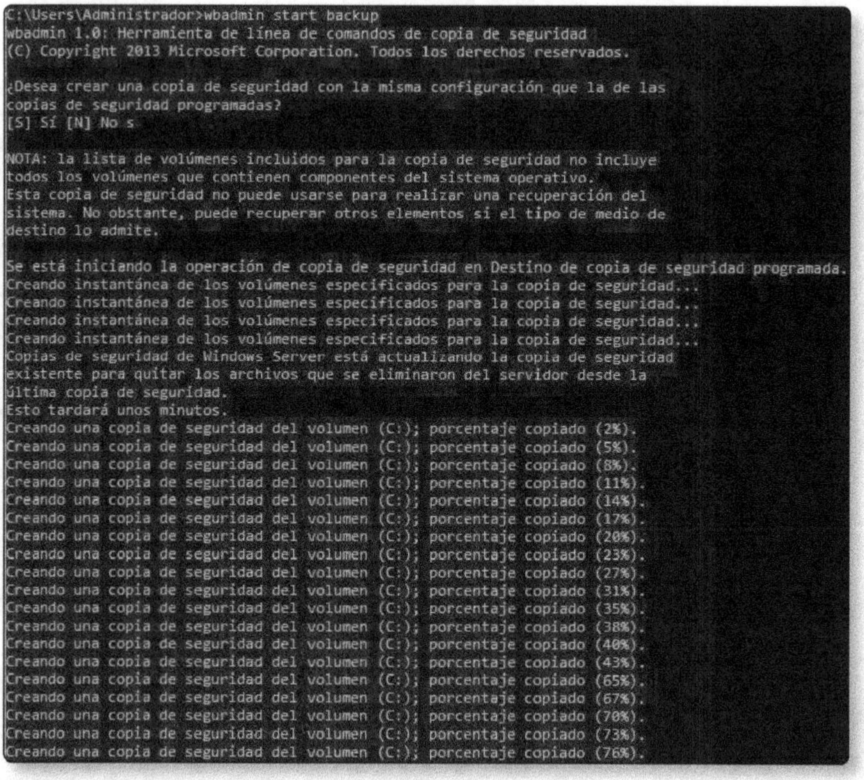

```
C:\Users\Administrador>wbadmin start backup
wbadmin 1.0: Herramienta de línea de comandos de copia de seguridad
(C) Copyright 2013 Microsoft Corporation. Todos los derechos reservados.

¿Desea crear una copia de seguridad con la misma configuración que la de las
copias de seguridad programadas?
[S] Sí [N] No s

NOTA: la lista de volúmenes incluidos para la copia de seguridad no incluye
todos los volúmenes que contienen componentes del sistema operativo.
Esta copia de seguridad no puede usarse para realizar una recuperación del
sistema. No obstante, puede recuperar otros elementos si el tipo de medio de
destino lo admite.

Se está iniciando la operación de copia de seguridad en Destino de copia de seguridad programada.
Creando instantánea de los volúmenes especificados para la copia de seguridad...
Creando instantánea de los volúmenes especificados para la copia de seguridad...
Creando instantánea de los volúmenes especificados para la copia de seguridad...
Creando instantánea de los volúmenes especificados para la copia de seguridad...
Copias de seguridad de Windows Server está actualizando la copia de seguridad
existente para quitar los archivos que se eliminaron del servidor desde la
última copia de seguridad.
Esto tardará unos minutos.
Creando una copia de seguridad del volumen (C:); porcentaje copiado (2%).
Creando una copia de seguridad del volumen (C:); porcentaje copiado (5%).
Creando una copia de seguridad del volumen (C:); porcentaje copiado (8%).
Creando una copia de seguridad del volumen (C:); porcentaje copiado (11%).
Creando una copia de seguridad del volumen (C:); porcentaje copiado (14%).
Creando una copia de seguridad del volumen (C:); porcentaje copiado (17%).
Creando una copia de seguridad del volumen (C:); porcentaje copiado (20%).
Creando una copia de seguridad del volumen (C:); porcentaje copiado (23%).
Creando una copia de seguridad del volumen (C:); porcentaje copiado (27%).
Creando una copia de seguridad del volumen (C:); porcentaje copiado (31%).
Creando una copia de seguridad del volumen (C:); porcentaje copiado (35%).
Creando una copia de seguridad del volumen (C:); porcentaje copiado (38%).
Creando una copia de seguridad del volumen (C:); porcentaje copiado (40%).
Creando una copia de seguridad del volumen (C:); porcentaje copiado (43%).
Creando una copia de seguridad del volumen (C:); porcentaje copiado (65%).
Creando una copia de seguridad del volumen (C:); porcentaje copiado (67%).
Creando una copia de seguridad del volumen (C:); porcentaje copiado (70%).
Creando una copia de seguridad del volumen (C:); porcentaje copiado (73%).
Creando una copia de seguridad del volumen (C:); porcentaje copiado (76%).
```

Figura 18.7. Ejecución de una copia de seguridad

18.2.4 Recuperar una copia de seguridad

Para recuperar la copia de seguridad seguiremos haciendo uso de la herramienta **wbadmin** se tecleará:

Wbadmin start recovery -version:id_versión –items:c:\ -itemType:File -recursive

De esta manera estamos pidiendo:

▼ **-version**. El identificador lo podemos obtener tras la ejecución del comando:

Wbadmin get versions

En los resultados que aparecen nos fijaremos en la línea de la versión elegida y copiaremos el dato relacionado con **identificador de versión**.

```
C:\Users\Administrador>wbadmin get versions
wbadmin 1.0: Herramienta de línea de comandos de copia de seguridad
(C) Copyright 2013 Microsoft Corporation. Todos los derechos reservados.

Hora de copia de seguridad: 08/11/2016 14:13
Destino de copia de seguridad: Disco duro etiquetado WIN-R57 2016_11_08 14:11 Disk_01 (24.85 GB)
Identificador de versión: 11/08/2016-13:13
Se puede recuperar: Volúmenes, Archivos, Aplicaciones
Id. de instantánea: {0bbe85bb-6eea-46bb-b0be-7f66b306fa58}
```

Figura 18.8. Listado de copias de seguridad ya realizadas

▼ **-items**. Indicamos que queremos recuperar. En nuestro caso hemos indicado que queremos recuperar la unidad completa.

▼ **-itemType**. El tipo de elementos a recuperar. Nosotros le pedimos que recupere todos los ficheros.

▼ **-recursive**. La última opción nos indica que va a entrar en las carpetas de manera recursiva.

```
C:\Users\Administrador>wbadmin get versions
wbadmin 1.0: Herramienta de línea de comandos de copia de seguridad
(C) Copyright 2013 Microsoft Corporation. Todos los derechos reservados.

Hora de copia de seguridad: 08/11/2016 14:13
Destino de copia de seguridad: Disco duro etiquetado WIN-R57 2016_11_08 14:11 Disk_01 (24.85 GB)
Identificador de versión: 11/08/2016-13:13
Se puede recuperar: Volúmenes, Archivos, Aplicaciones
Id. de instantánea: {0bbe85bb-6eea-46bb-b0be-7f66b306fa58}

C:\Users\Administrador>wbadmin start recovery -version:11/08/2016-13:13 -items:c:\ -itemType:File -recursive
wbadmin 1.0: Herramienta de línea de comandos de copia de seguridad
(C) Copyright 2013 Microsoft Corporation. Todos los derechos reservados.

Recuperando información del volumen...
Eligió recuperar los archivos c:\ desde la copia de
seguridad creada el 08/11/2016 14:13 en C:\.
Preparando la recuperación de archivos...

¿Desea continuar?
[S] Sí [N] No S
```

Figura 18.9. Proceso de recuperación

18.3 HERRAMIENTAS GRÁFICAS PRESENTES

Aunque el entorno de Microsoft Windows Server Core es orientado a consola no quiere decir que no poseamos cierto número de aplicaciones gráficas que nos pueden ayudar en la tarea administrativa. Algunas de estas son:

▼ **Notepad**: editor de textos sin formato.

notepad

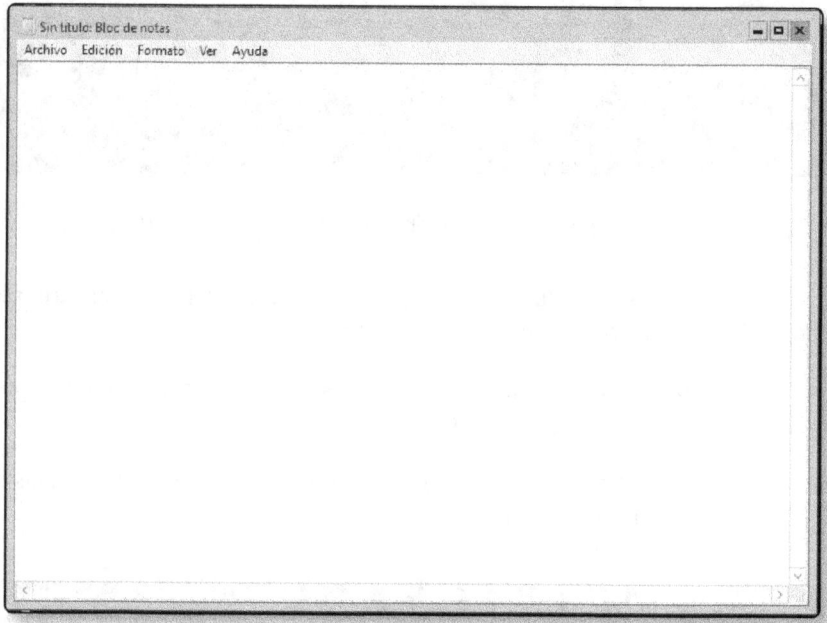

Figura 18.10. notepad

▼ **Configuración del sistema**: editor de ciertos parámetros de configuración del sistema.

sconfig

Figura 18.11. sconfig

▼ **Editor del registro**: el clásico editor de registros de Microsoft Windows.

regedit

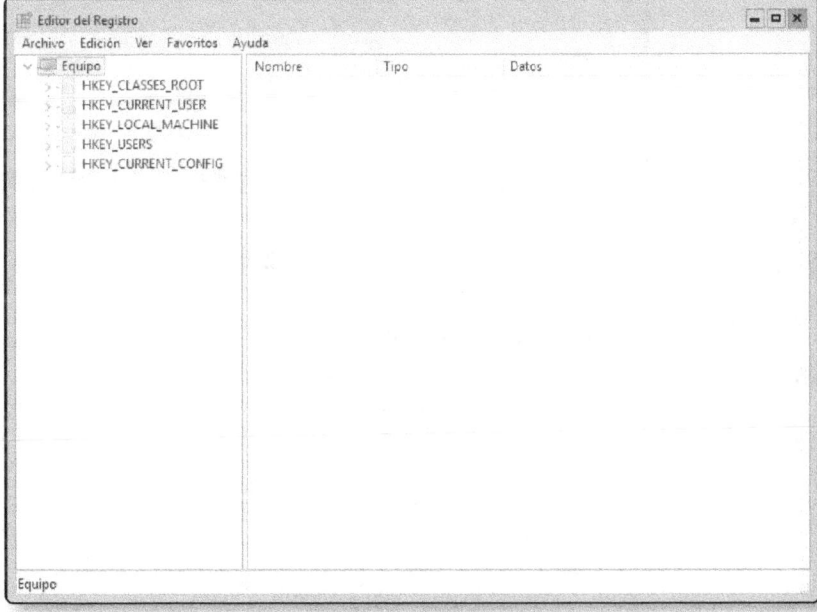

Figura 18.12. regedit

▼ **Configuración del formato de fecha y hora o ubicación**.

Intl.cpl

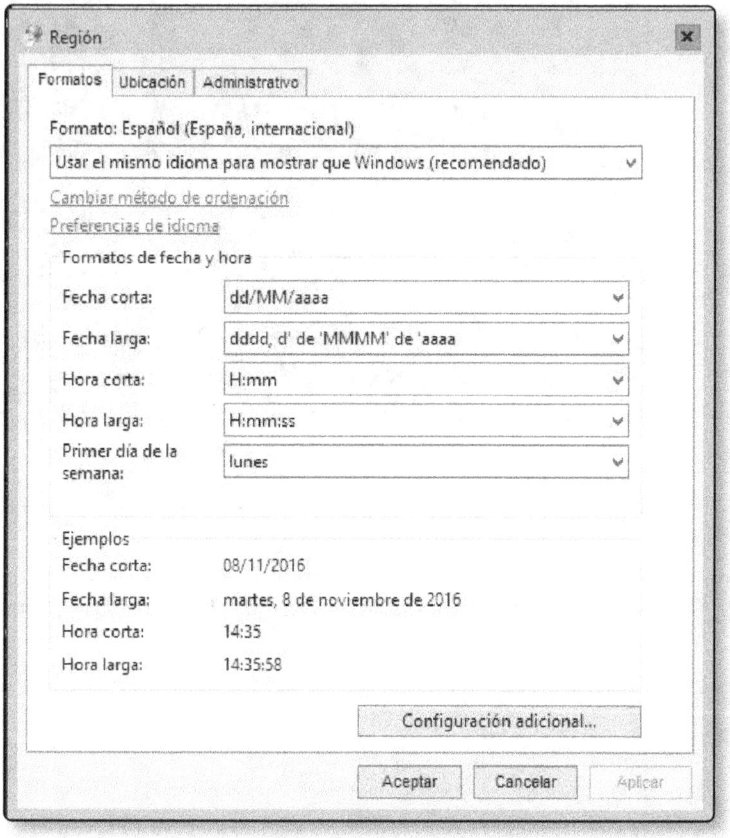

Figura 18.13. intl.cpl

▼ **Configuración fecha y hora**.

Timedate.cpl

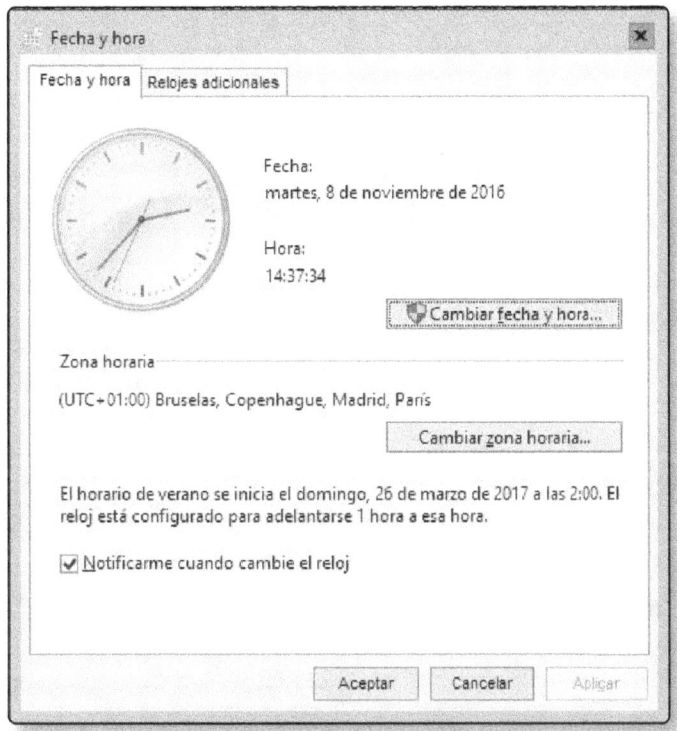

Figura 18.14. timedate.cpl

19

MICROSOFT WINDOWS SERVER CORE. PARTE 3

Antes de terminar con la instalación de los servidores IIS y la instalación de redes virtuales VPN vamos a estudiar la manera de administrarlo remotamente. Veremos dos casos principales: la administración remota de la consola y la unión al mmc del servidor remoto para administrarlo de manera gráfica.

Asimismo podremos ver un resumen de alguna de las instrucciones vistas y usadas en el entorno de consola.

19.1 ADMINISTRACIÓN REMOTA MEDIANTE CONSOLA

Como en todos los equipos que tengan instalado algún sistema operativo de la familia Windows de Microsoft, podemos administrar nuestro servidor Microsoft Windows Server Core 2016 mediante un administrador remoto. Para ello seguiremos unos pasos:

1. En el equipo que contenga Microsoft Windows Server Core 2016 teclearemos:

    Cscript c:\windows\system32\scregedit.wsf /AR 0

    De forma que habilitará la administración remota. Si queremos volver a deshabilitarla pondremos un **1** en lugar de un **0**.

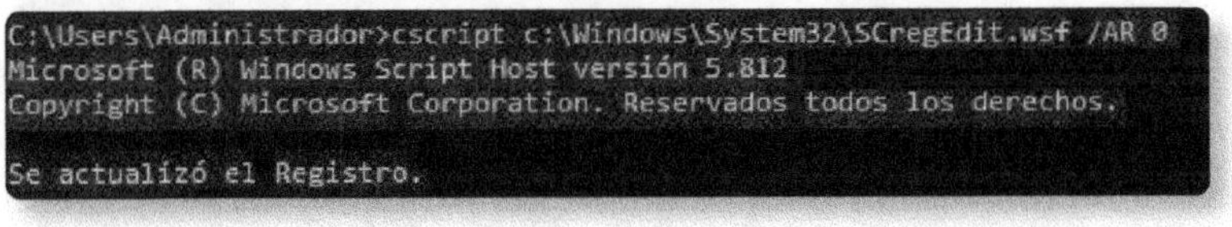

Figura 19.1. Resultado de habilitar la administración remota

2. Una vez habilitado ya podemos conectarnos desde el equipo remoto. Para ello usaremos la herramienta **Conexión a escritorio remoto**. Si no la podemos localizar podemos ejecutarla desde consola con **MSTSC**. La ventana nos pedirá **nombre de equipo** o **IP**.

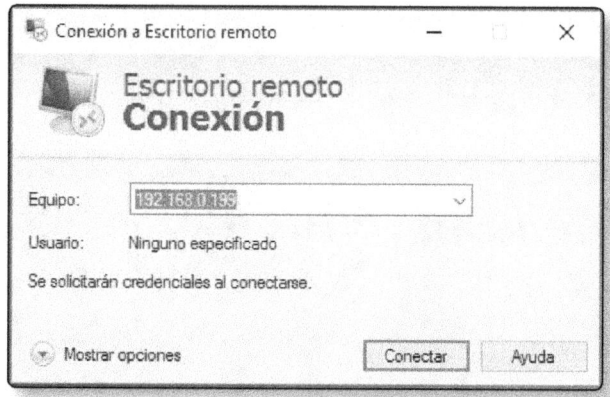

Figura 19.2. Petición nombre o IP remota

3. Ya solo queda autentificarse con un usuario miembro de Microsoft Server Core que tenga privilegios suficientes.

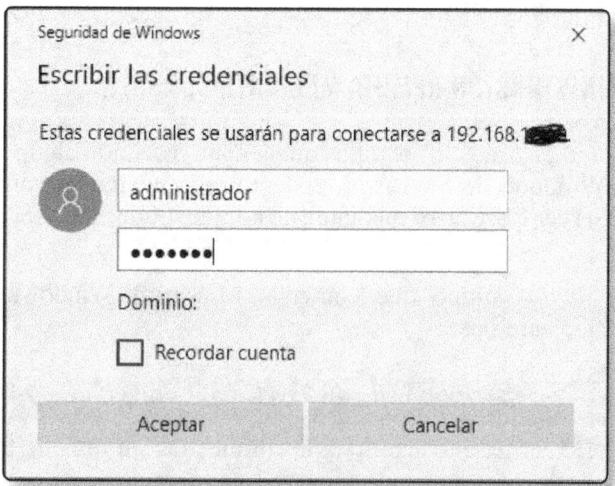

Figura 19.3. Petición de credenciales

4. Puede ser que si no hemos configurado los certificados de manera correcta nos pida confirmación para conectarnos. Para ello nos pedirá que indiquemos si tenemos confianza o no en este equipo.

Figura 19.4. Aviso de inexistencia de certificado

5. Si todo es correcto veremos de manera remota lo que se está viendo en el otro equipo (Microsoft Windows Server Core).

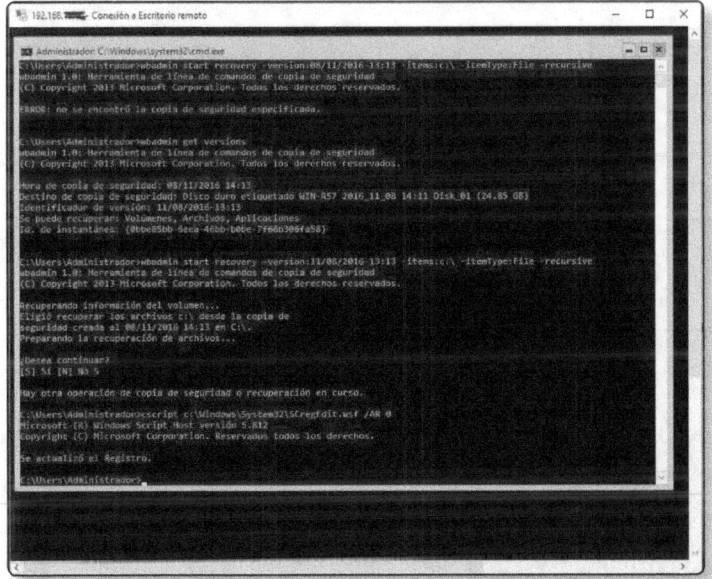

Figura 16.5. Conexión remota establecida

Para salir de esta conexión remota vale con que pulsemos sobre la **X** que aparece en la parte superior.

19.2 ADMINISTRACIÓN REMOTA MEDIANTE MMC

Si queremos valernos de la consola de administración de Microsoft Windows Server 2016 para administrar el equipo remoto que tiene instalado Microsoft Windows Server Core 2016 también podemos hacerlo. Para ello, lo primero que tendremos que hacer es configurar el *firewall* de Windows para que no nos dé error. En nuestro caso vamos a deshabilitarlo totalmente:

Netsh advfirewall set allprofiles state off

Evidentemente este no es el mejor método, pues vamos a dejar descubierto a nuestro servidor Microsoft Windows Server Core. No obstante para el ejemplo será suficiente.

En el equipo remoto, que será el que contenga el modo gráfico de Microsoft Windows Server 2016 abriremos una consola y teclearemos:

Cmdkey /add:equipo_remoto /user:administrador /pass:contraseña

- **Equipo_remoto**: es el nombre o IP del equipo remoto.

- **Administrador**: cualquier usuario que tenga suficientes privilegios administrativos.

- **Contraseña**: la contraseña de dicho usuario.

NOTA
Esta configuración no es necesaria si los equipos pertenecen al mismo dominio.

De esta manera si el equipo no pertenece al mismo dominio quedará enlazado para poder ser administrador.

Por último, abriremos cualquiera de las herramientas administrativas locales del equipo remoto y en la parte superior del árbol que nos muestra a la derecha pulsaremos el botón derecho del ratón.

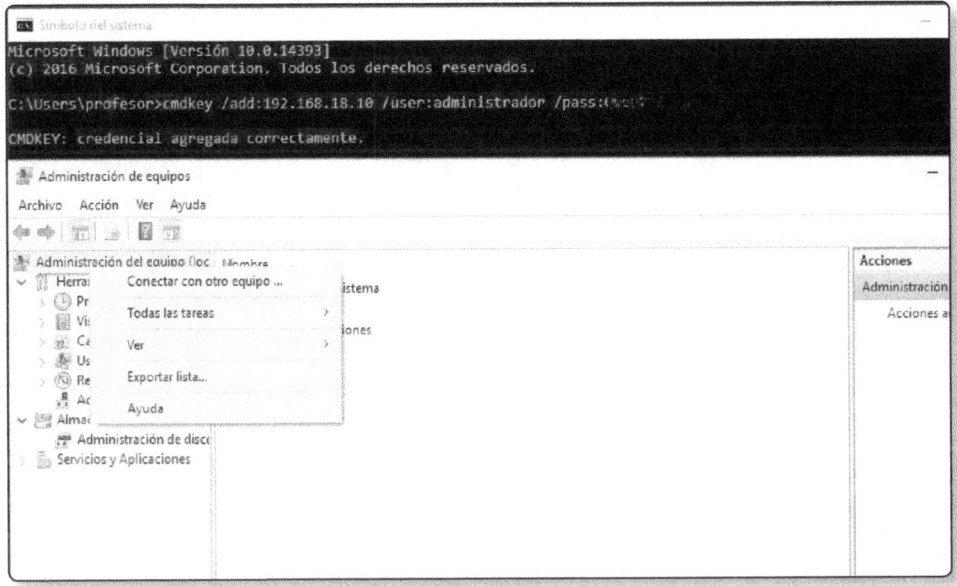

Figura 19.6. Administrador de equipos

De las opciones que nos presenta la que nos interesa es **Conectar con otro equipo**. Como siempre nos conectaremos mediante la **IP** o **nombre del equipo.**

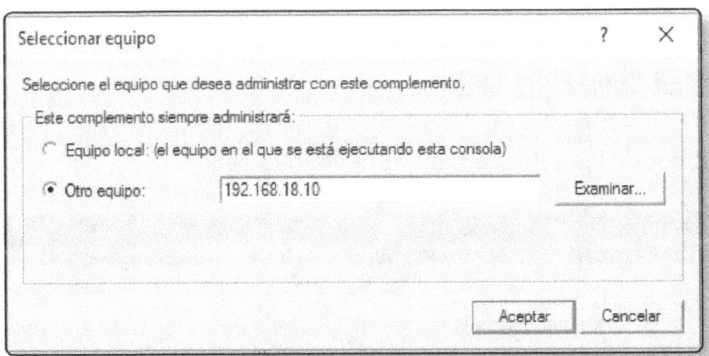

Figura 19.7. Datos del equipo a controlar

A partir de este momento todo lo que hagamos en esa consola, lo estaremos haciendo realmente en el equipo Microsoft Windows Server Core 2016 remoto y no en el local.

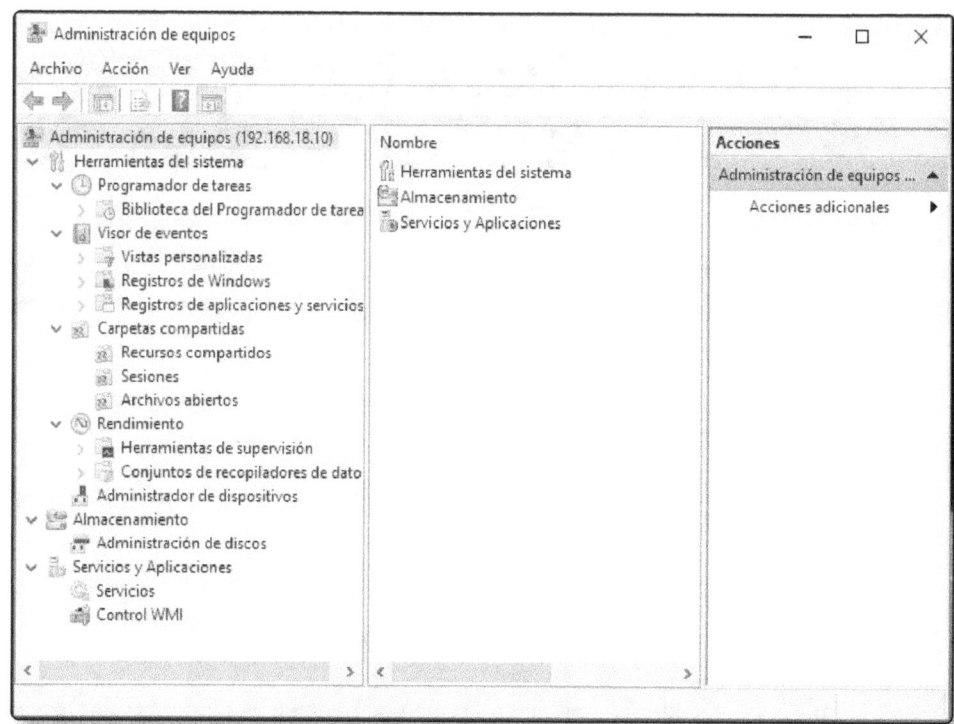

Figura 19.8. Servidor local y remoto

19.3 RESUMEN COMANDOS CMD

Algunos de los comandos más importantes son:

Comando	Descripción
Cmdkey	Gestión de los nombres de usuario y contraseñas almacenados
Copy	Copiar archivos
Cscript	Inicia una secuencia de comandos
Del	Eliminar archivos
Dir	Listar contenido de directorios
Diskpart	Gestión de discos
Dism	Gestión de componentes
Dsget	Mostrar un contenido específico presente dentro del directorio activo
Dsmod	Modificar objetos del directorio activo

Dsquery	Mostrar contenido de un objeto concreto del directorio activo
Fsutil	Gestión de cuotas
Help	Muestra ayuda
Icacls	Gestión de privilegios
Intl.cpl	Configuración de zona horaria
Ipconfig	Obtener información de la configuración de red local
Mkdir	Crear directorio
Move	Mover archivos
Net group	Gestión de grupos del dominio
Net localgroup	Gestión de grupos locales del sistema
Net share	Compartir recursos
Net user	Gestión de usuarios
Netsh	Configuración del sistema
Notepad	Editor de textos
Rd	Eliminar directorios
Regedit	Editor de registro
Ren	Cambiar el nombre de archivos
Sconfig	Herramienta de configuración del sistema
Timedate.cpl	Configuración de fecha y hora
Tree	Mostrar el contenido en formato árbol
Type	Mostrar el contenido de un archivo
Wbadmin	Gestión de copias de seguridad

Tabla 19.1. Comandos cmd

NOTA
Además nos olvidaremos el cmdlet **install-addsforest** para promocionar un nuevo dominio y generación de un nuevo bosque.

20

MICROSOFT WINDOWS SERVER CORE. PARTE 4

Para terminar con Microsoft Windows Server Core veremos cómo instalar y configurar algunos aspectos del servidor IIS (*Internet Information Services*) y la configuración de nuestro servidor para permitir conexiones virtuales.

20.1 IIS EN MICROSOFT WINDOWS SERVER CORE

Evidentemente, el uso de IIS en Microsoft Windows Server Core nos va a permitir que nuestro equipo tenga un menor requisito frente al tamaño de RAM instalada y asegurará más los servicios al dejar menos área de ataque disponible.

20.1.1 Instalación

La instalación de IIS desde la consola Powershell de Microsoft Windows Core se lleva a cabo mediante el comando de instalación de características visto en puntos anteriores. En nuestro caso la característica a instalar es **Web-Server**.

Install-WindowsFeature Web-Server -IncludeManagementTools

Evidentemente hemos incluido en la instalación las herramientas de administración asociadas gracias al parámetro **-IncludeManagementTools**.

```
Recopilando datos...
    10 %
    [oooooooooo
Copyright (C) 2016 Microsoft Corporation. Todos los derechos reservados.

PS C:\Users\Administrador> Install-WindowsFeature web-server -IncludeManagementTools
```

Figura 20.1. Proceso de instalación de la característica Web-Server

Una vez terminado el proceso de instalación que acabará con la aportación de información en consola, podremos acceder al servidor de manera remota haciendo uso de cualquier navegador web, e incluyendo en la barra de direcciones la dirección *http://ip_equipo_servidor*. Evidente **ip_equipo_servidor** será sustituido por la IP de nuestro servidor web.

20.1.2 Inicio y parada

Para iniciar y parar el servidor web haremos uso del comando **net** de manera:

- **Parada**: pararemos el servicio **was**. Cuando nos pregunte si estamos seguro contestaremos que **sí**.

Net stop was

- **Inicio**: iniciaremos el servicio **w3sv** y de esta manera se iniciará todo lo necesario.

Net start w3svc

```
C:\Users\Administrador>net stop was
Los siguientes servicios son dependientes del servicio de Servicio WAS (Windows Process Activation Service).
Detener el servicio de Servicio WAS (Windows Process Activation Service) también detendrá estos servicios:

    Servicio de publicación World Wide Web

¿Desea continuar esta operación? (S/N) [N]: s
El servicio de Servicio de publicación World Wide Web está deteniéndose.
El servicio de Servicio de publicación World Wide Web se detuvo correctamente.

El servicio de Servicio WAS (Windows Process Activation Service) está deteniéndose.
El servicio de Servicio WAS (Windows Process Activation Service) se detuvo correctamente.

C:\Users\Administrador>net start w3svc
El servicio de Servicio de publicación World Wide Web está iniciándose.
El servicio de Servicio de publicación World Wide Web se ha iniciado correctamente.
```

Figura 20.2. Proceso de parada e inicio

20.1.3 Alojamiento virtualizado

El alojamiento virtualizado se configurará desde consola de Microsoft Windows Powershell gracias a cmdlets como **Get-IISServerManager** o **Sites**. E nuestro caso teclearemos:

> $sitioV = Get-IISServerManager
>
> $sitioV.Sites["Default Web Site"].Applications["/"].VirtualDirectories.Add ("/nombre", "ruta_completa")
>
> $sitioV.CommitChanges()

En este caso lo que estamos haciendo es:

- **$sitioV=Get-IISServerManager**, cargamos el controlador del servidor en la variable **$sitioV**.

- **$sitioV.Sites...**, en este caso es donde creamos realmente el acceso al directorio virtual. **Default Web Site** es el sitio por defecto y se escribe como hemos se indica. **/nombre** es el acceso que usaremos desde las direcciones web, quedando como ***http://IP_Servidor/nombre/*** y finalmente **ruta_completa** será la ruta desde **C:** o la unidad donde se aloje la carpeta destino.

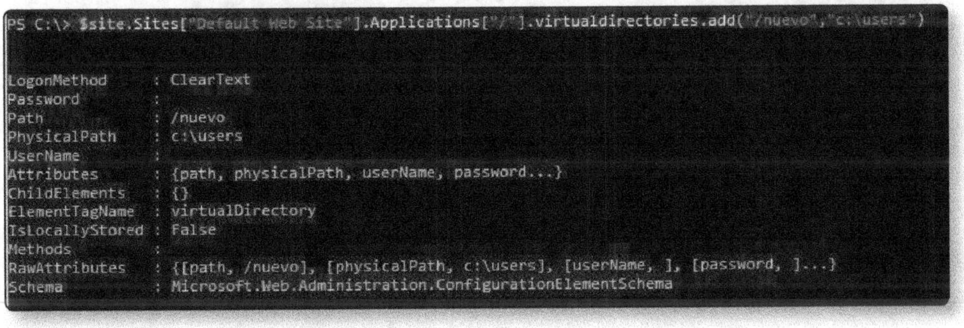

Figura 20.3. Salida del resultado de la configuración

- **$sitioV.CommitChanges()**, grabar los cambios.

20.2 VPN EN MICROSOFT WINDOWS SERVER CORE

20.2.1 Instalación

La instalación del Acceso Remoto se realizará de manera similar al caso de IIS, pero en este caso llamando a la característica **RemoteAccess**.

> *Install-WindowsFeature RemoteAccess*

Cuando se termine el proceso de instalación, instalaremos también el módulo de Microsoft Windows Powershell relacionado con la característica instalada.

> *Install-WindowsFeature RSAT-RemoteAccess-Powershell*

Por último, instalaremos la característica **Routing** que nos permitirá configurar nuestro acceso VPN o DirectAccess.

> *Install-WindowsFeature Routing*

Finalmente, reiniciaremos el servidor tal y como se nos solicita.

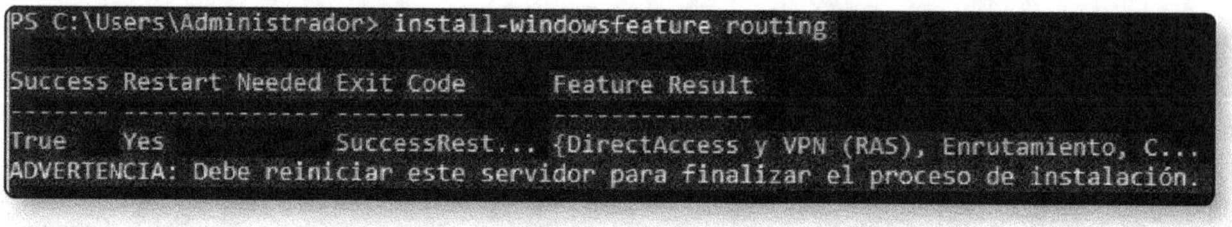

```
PS C:\Users\Administrador> install-windowsfeature routing
Success Restart Needed Exit Code     Feature Result
-------  -------------- ---------    --------------
True     Yes            SuccessRest... {DirectAccess y VPN (RAS), Enrutamiento, C...
ADVERTENCIA: Debe reiniciar este servidor para finalizar el proceso de instalación.
```

Figura 20.4. Petición de reinicio tras la instalación

20.2.2 Configuración VPN

La configuración se puede llevar a cabo desde una consola remota de administración. No obstante, en nuestro caso vamos a seguir trabajando directamente desde la consola Microsoft Windows Powershell de nuestro Microsoft Windows Server Core.

Lo primero que tenemos que hacer cuando tengamos ya instalado nuestras características y reiniciado el servidor es comprobar los prerrequisitos mediante:

> *Install-RemoteAccess -prerequisite*

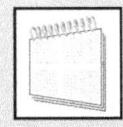

NOTA
Estos prerrequisitos serán los que se necesiten tanto en el caso de VPN como en DirectAccess. Por lo tanto, de no tener un dominio en nuestro servidor, nos lanzará un error.

En nuestro caso vamos a configurar una conexión VPN, por lo tanto haciendo uso del cmdlet anterior teclearemos:

Install-RemoteAccess –VPNtype vpns2s –IPAddressRange 192.168.0.10,192.168.0.20

Con lo que le estamos indicando que instale solamente lo relacionado con VPN y definiendo el rango de IP asignables, dejando de lado DirectAccess.

Figura 20.5. Post-instalación

NOTA
Para deshabilitar el *firewall* pondremos el siguiente comando, que aunque está obsoleto nos sigue permitiendo su uso en esta versión:

Netsh firewall set opmode disable

21

MICROSOFT WINDOWS NANO SERVER

Aunque este sea el último capítulo relacionado con las funcionalidades de Microsoft Windows Server, nos encontramos con un capítulo que es especialmente novedoso al ser esta una opción de instalación que es la primera versión en la que se incluye, no estando disponible en versiones anteriores a Microsoft Windows Server 2016.

21.1 ¿QUÉ ES MICROSOFT WINDOWS NANO SERVER?

A diferencia de Microsoft Windows Server Core, Microsoft Windows Nano Server es un sistema operativo servidor pero orientado a una administración remota. El modo de trabajo es similar a Microsoft Windows Server Core, trabajando a través de la consola que se nos presenta.

Como características principales tiene:

- Ocupa menos espacio en disco.
- Configuración más ágil.

NOTA
Nano Server está disponible para las ediciones Standard y Datacenter de Microsoft Windows Server 2016.

Este modelo de servidor está especialmente dirigido a ciertas funcionalidades. Algunas de ellas son:

- Servidor DNS
- Servidor web (IIS)
- *Host* para las máquinas virtuales de Hyper-V
- *Host* de almacenamiento

> **NOTA**
> Antes de empezar con el proceso es muy importante que activemos la característica de **Hyper-V** desde **Panel del control>Programas>Activar o desactivar características de Windows.**

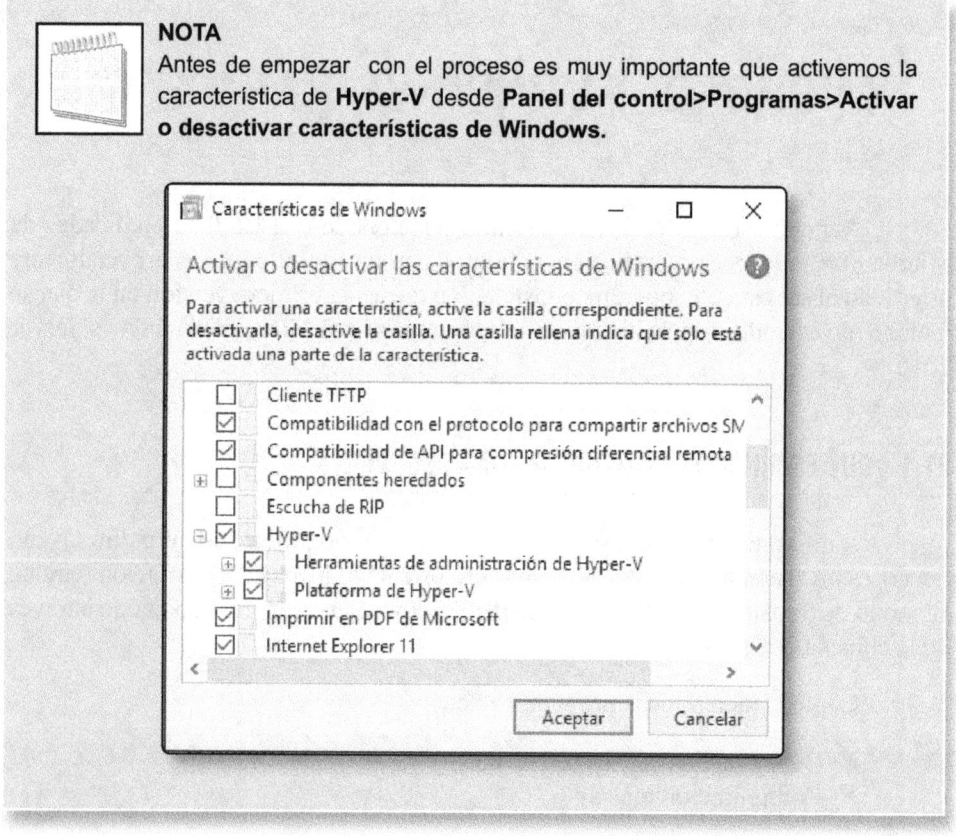

21.2 INSTALACIÓN

Para la instalación de prueba podemos bajar la versión **Nano Server VHD** (**.exe**) disponible en la página web de descargar (imagen 2.2), o bien crear nuestra propia máquina virtual VHD.

21.2.1 Crear una máquina virtual

Para la creación de nuestra nueva máquina virtual descargaremos el programa **Nano Server Image Builder** desde la página oficial de Microsoft *https://www.microsoft.com/en-us/download/details.aspx?id=54065.*

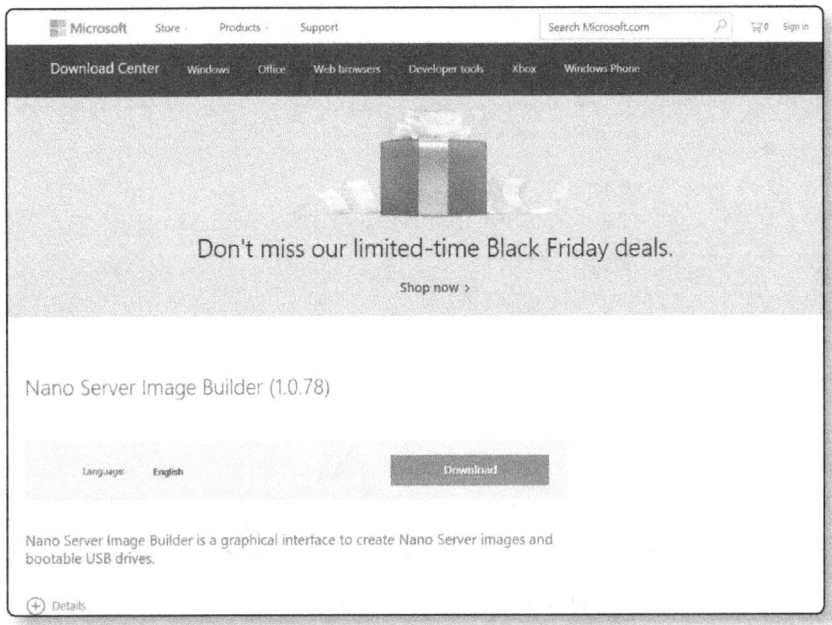

Figura 21.1. Descarga de Nano Server Image Builder

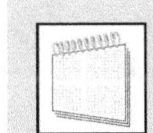
NOTA
Cuando instalemos este *software* se nos solicitará instalar una serie de dependencias que aceptaremos.

Cuando tengamos el programa instalado nos aseguraremos de tener la ISO de instalación de Microsoft Windows Server 2016 en nuestro equipo local. Iniciaremos dicho programa **Nano Server Image Builder**.

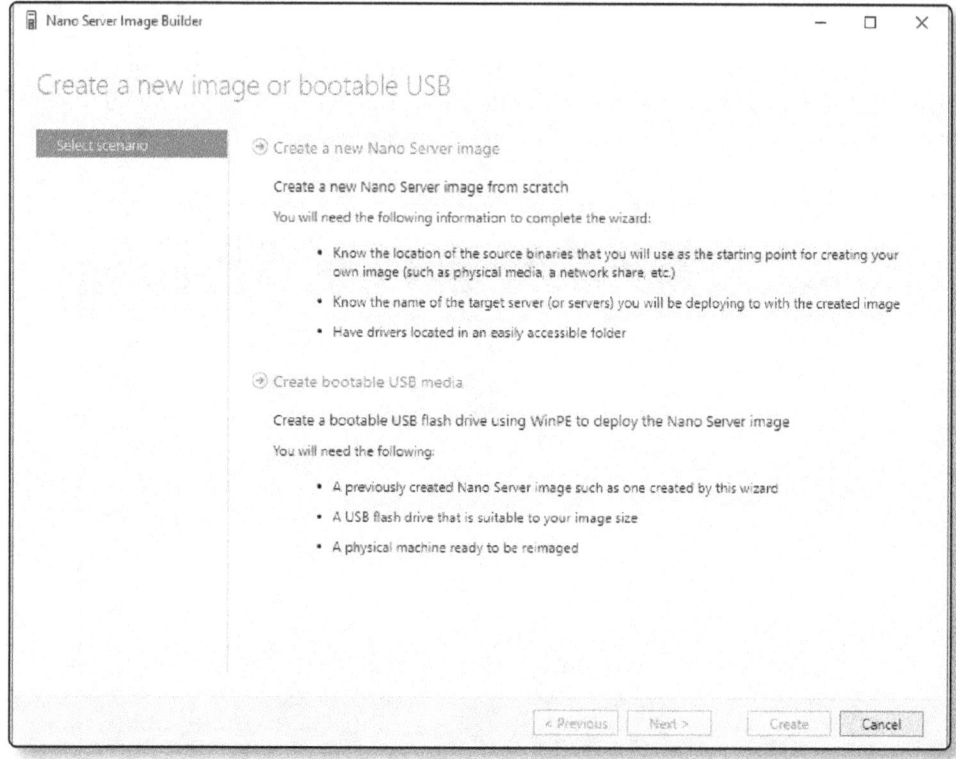

Figura 21.2. Tipo de sistema a crear

Lo primero que se nos solicitará es que seleccionemos el tipo de sistema a crear. Estos pueden ser de dos tipos:

▼ **Imagen de Nano Server**: la primera opción, y en ella se nos creará una imagen VHD similar a la descargada desde la web de evaluación.

▼ **Crear sistema en un USB *booteable***: carga el sistema en un USB.

Para nuestro caso vamos a elegir la primera opción y pulsaremos **Next**. Lo mismo haremos en la siguiente pantalla, donde se nos mostrará información previa al desarrollo del ensamblado.

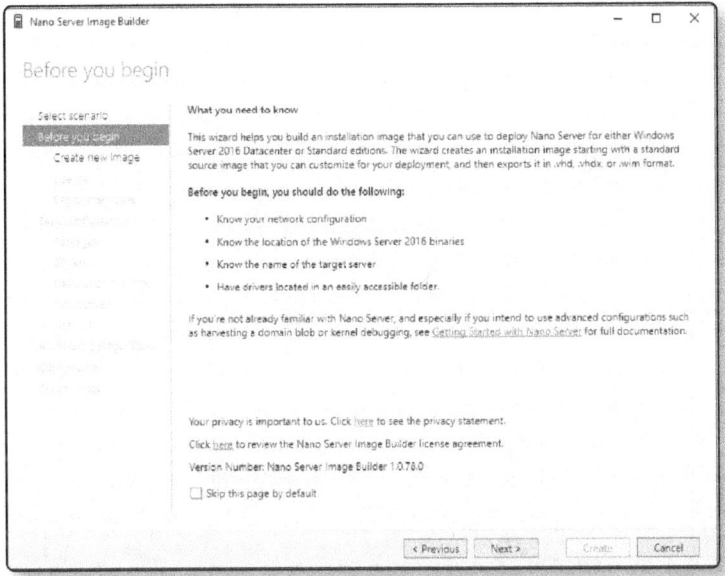

Figura 21.3. Información previa

El siguiente paso nos pide que indiquemos donde tenemos la ISO del sistema operativo Microsoft Windows Server 2016. No tendremos que seleccionar la ISO, ya que con indicar la ubicación el programa la localizará por sí mismo.

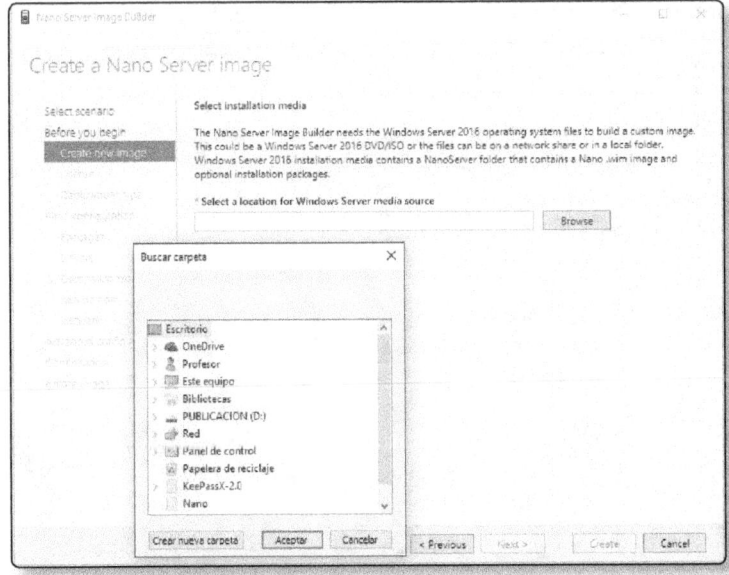

Figura 21.4. Localización ISO del sistema

Como en todos los productos de Microsoft, este también posee su licencia que deberá ser aceptada.

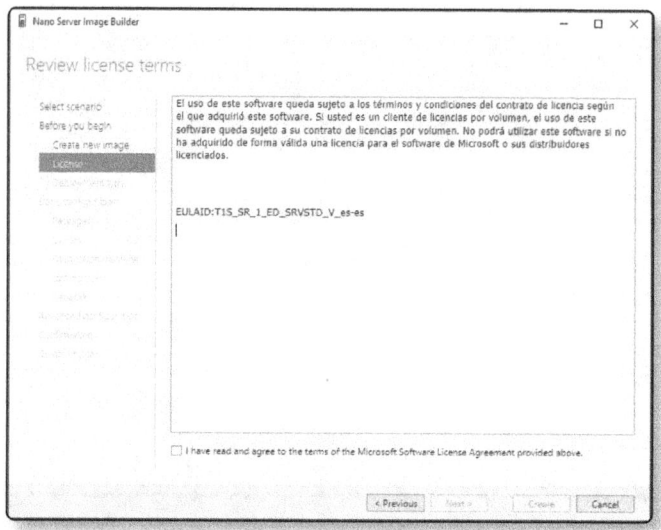

Figura 21.5. Licencia

Nos toca indicar la ubicación destino de nuestra máquina VHD. Con seleccionar la ubicación **Output** el resto se rellenará solo. En la parte superior podemos indicar nuevamente si el sistema será instalado en un USB (*physical machine image*) o en un VHD (*virtual machine image*).

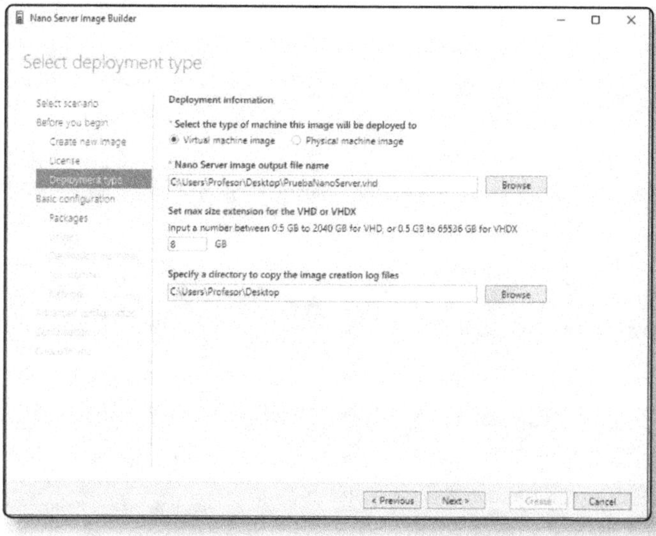

Figura 21.6. Ubicación de la VHD a crear

Nuevamente se nos presentará información de los pasos que nos quedan por realizar de manera que podamos recoger la información necesaria.

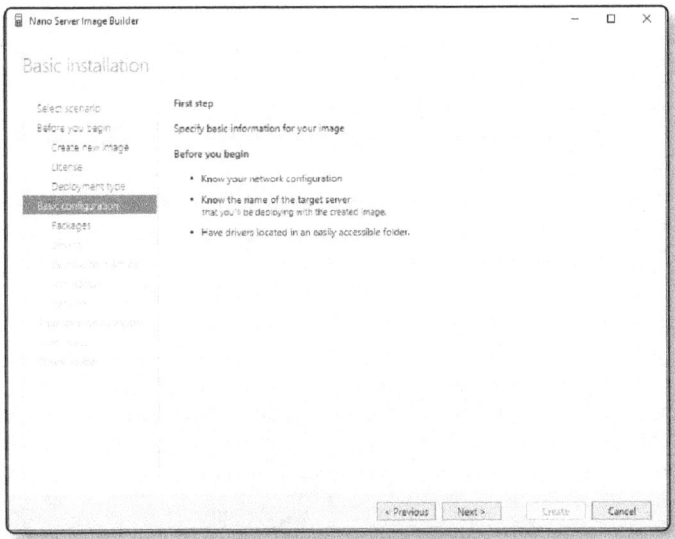

Figura 21.7. Información resto proceso

En la selección de paquete podremos elegir entre la oferta de paquetes para la versión *Datacenter* o *Standard*, que como sabemos son las opciones disponibles en la instalación de Microsoft Windows Server 2016, tanto gráfica como *core*.

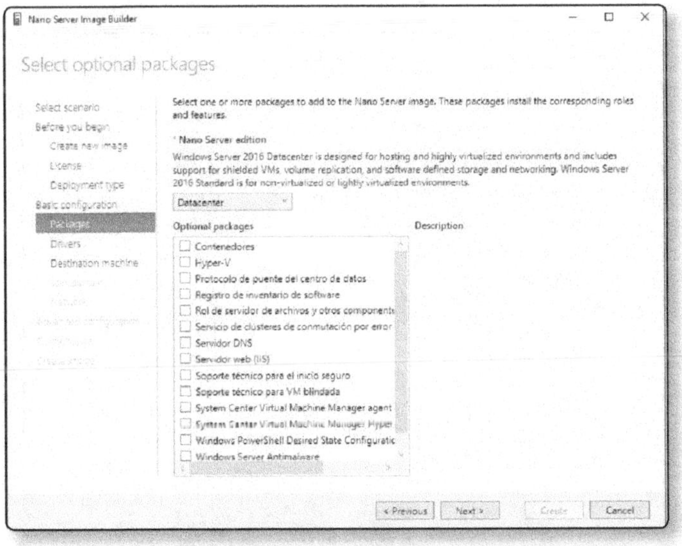

Figura 21.8. Selección de paquetes

Elegidos los paquetes se nos preguntará si queremos añadir algún *driver* específico a nuestro Microsoft Windows Nano Server. No olvidemos que lo ficheros de *driver* a insertar deberán estar en formato **inf**.

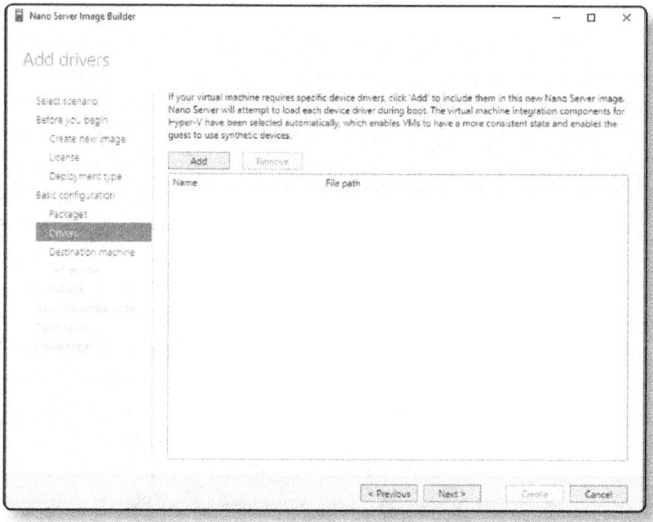

Figura 21.9. Selección de drivers específicos

Ya estamos acabando con el proceso de creación de nuestra imagen virtual, una de las cosas que queda es añadirle nombre al equipo y contraseña al administrador. Es importante que no añadamos el nombre de equipo si queremos añadirlo a un dominio, tal y como se nos indica en las instrucciones del programa.

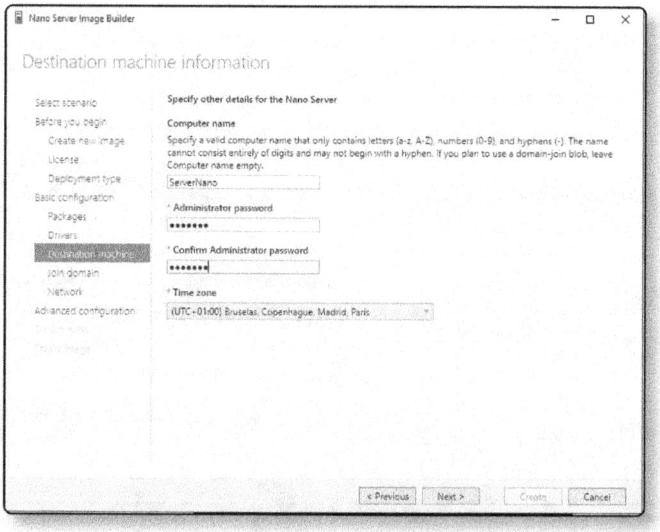

Figura 21.10. Asignación nombre equipo y contraseña administrador

Evidentemente no podemos acabar el proceso sin indicar si queremos o no incluirlo en un dominio ya existente.

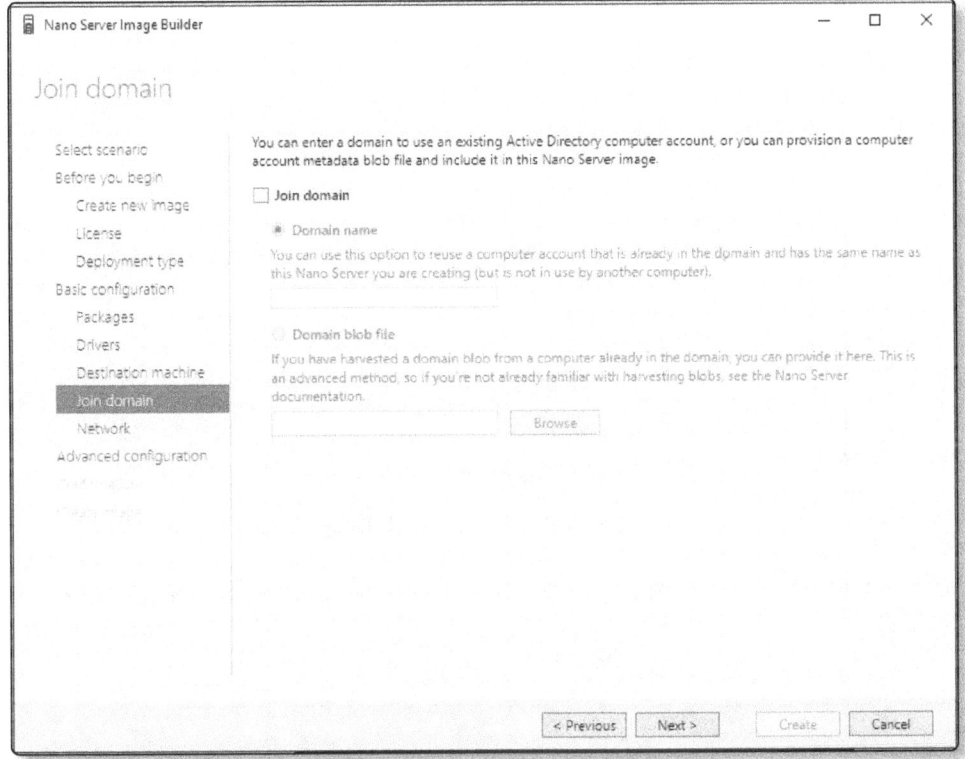

Figura 21.11. Inclusión en un dominio

Por defecto, se nos presentan una serie de configuraciones de red que podemos modificar:

▼ **Enable WinRM and remote Powerhell connections from all subnets**: por defecto no está habilitada la configuración de administración remota. Podemos activarla marcando esta casilla.

▼ **Enable virtual LAN**.

▼ **Configure network settings**: en este apartado podemos dejar la asignación de IP en modo **DHCP** tal y como viene preconfigurado o asignarle datos **estáticos**, incluyendo en este caso una dirección UPv6.

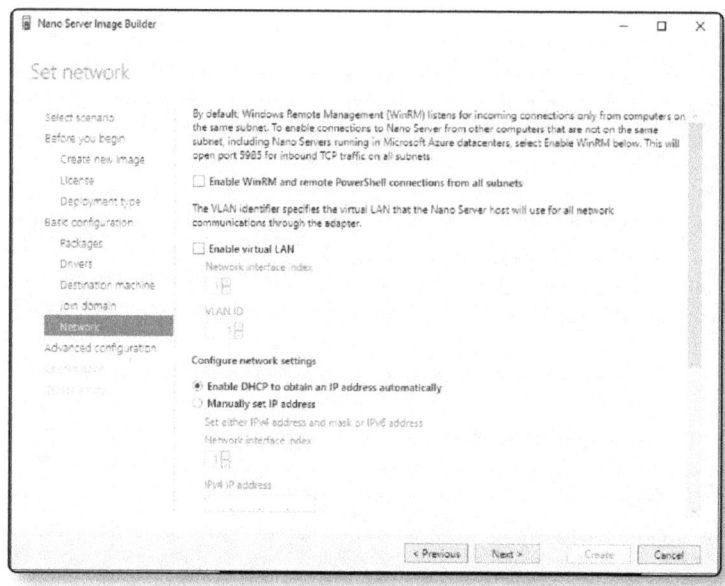

Figura 21.12. Configuración de la red

Ya hemos llegado al final, solo queda indicar si queremos crear ya la imagen pulsando **Create basic Nano Server image** o seguir personalizando aspectos más concretos de la compilación pulsando **Continue configure advance settings**.

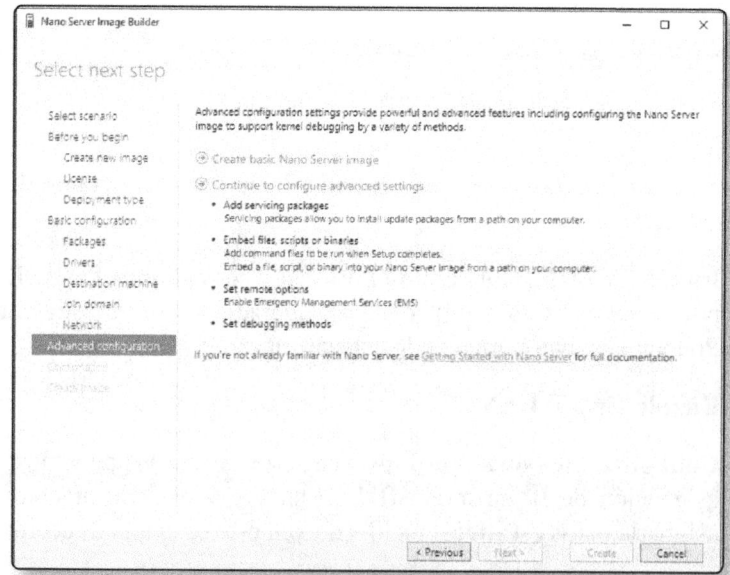

Figura 21.13. Pasos finales

Bien si lo hemos dado por finalizado o hemos terminado de configurar las características avanzadas, ya solo nos quedará pulsar **Create**, tras comprobar la hoja resumen en la que se nos presenta la configuración creada, para que el proceso comience. Esto tardará unos minutos, pero podremos ver el estado en la misma pantalla.

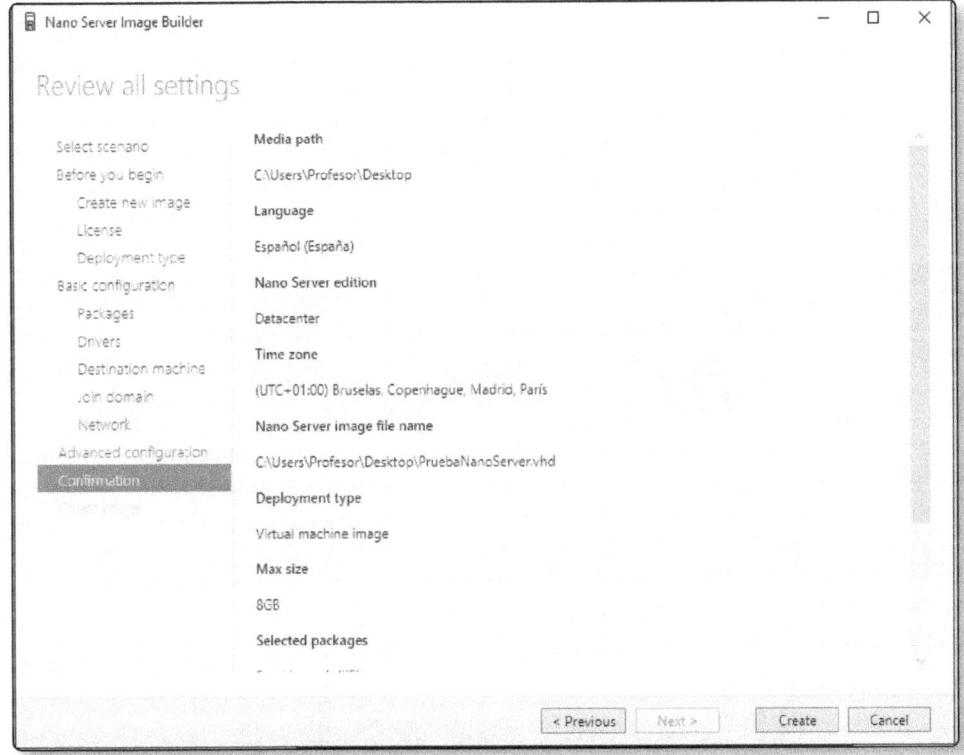

Figura 21.14. Finalización del proceso

21.2.2 Ponerlo en marcha

Ya tendremos nuestra imagen VHD obtenida por alguno de los medios anteriormente indicados y explicados. Cuando tengamos esta imagen será el momento de ponerla en funcionamiento, para ello, y si hemos cumplido con todos los requisitos del punto previo, tendremos que abrir el programa **Administrador de Hyper-V** desde el que podremos crear una nueva máquina virtual y añadirle el disco duro obtenido.

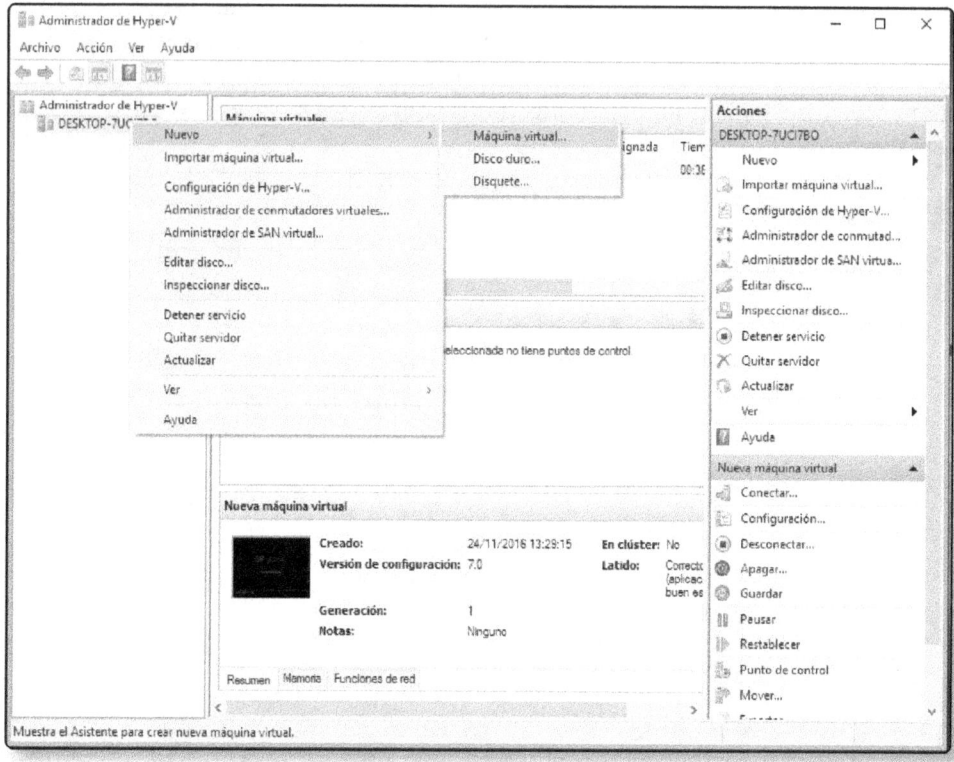

Figura 21.15. Administrador de Hyper-V

> **NOTA**
> Como indica Microsoft en su web, "El rol de servidor de Hyper-V de Windows Server permite crear un entorno informático de servidor virtualizado donde puede crear y administrar máquinas virtuales. Puede ejecutar varios sistemas operativos en un equipo físico y aislar los sistemas operativos entre sí.". Aunque en este texto no habla de Microsoft Windows Server, encontraremos esta tecnología también en Microsoft Windows 10. Podemos ver más información en la dirección web *https://msdn.microsoft.com/es-es/library/mt169373(v=ws.11).aspx*

Para crear la nueva máquina virtual nos situaremos con el ratón sobre el nombre de la máquina situado en la parte izquierda y pulsaremos el botón derecho del ratón para sacar el menú contextual. En este menú acudiremos a **Nuevo > Máquina virtual**. De esta manera comenzará el proceso de creación y configuración de nuestra nueva máquina virtual mostrándonos primeramente el mensaje de bienvenida en el que se nos aporta información previa.

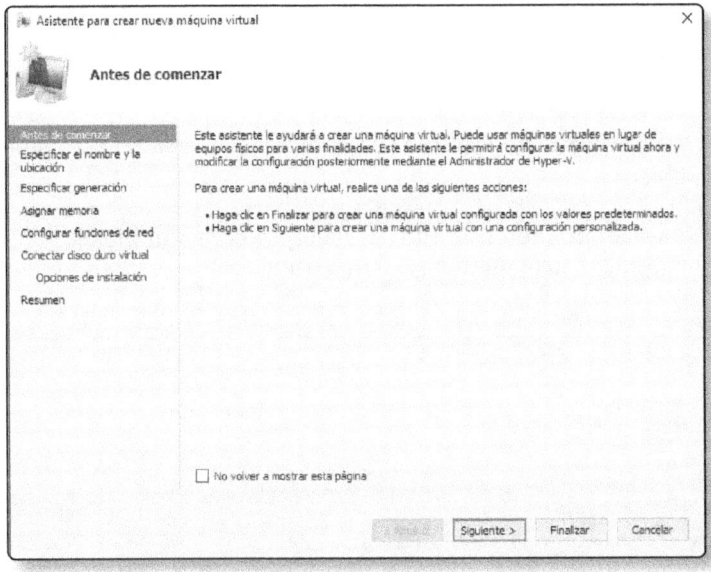

Figura 21.16. Información previa

Lo siguiente que se nos solicitará es ponerle nombre a nuestra máquina e indicar la ubicación de almacenamiento de la misma, teniendo en cuenta que en dicha ubicación debemos tener espacio suficiente para posibles puntos de restauración que vayamos a crear.

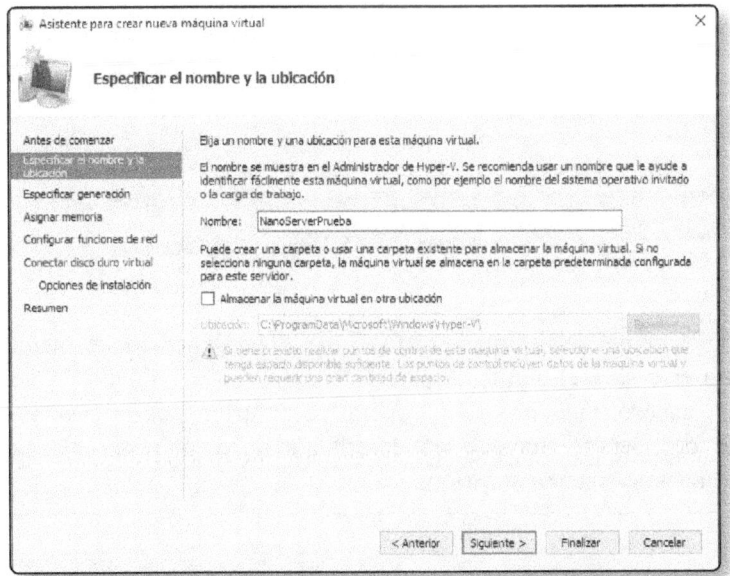

Figura 21.17. Nombre y ubicación de la nueva máquina virtual

Antes de continuar es necesario indicar el tipo de máquina virtual que vamos a crear, pues dependiendo del sistema operativo se podrá indicar una generación u otra:

- ▼ **Generación 1**: compatible con el *hardware* estándar y versiones de 32 y 64 bits.

- ▼ **Generación 2**: en este caso se incluyen compatibilidades con *hardware* de última generación y *firmware* UEFI.

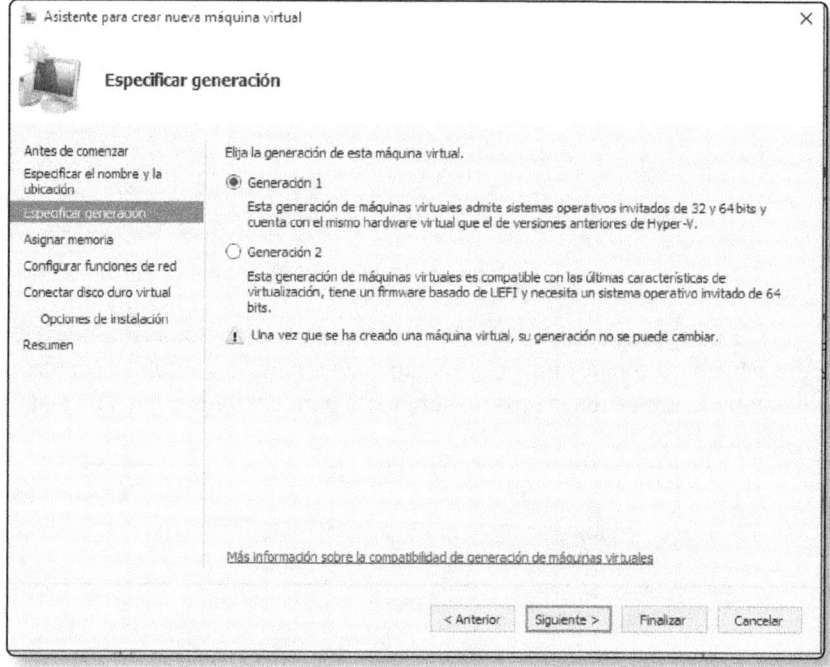

Figura 21.18. Selección de generación

Lógicamente, un sistema operativo no podrá trabajar sin una memoria RAM. Por lo tanto este será el siguiente paso. Debemos tener cuidado de no asignarle memoria en exceso, pues el sistema operativo anfitrión podría caer en estado de bloqueo. El ideal será no mayor a la memoria que quede de restarle las necesidades mínimas de nuestro sistema anfitrión.

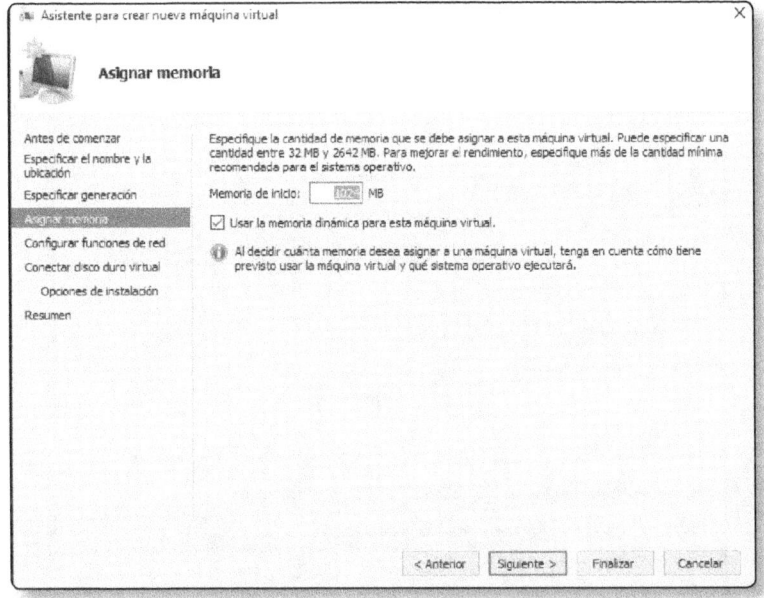

Figura 21.19. Tamaño de memoria RAM

Podemos configurar nuestra máquina virtual de manera que virtualice nuestra tarjeta de red, permitiendo así conexión a la red.

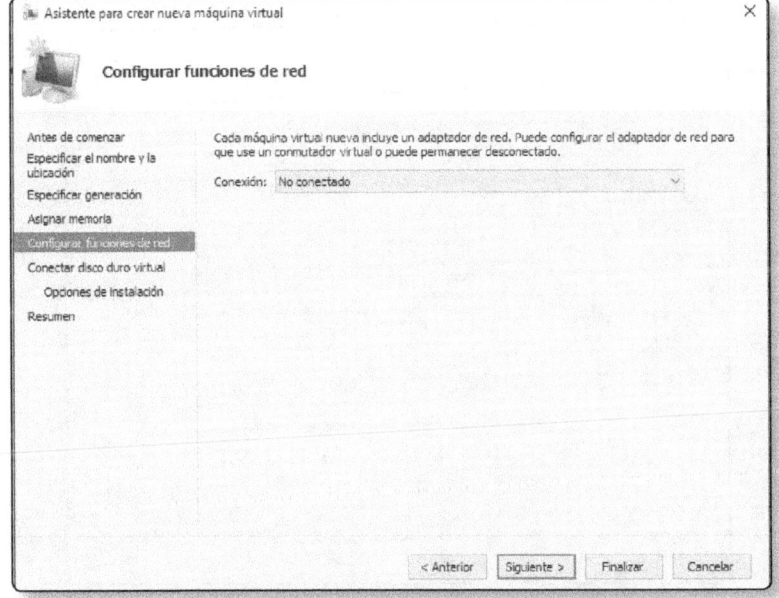

Figura 21.20. Habilitar la conexión de red

Es el momento de añadir nuestro disco duro virtual VHD, para ello marcaremos la opción **Usar un disco duro virtual existente** y seleccionaremos el mismo pulsando sobre **Examinar**.

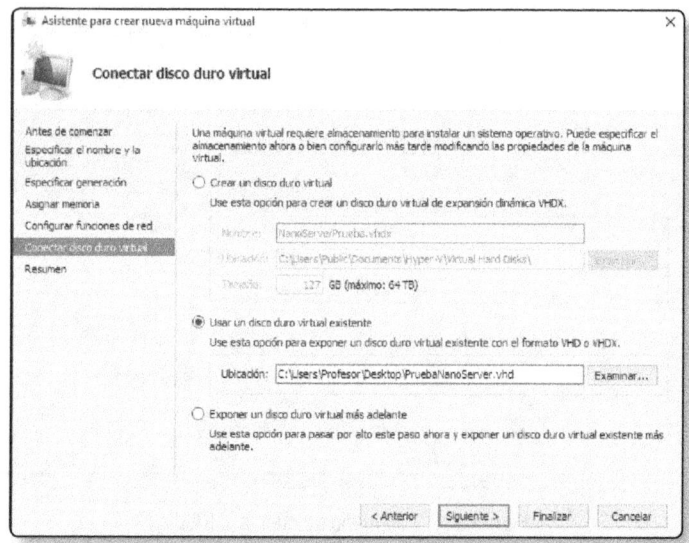

Figura 21.21. Selección, creación el disco duro virtual

Si todo ha ido bien veremos el resumen de nuestra nueva máquina virtual y podremos **Finalizar** el proceso de creación de la misma.

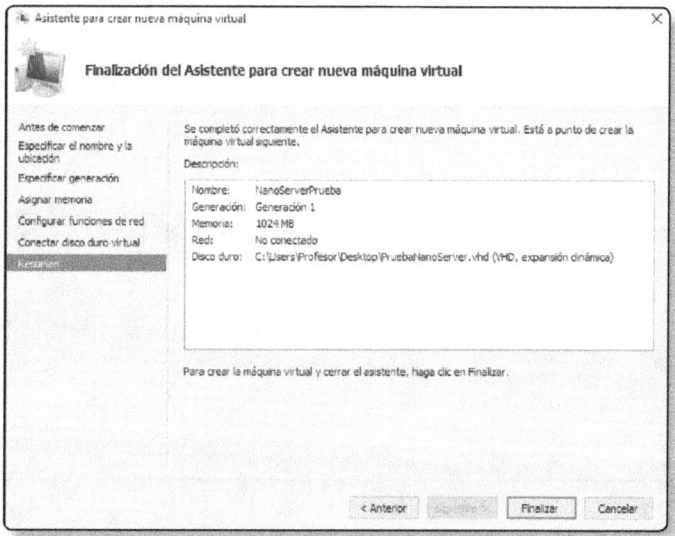

Figura 21.22. Finalización

21.3 PRIMER CONTACTO

Para tener un primer contacto con nuestro Microsoft Windows Nano Server, lo primero que tendremos que hacer es arrancar la máquina virtual. Esto lo hacemos desde el **Administrador de Hyper-V**, teniendo seleccionada la máquina virtual de entre las presente en el apartado central, podremos ver que se nos despliega un menú secundario en la parte derecha con el mismo nombre que le hemos puesto a nuestra máquina. En nuestro caso **NanoServerPrueba**. Pues en este menú seleccionaremos **Conectar**.

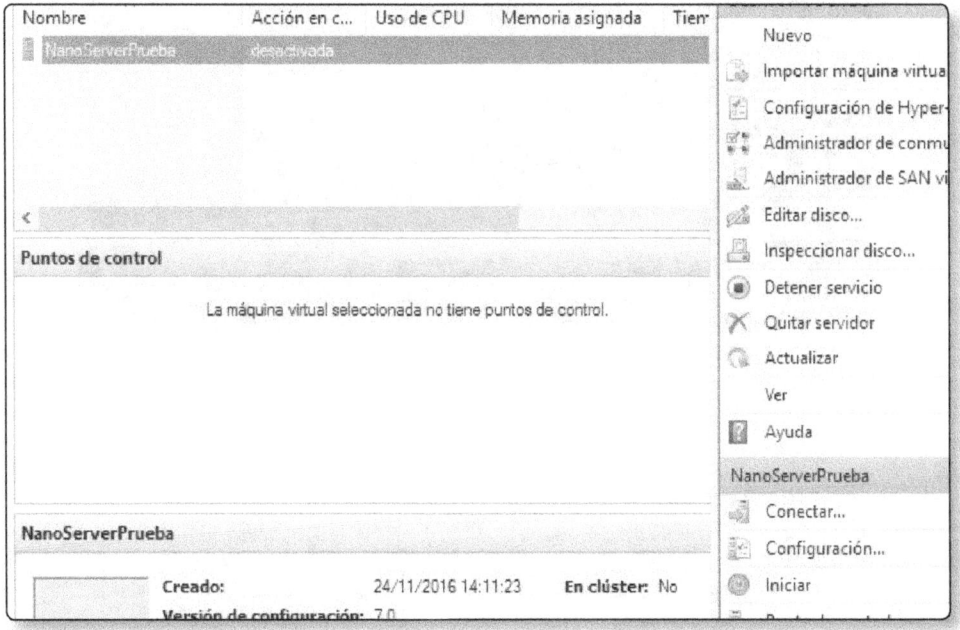

Figura 21.23. Arranque de la nueva máquina virtual

Tras un momento se abrirá una nueva ventana en la que se nos mostrará el arranque de Microsoft Windows Nano Server en modo virtualizado y cómo podremos ver se presentará tras este arranque el mensaje de inicio de sesión de la misma

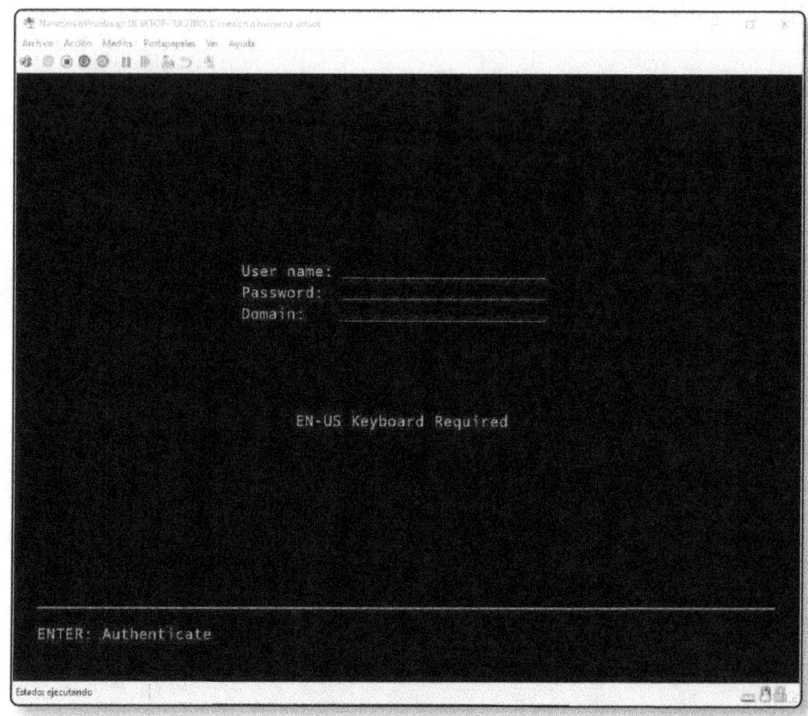

Figura 21.24. Inicio de sesión

> **NOTA**
> En todo momento, en la parte inferior se nos presentará las opciones que podemos llevar a cabo en nuestro nuevo servidor mediante el uso de determinadas teclas.

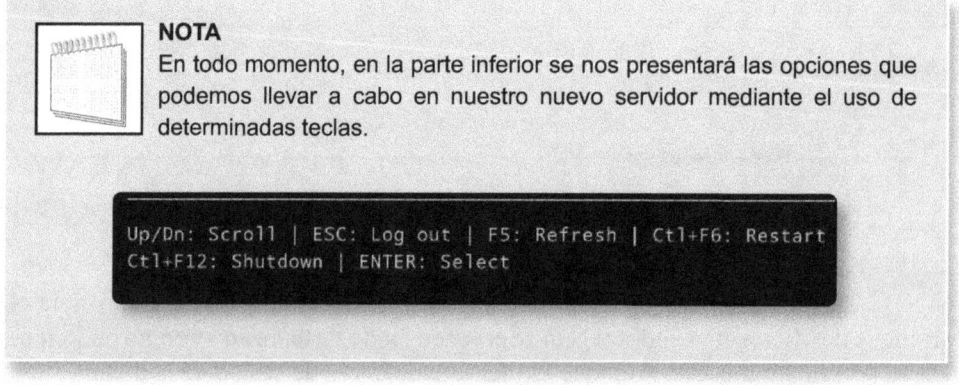

Tras validar a nuestro usuario administrador se nos presentará la pantalla principal del servidor Microsoft Windows Nano Server en la que podremos realizar varias acciones:

▼ **Networking**: modificar los datos configuración de la red de nuestro servidor.

▼ **Inbound Firewall Rules**: reglas de entrada del *firewall*, en la lista que se nos mostrará podremos habilitar o deshabilitar ciertas reglas de entrada al servidor.

▼ **Outbound Firewall Rules**: reglas de salida del *firewall*, en la lista que se nos mostrará podremos habilitar o deshabilitar ciertas reglas de salida desde el servidor.

▼ **WinRM**: *Windows Remote Management* o administración remota de Windows.

Como podemos ver, las acciones desde esta consola son limitadas, ya que el proceso de administración se hará de manera remota.

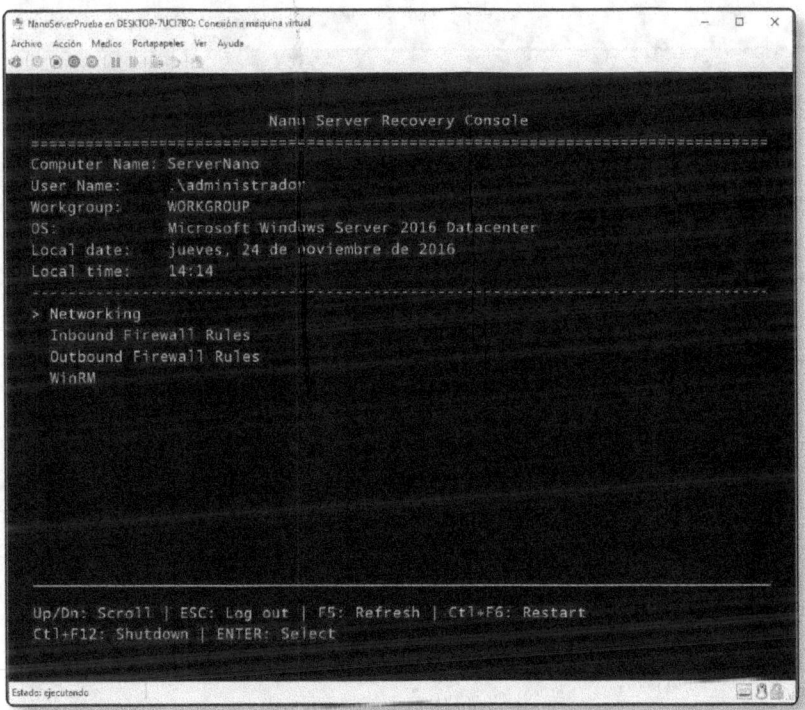

Figura 21.25. Pantalla principal

21.4 CONFIGURACIÓN DE LA RED

Si queremos configurar la red pulsaremos evidentemente la opción de **Networking** en el menú principal. Esta opción nos llevará a una nueva ventana en la que se nos mostrará el adaptador o los adaptadores de red instalado en nuestra máquina. Seleccionaremos el deseado y pulsaremos **Enter** sobre él.

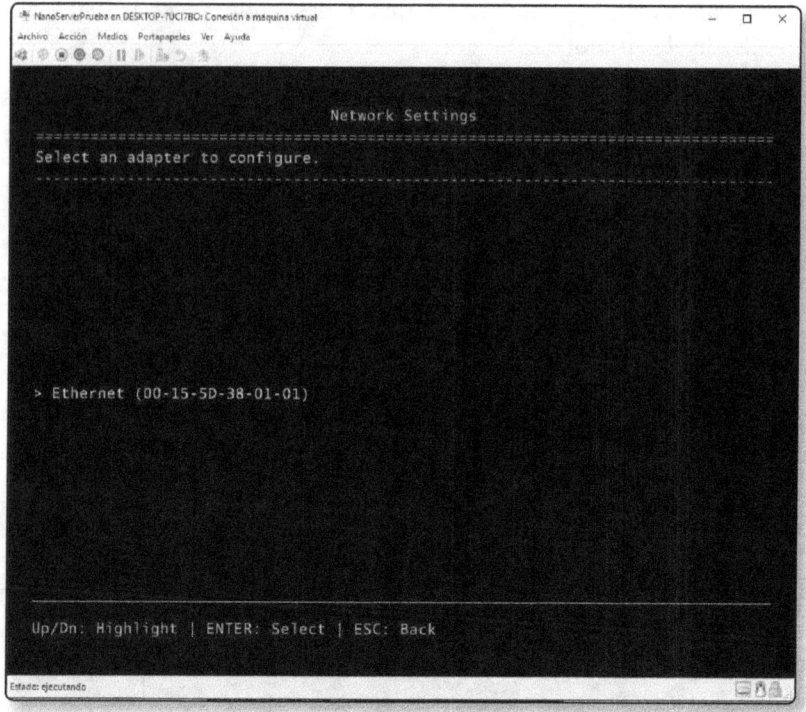

Figura 21.26. Adaptadores de red del servidor

Este adaptador nos aportará una información en relación a la configuración que tenga activa. Se puede ver en la imagen siguiente la información relacionada con su IP, máscara, DHCP activo o no, etc.

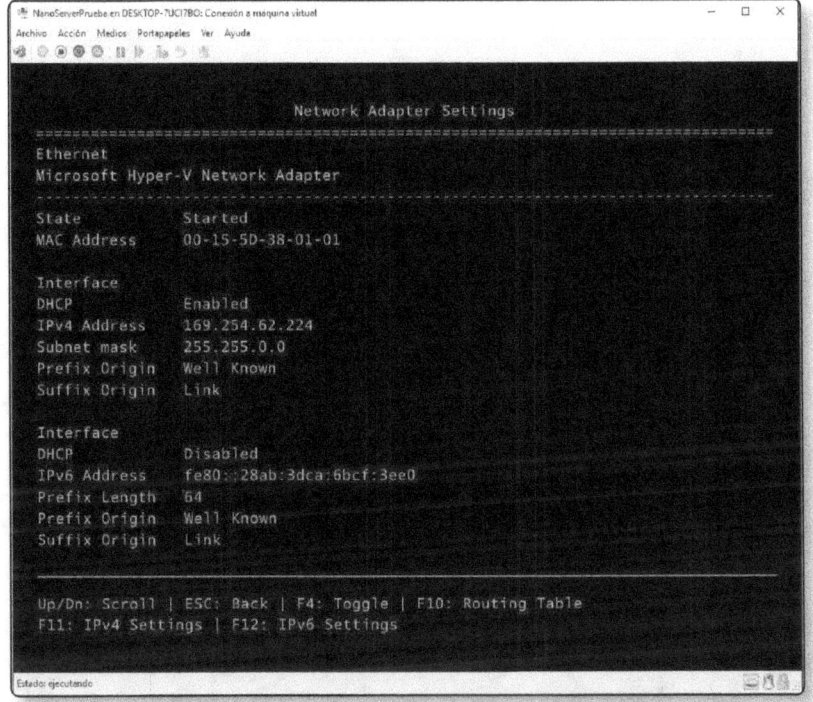

Figura 21.27. Configuración del adaptador de red

Para modificar esta información tenemos tres opciones:

- Pulsar **F10** para modificar la información de la tabla de enrutamiento.
- Pulsar **F11** para configurar la IPv4.
- Pulsar **F12** para configurar la IPv6.

Cuando pulsemos algunas de las opciones anteriores, por ejemplo **F11**, se nos mostrarán los campos a modificar, En el caso de la IPv4 lo primero que tendremos que hacer para ello es **deshabilitar** la asignación automática mediante DHCP.

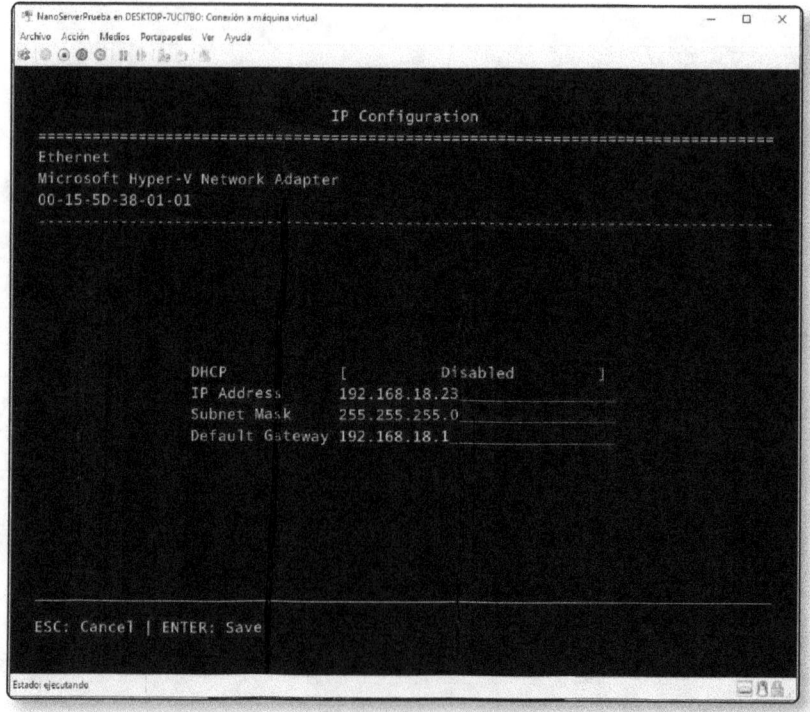

Figura 21.28. Modificación de los datos de red

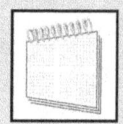
NOTA
Para acceder a los diferentes campos a rellenar podemos utilizar la tecla **TAB** de manera que vaya cambiando el foco.

22

EJERCICIO PRÁCTICO COMPLETO (ENUNCIADO)

En este capítulo y como colofón de la obra se plantea al lector el enunciado de un ejercicio con el que se pretende que se repasen los componentes esenciales de Microsoft Windows Server 2016. De esta manera se deja la resolución del mismo al lector con la intención de que acudiendo a los diferentes capítulos encuentre la respuesta.

22.1 ENUNCIADO

Una empresa con 1000 trabajadores repartidos entre tres áreas (contabilidad, informática y RR. HH.) quiere actualizar sus sistemas con el uso del Directorio Activo y sus funciones. Realizar las siguientes tareas:

1. Planear la estructura gráfica de la empresa si queremos una máquina central que gestione los usuarios y una que gestione la impresión. Explicarlo en pocas palabras.

2. Si inicialmente contamos con un servidor con Directorio Activo, llamado A, y el servidor de impresión con Directorio Activo igualmente, llamado B. Configurar nuestro servidor local A para que iniciando sesión en A podamos trabajar en B y viceversa. Una vez hecho, crear un usuario en el servidor B de forma remota con tu nombre, para ello realiza desde tu máquina servidor A las operaciones necesarias en la máquina servidor B.

- DATOS:
  - (a) Servidor A: dominioA.es. IP: 192.168.4.100, MÁSCARA: 24 PUERTA DE ENLACE: 192.168.4.254.
  - (b) Servidor B: El nombre del dominio es dominiuoB.es, IP: 192.168.4.250 MÁSCARA: 24, usuario: administrador, clave: Qwerty123

  Di qué tipo de relaciones estableces si tenemos en cuenta el punto 1.

3. Los clientes (equipos) trabajan con Microsoft Windows 10, eso supone que en la instalación y configuración de estos equipos con Microsoft Windows 10 debemos tener en cuenta algo, ¿el qué?

4. Antes de empezar a generar usuarios deshabilitaremos la directiva de grupo que nos restringe las contraseñas, de manera que podemos añadir cualquier contraseña independientemente de la longitud y el contenido de la misma.

5. Como grupo representativo de empleados vamos a trabajar con 31 de ellos, de los cuales 10 son de cada área y un administrador del sistema. Para añadirlos al Directorio Activo, ¿cómo podemos hacerlo del modo más rápido? Hazlo con el grupo de informática, teniendo en cuenta las siguientes características:

   - Su horario de trabajo es de 8h a 18h de miércoles a domingo.
   - No pueden cambiar la contraseña.
   - El grupo informática es derivado del grupo Administradores.
   - Todo el proceso quedará organizado en una unidad.

6. Crear el usuario **super** que se autentifique desde Microsoft Windows 10 y trabaje con un perfil obligatorio. Controla e indica todos los aspectos de seguridad que consideres. ¿Cómo haría este proceso en el servidor B sabiendo que solo tengo acceso físico a su máquina?

7. Acaba de terminar de instalar el sistema Microsoft Windows Server 2016 y para confirmar que si hubiera una caída la podamos recuperar sin problemas haré una copia de seguridad o *backup* del sistema. Para que sea lo más correcto y seguro posible puede añadir los dispositivos físicos que considere.

8. Crear una carpeta llamada "acceso" que sea accesible desde red y que solo el usuario con su nombre pueda escribir en ella. Todos los demás podrán leerla.

9. Crear un usuario en nuestra máquina local llamada **clara** que nos sirva para hacer inicio de sesión desde Microsoft Windows 10 en nuestro dominio Microsoft Windows que tenga una cuota de disco de 10Mb, con avisos a partir de un 1Mb. ¿Qué requerimientos son necesarios para una correcta conexión desde Microsoft Windows 10 al controlador de dominio?

10. Todas las conexiones las hemos realizado con Microsoft Windows 10. Imagine el lector que migramos a GNU/Linux. Indicar y realizar la configuración necesaria para que GNU/Linux se conecte con el Dominio y pueda iniciarse sesión con los usuarios del mismo.

11. Con la aparición del teletrabajo vamos a configurar nuestro servidor, así como los accesos del *router* para que podamos conectarnos desde casa gracias a una conexión VPN.

12. Por último, pondremos en marcha nuestro servidor web con dos alojamientos virtualizados, uno para administración y otro para informática. De esta manera se espera que en breve se pueda alojar en ellos sendas páginas web personalizadas.

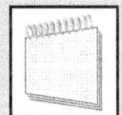

NOTA
El proceso se realizará de manera gráfica y mediante consola, tras la instalación de un servidor con Microsoft Windows Server Core 2016.

ÍNDICE ALFABÉTICO

Símbolos

&, 174
#, 182
>, 56, 66, 69, 71, 73, 81, 181, 182
2>, 182

A

Acceso a redes, 139
Acceso directo, 37
Acceso remoto, 135, 137, 232
Active directory, 18, 42, 45, 56, 90
Actualización, 25
Actualizaciones remotas, 63
Administración remota, 221
Administrador, 28, 29, 30, 33, 38, 39, 43, 52, 55, 67, 81, 83, 90, 93, 97, 106, 120, 121, 127, 159, 258
Administrador de DNS, 87
Administradores de dominio, 63
Administrador remoto, 221
Advertencia de límite, 76
AllSigned, 175
Árbol, 53, 86
Archivos en red, 45
ASP .Net, 149
Autocompletado, 158, 172
Ayuda, 22, 23, 37, 39, 107, 160, 161, 193

B

Barra de menú, 33
Batch, 174
BGP, 135
Bidireccional, 90, 97
BIOS, 23
Block de notas, 170
Bosque, 53, 86, 92
Buscar, 62, 72
Bypass, 175

C

Cambiar propietario, 81
Características, 19, 38, 39, 40, 43, 44, 45, 103, 104, 160, 258
Carpeta de red, 108
Centro de redes, 42
CGI, 149
Chrome, 186
Cliente, 15
Cmdlet, 37, 157, 158, 159, 160, 161, 162, 163, 164, 165, 169, 175, 176, 180, 181, 184, 185, 187, 188, 190, 196, 210, 227, 233
Comentarios, 182
Comparación, 178
Conectar con otro equipo, 225

Conexión, 35, 57, 64, 79, 91, 100, 117, 194, 259
Conexión a escritorio remoto, 222
Configuración, 17, 42, 51, 66, 89, 91, 97, 106, 117, 118, 119, 120, 126, 128, 193, 194, 195, 197, 216, 218, 258, 259
Consola, 37, 158, 183, 187, 192
Contraseña, 28, 29, 49, 93, 97, 120, 199, 258
Controlador de dominio, 48, 49, 52, 63, 87, 259
Copia de seguridad, 103, 105, 106, 107, 108, 109, 110, 111, 112, 113, 116, 209, 210, 211, 212, 213, 214, 215, 258
Cortafuego, 152
Cuenta, 19, 21, 22, 25, 27, 28, 29, 53, 55, 57, 58, 59, 60, 67, 70, 79, 81, 101, 105, 116, 128, 174, 199, 258
Cuota, 71, 73, 74, 75, 76, 205, 208, 259

D

Datacenter, 19, 20, 235, 241
Debbuger, 172
Delegar el control, 98
Denegar espacio, 74
Depuración, 172
Descarga, 22, 23
Desconexión, 35
DHCP, 41, 63, 140, 193, 194, 195, 243, 254, 255
Direcciones estáticas, 140
DirectAccess, 135, 137, 232, 233
Directivas de grupo, 64, 127
Directivas locales, 66
Directorio activo, 17, 39, 41, 43, 45, 46, 48, 53, 55, 56, 60, 63, 70, 71, 75, 80, 90, 97, 98, 99, 101, 103, 117, 121, 125, 128

Directorio virtual, 153, 231
Disco dedicado, 107
Dispositivos USB, 35
Distribución, 60, 86, 125
DNS, 41, 42, 45, 50, 51, 52, 53, 63, 87, 126, 194, 195, 236
Dominio raíz, 49, 53, 63, 86
Driver, 242

E

Enrutamiento, 135, 137, 144
Entorno gráfico, 24, 29, 33, 128, 191, 205
Error, 17, 28, 45, 114, 174, 182
Escritorio, 29, 33, 35, 41, 42, 79
Especificaciones, 28
Estructuras de control, 169
Evaluación, 20, 21
Evento, 74, 106
Explorador de archivos, 38

F

FastCGI, 149
Firewall, 118, 152, 224, 233
FOR, 178, 179
Foreach, 179
Funciones, 37, 38, 39, 257

G

Gestor de paquetes, 184, 186, 189
Global, 60
GNU, 183
GNU/Linux, 15, 16, 17, 79, 125, 126, 159, 183, 198
GPO, 64
Grabar, 23
Grupo nuevo, 201

H

Herencia, 17, 117
Horas permitidas, 59
Hyper-V, 236, 245, 246, 251

I

Idioma, 23, 24
IF, 176, 177, 179
IIS, 136, 150, 151, 153, 155, 210, 221, 229, 232, 236
Image Builder, 237
Inbound, 253
Inicio, 29, 43, 53, 59, 66, 73, 90, 91, 117, 122, 123, 128, 197, 259
Interfaz gráfico, 20
Invitado, 60
IP, 41, 42, 81, 87, 89, 117, 127, 130, 134, 135, 140, 141, 142, 143, 193, 194, 195, 203, 222, 224, 225, 230, 231, 233, 243, 254, 258
IP estática, 42, 194, 195
IPv4, 118, 140, 255
IPv6, 255

K

Kerberos, 41, 91

L

LDAP, 41
Lectura, 16, 63, 73, 80, 116, 206, 207
Lectura-escritura, 73
Limitar espacio, 74
Límite de aviso, 209
Limite de uso, 74
Logging, 154, 155
Login, 57, 128, 154
Logs, 154

M

Marcado, 139
Máscara, 254
Menú, 23, 40, 47, 55, 56, 69, 77, 104, 105, 111, 116
Modo de restauración, 49
MPPE, 147

N

NAT, 135
NetBIOS, 50
Network-manager-pptp-gnome, 144
Nivel funcional, 49
Nodo, 85
Nomenclatura, 158, 159
Notepad, 170, 216
Notificaciones, 39
Novedades, 18, 19
NTDS, 51
Nuevo usuario, 56, 57
NuGet, 184

O

Opciones adicionales, 51
Opciones de unidad, 26
Opmode, 233
Outbound, 253

P

Paquetes, 183, 184, 185, 186, 187, 188
Parámetro, 159, 162, 163, 181
Paso a paso, 172, 178
PERL, 150
Permisos, 41, 60, 67, 82
Personalizada, 25, 106
PHP, 149
Plantilla, 70
Política de seguridad, 174
Políticas de acceso, 41
PowerShell, 15, 158, 182, 210
Powershell-ISE, 170, 171
pptp, 144, 145
Preinstalación, 46, 47
Privilegios, 60, 63, 71, 72, 73, 77, 80, 85, 86, 89, 98, 100, 101, 115, 202, 206, 207, 208
Promoción, 48, 49, 51, 193, 196
Propiedades, 57, 58, 61, 70, 74, 77, 80, 82, 97, 119

Proveedores, 185, 189, 190
Proxy, 135
ps1, 170, 173, 174, 182
Puerta de enlace, 117, 126, 194, 195
Punto de control, 173

R

RAM, 19, 229, 248, 249
Recuperar, 111, 214
Recursos, 41, 60, 77, 202, 205
Recursos compartidos, 42
Reinicio automático, 47
Relación de confianza, 85, 86, 87, 89, 90, 92, 93, 95, 96, 97
RemoteAccess, 232, 233
remote Powerhell, 243
RemoteSigned, 175
Reparar el equipo, 24
Requisitos, 19, 42, 48, 52, 86, 117, 118, 193, 194
Respaldo, 85
Restricted, 175
RIP, 135
Router, 134, 142, 259
Ruta de acceso, 81

S

Script, 188
Scripting, 169
Seguridad, 60, 66, 77, 81, 104
Sensitivo, 158
Server Core, 15, 20, 157, 170, 192, 198, 205, 216
Servicios de dominio, 45
Servidores virtuales, 43
Servidor único, 43, 44
Servidor web, 149, 150, 151, 152, 155, 230, 259
Sesión, 28, 59, 66, 79, 81, 101, 117, 121, 122, 123, 125, 128, 132, 197, 257, 259

Sistema, 183, 188
SSI2, 150
SSL3, 150
Standard, 19, 20, 21, 24, 235, 241

T

Tabla de enrutamiento, 255
Tarjeta de red, 194
TCP, 134
Transitividad, 90

U

Ubicación original, 114
UDP, 134
UEFI, 248
Unidad Organizativa, 53
Unidireccional, 90
Unity, 128
Universal, 60
UNIX, 159
Unrestricted, 175
USB booteable, 238
Username, 81

V

Validar, 97
Variable, 81, 176, 177, 178, 179, 180
VHD, 22, 236, 238, 240, 245, 250
Virtual Host, 149
Virtual LAN, 243
Visual Studio, 184
Volumen, 107
VPN, 15, 36, 133, 134, 135, 136, 137, 138, 139, 141, 142, 143, 144, 145, 146, 147, 221, 232, 233, 259

W

w3sv, 230
was, 230
Web-Server, 229, 230
WinRM, 243, 253

www.ingramcontent.com/pod-product-compliance
Lightning Source LLC
Chambersburg PA
CBHW080433190426
43202CB00038B/2934